Este es el mejor libro sobre e
y los dones del Espíritu publi
clásicos de Harold Horton y I
do el privilegio de ver la mayoría de los libros que se
han publicado sobre este tema en las últimas décadas,
pero este es el libro que por tanto tiempo esperaba
ver. Es equilibrado, bíblico y claro. Hay una poderosa unción del Espíritu Santo que descansa sobre él de
principio a fin. El corazón de este gran evangelista se
expresa con toda claridad. Una razón de que la bendición de Dios estará sobre este libro es que este hombre de Dios mantiene las cosas en perspectiva: la cruz
y Cristo siempre están en primer lugar, su amor por
las personas es predominante y su enseñanza siempre
bendice a las personas y glorifica a Dios.

Bonnke no tiene temor a agarrar el toro por los cuer-
nos, sino que siempre lo hace con firmeza y a la vez
justicia. La pasión de Bonnke asegura que este libro
va a ser traducido a muchos idiomas y bendecirá al
Cuerpo de Cristo en todo el mundo.

—Colin Whittaker
Exeditor de la revista *Redemption*, R.U.
Ministro emérito en las Asambleas de Dios

MOMENTO DE ACTUAR

REINHARD BONNKE

CASA
CREACIÓN
Para vivir la Palabra

Para vivir la Palabra

MANTÉNGANSE ALERTA;
PERMANEZCAN FIRMES EN LA FE;
SEAN VALIENTES Y FUERTES.
—1 Corintios 16:13 (NVI)

Momento de actuar por Reinhard Bonnke
Publicado por Casa Creación
Miami, Florida
www.casacreacion.com
©2012 Derechos reservados

Library of Congress Control Number: 2012934305
ISBN: 978-1-616387-69-3
E-book ISBN: 978-1-616387-81-5

Desarrollo editorial: *Grupo Nivel Uno, Inc.*
Adaptación de diseño interior y portada: *Grupo Nivel Uno, Inc.*

Publicado originalmente en inglés bajo el título:
Taking Action
Charisma Media Company, Lake Mary, FL 32746 USA
© 2012 por Reinhard Bonnke
Todos los derechos reservados.

Visite la página web del autor: www.cfan.org

Impreso en Colombia

23 24 25 26 LBS 9 8 7 6 5 4 3 2 1

CONTENIDO

INTRODUCCIÓN

Multitudes han sido bautizadas en el Espíritu Santo este siglo, al igual que en nuestras continuas cruzadas evangelísticas. Regularmente somos testigos de muchas y poderosas manifestaciones del poder y el amor de Dios. Me parece importante explicar adecuadamente nuestro propio entendimiento con respecto a esos acontecimientos en los cuales hemos estado tan profundamente implicados.

La Escritura ha sido nuestra autoridad final. Sin duda, la experiencia nos ha ayudado a entender las cosas del Espíritu, pero como escribió Pedro: "todas las cosas que pertenecen a la vida y a la piedad nos han sido dadas por su divino poder" (2 Pedro 1:3).

Para mí, y también para otros, se hizo obvio que debíamos registrar la comprensión que tenemos de las cosas del Espíritu y mostrar nuestras conclusiones a las cuales hemos llegado mediante la Palabra, iluminada por lo que hemos visto. Una razón es que hay muchos libros en la actualidad que presentan muchas perspectivas alternativas. Es seguro que existirán variaciones a menos que se acepte y se esté de acuerdo en una norma de autoridad por la cual juzgar todas esas enseñanzas. La experiencia misma varía, pero las Escrituras no varían. Hay un apetito público natural de oír las cosas que Dios ha hecho, y se ha mostrado una fuerte tendencia a obtener enseñanza primordialmente de esa fuente, considerando la Palabra solamente un respaldo adicional, en el mejor de los casos.

Lo que se ha denominado "teología de anécdota" no es nuevo. Hay teorías del avivamiento mismo, por ejemplo, de las que se ha afirmado abiertamente que se basan únicamente en estudios de lo que ha sucedido en el pasado. Yo estaba ansioso con respecto a ese enfoque cuando observé la tremenda oleada de fenómenos divinos de avivamiento en la actualidad. Decidí que para nosotros, nuestro terreno debe estar en la Palabra, y que es ahí donde estamos firmes. Eso significaba que toda nuestra pneumatología (las cosas del Espíritu) tenía que estar sujeta al juicio de "lo que dice la Palabra" a lo largo de los meses a medida que se iba componiendo este libro. Eso fue una sana disciplina. Hemos hecho que el estudio sea todo lo preciso posible, dentro del alcance de nuestros medios, y también nos hemos esforzado por buscar la claridad.

El desafío a experimentar debe provenir de la Escritura. La experiencia no debe desafiar la Escritura o adaptar la Escritura a lo que "resulta que sucede". Sin embargo, los lectores verán que sí doy ejemplos de nuestra enseñanza con cosas que Dios ha estado haciendo en nuestras cruzadas evangelísticas.

Desde luego, entre los cristianos que oran y apoyan las cruzadas que transforman naciones de Christ for all Nations (CfaN) [Cristo para todas las naciones], obviamente hay una considerable variación de perspectivas sobre muchas doctrinas, incluyendo la del Espíritu Santo. Ofrezco esta exposición de la Palabra aquí como una aportación al entendimiento de la obra del Espíritu Santo.

Cuando se trata del interés grande y principal del evangelismo, trabajo con personas de muchas convicciones espirituales diferentes. CfaN es un siervo-evangelista para las iglesias dondequiera que trabajen y cualquiera que sea su testimonio o su énfasis. Mediante la ayuda de ellas, y siempre ayudan, y en el poder del Espíritu hemos tenido el privilegio de situar a naciones enteras cara a cara personalmente frente al evangelio de Cristo crucificado, y hemos comprobado cuidadosamente el resultado según la Palabra.

Este libro es nuestra manera práctica de decir "gracias" por el maravilloso apoyo y aliento de miles de personas, y tiene la intención de arrojar luz sobre las creencias que estimulan nuestras operaciones en el campo de la cosecha. Desde luego, no tiene la pretensión de ser un tratado académico, pero la obra de incontables eruditos ha tenido influencia en él. Tampoco es un refrito de populares enseñanzas actuales.

No he escrito simplemente para vender un libro o repetir sin examinar lo que se ha dicho anteriormente. Otros sin duda habrán visto y habrán dicho cosas que están contenidas en este libro pero, sin embargo, todo lo que hay aquí provino de un nuevo examen de la Palabra. Es moneda recién acuñada, que representa un estudio original e independiente de la Escritura, evitando la especulación. Ese ha sido nuestro principio. Nuestro propósito ha sido el de aportar guía en el actual derramamiento mundial del Espíritu y en la multitud de publicaciones que diariamente inspira.

De hecho, dos vidas completas de conocimiento acumulado y experiencia y práctica en todo el mundo están compactadas aquí para beneficio de los lectores: la de mis propios años de evangelismo masivo y también la del pionero evangelista escritor George Canty. Él ha estado activamente involucrado en toda la oleada de lo que el Espíritu Santo ha estado haciendo en esta obra de avivamiento carismático. Al conocer personalmente a los líderes, e incluso a los primeros pioneros pentecostales en todo el mundo, y al haber escrito mucho, tanto historia como sus propias perspectivas bíblicas y teológicas, quizá él esté en una posición que muy pocos ocupan para poder aportar a un libro como este.

Cuando hablamos del Espíritu, algunos temas son profundos. Uno de los trabajos principales ha sido el de predigerirlos y expresarlos de tal manera que no insulte la inteligencia de nadie, pero que tampoco presuponga un conocimiento previo. Me he esforzado por la simplicidad, que no debería confundirse con enseñanza infantil. Las personas con menos o más conocimiento deberían poder apreciar estos estudios.

Este libro está dividido en dos partes: la primera echa un vistazo detallado a lo que la Escritura enseña sobre la función y los dones del Espíritu Santo en general; la segunda se centra en los dones concretos enumerados por el apóstol Pablo en 1 Corintios 12.

Que el Espíritu Santo añada su iluminación a estas páginas, para la gloria de Dios.

PRIMERA PARTE

CAPÍTULO 1

TRES PILARES
DE SABIDURÍA

Dios utiliza los recursos humanos. El hombre necesita el poder de Dios. Dios trabaja cuando las personas trabajan. Estas proposiciones son los tres pilares de sabiduría para este libro. ¡Poder! Esa es la esencia del evangelio. Un predicador del evangelio sin poder es como un vendedor de jabón que va sucio. Cantar: "Hay poder, poder, sin igual poder en la sangre que Él vertió"[1] y después tener que ayunar y orar durante un mes para obtener poder no encajan.

Al comienzo de mi vida cristiana tuve una experiencia de la llegada del Espíritu Santo a mi vida, que creo que fue tan estupenda como la que tuvo cualquier discípulo el día de Pentecostés. A mí me pareció que el Dios que llena los cielos y la tierra inundó mi alma. Observo que Pedro se las arregló para ponerse en pie y predicar pero, para ser sincero, los efectos físicos de mi bautismo en el Espíritu sin duda habrían sido demasiado para que yo pudiera ponerme en pie y predicar inmediatamente, aunque mi capacitación para el servicio posterior fue tremenda.

Muchos escriben sobre sus maravillosas experiencias. Puramente como asunto de interés, le diré cómo me sucedió a mí, pero debiera decir que nadie debería pensar que Dios da el

Espíritu exactamente de la misma manera a una persona que a otra. Sucedió de la siguiente forma.

Yo era un muchacho de once años de edad en Alemania cuando mi padre me habló de reuniones de oración especiales para recibir el bautismo en el Espíritu Santo. Siempre deseoso de las cosas de Dios, le supliqué que me llevase con él. Justamente un año antes, el Señor me había llamado a "predicar algún día el evangelio en África"; y yo sabía que necesitaba el poder del Espíritu Santo para hacerlo.

Un misionero de Finlandia estaba de visita en la iglesia, y él explicó cuidadosamente la verdad del bautismo en el Espíritu Santo. Apenas acabábamos de arrodillarnos cuando el poder de Dios comenzó a derramarse en mí y sobre mí. Un gozo indescriptible llenó mi corazón, y comencé a hablar en otras lenguas tal como el Espíritu me daba que hablase. Fue como si una fuente celestial se hubiese abierto en mi interior, y está fluyendo incluso hasta la fecha.

Poco después de aquello, estaba yo en la reunión que mi padre dirigía con sus ojos vigilantes puestos sobre su hijo, Reinhard. No había nada muy equivocado que yo pudiera hacer o quisiera hacer. Había encontrado realmente a Jesús y quería ser un predicador-misionero.

Entonces comencé a sentir un impulso de hacer algo que a mi padre no le gustaría. Sin razón alguna, no podía dejar de pensar en una mujer que había en la iglesia que se sentaba en el lado opuesto. Yo intentaba ser bueno, pero tenía ese sentimiento cada vez más fuerte. No estaba sólo en mi cabeza; parecía rodearme por completo, y cada vez me estremecía más, demasiado, como si el voltaje estuviese aumentando firmemente. Intenté quitarlo de mi mente, pero la corriente de estremecimiento se volvió peor.

Yo tendría que hacerlo, pero ¿qué diría ella, y qué haría mi padre? Así que me agaché al lado de los asientos y me acerqué hasta ella paso a paso. Entonces dije: "Quiero orar por usted".

Ella me miró y dijo: "Muy bien; ¡ora por mí!". Yo puse mi mano sobre aquella mujer adulta y algo sucedió. La corriente que sentía en mi cuerpo pareció salir de mí y llegar hasta ella. En ese punto, mi padre no pudo evitar observarlo y preguntó: "Reinhard, ¿qué estás haciendo?". La señora respondió en mi lugar. "Reinhard puso su mano sobre mí y sentí el poder del Señor que me atravesaba, ¡y mire! ¡Estoy bien! ¡Estoy sanada!".

En aquel momento yo no conocía los principios espirituales que había tras aquella sanidad. Yo no sabía entonces que si somos obedientes, hay suficiente poder de Dios. Esa lección, y muchas como ella, tenía que aprenderla. Muchos libros nos hablan de las vidas de los autores y de sus visitaciones y revelaciones especiales que inspiran asombro. Eso es emocionante, pero con frecuencia deja a las personas sintiéndose inútiles, porque ellos no tienen nada parecido, y como si debieran de ser inferiores a esas personas utilizadas por Dios. En este libro quiero que usted sepa la verdad real sobre el Espíritu Santo. Supondrá una gran revelación en su corazón y le mostrará lo que usted puede ser en Dios. Es para todos los obreros cristianos, no solamente para aquellos que parecen haber experimentado algún momento extraño y fantástico. Estoy seguro de que muchas personas serán como nuevas cuando hayan terminado de leer estos capítulos.

Para desgajar los tres principios mencionados anteriormente, tendré que comenzar con el ABC. Se predican millones de sermones que escuchan cientos de millones de personas, ¿pero es grande el efecto que causan? Los predicadores dicen: "Las personas no hacen lo que digo". Claro, eso es. De todos los que escuchan, ¿cuántos están dispuestos a hacer el gran esfuerzo de salir a servir al Señor? ¿Se conforma el resto con cantar, adorar y disfrutar de un buen sermón? Hablemos de este libro, por ejemplo. Espero que muchos lo disfruten y se beneficien de él, pero son realmente los "hacedores y no tan sólo oidores" los que realmente compartirán las cosas buenas que quiero compartir (véase Santiago 1:22). No estoy transmitiendo mero conocimiento, sino intentando guiar a todos al dinámico poder y bendición de Dios.

Por tanto, para mí lo primero es alentarle. Puede estar completamente seguro de que Dios tiene algo para que usted haga ahora y un lugar especial privilegiado donde situarle. Quizá usted ya se encuentra ahí, pero no se da cuenta. Muchos creen que Dios tiene algo grande para ellos: algún día. Quizá Él lo tiene, pero lo que usted está haciendo ahora es importante, si le está obedeciendo. Hay un trabajo a nuestra medida, un trabajo para el que hemos sido confeccionados. Si cree que estas cosas no van con usted, no es cierto. No se prive de su derecho y lugar adecuado en el plan glorioso de Dios que expongo en este libro.

Cuando se da cuenta de este primer punto, puede seguir adelante. Si Dios quiere que usted haga algo, le dará la capacidad para hacerlo. Es muy probable que le extienda más allá de lo que usted haya hecho antes. Él quiere que usted crezca. En Cristo somos más grandes; y sea lo que sea que esté delante de usted, Dios lo puso ahí. Usted puede mover montañas. Dígase esto: "Dios quiere que sea más de lo que pensé que era". No mida lo que debería estar haciendo por su don; mida el don por lo que debería hacer. Se emparejará. Dios es un Dios especializado en lo imposible y sólo piensa en términos de lo imposible; Él quiere que este hecho se muestre en las vidas de aquellos que le pertenecen. Él ordena lo imposible y lo hace posible, para su gloria. Este libro desgranará, página a página, cómo llegar a su poder.

Quizá se pregunte por qué Dios quiere que hagamos algo cuando Él tiene todo el poder. Se debe a que nos ama y le gusta compartir sus placeres y gozos con nosotros. Ese es su grandioso diseño, así planeado. Quizá sienta que usted es un instrumento muy pequeño, pero cada uno es vital en el esfuerzo orquestado global. El Señor de toda la tierra tiene cosas grandes en mente, pero son necesarios millones de ayudantes con diferentes dones y capacidades. Somos vasos para que el "poder sea de Dios y no de nosotros", como dijo Pablo en 2 Corintios 4:7. Partiendo del pequeño incidente que describí anteriormente, he aprendido que "todo lo puedo en Cristo que me fortalece" (Filipenses 4:13).

Para cumplir el propósito de Dios debiéramos pensar de nosotros mismos como humildes canales para su Palabra y su Espíritu. Una tubería de cobre no se puede enorgullecer del agua que fluye hasta el grifo de nuestro hogar. Debemos dejar que las aguas vivas fluyan, no teniendo atascos. Cualquier don o talento que pongamos a los pies de Él, el Maestro puede usarlo. Nos convertimos en accesorios que dan forma al canal por medio del cual Dios hace lo que quiere. Esa es una lección que todos debemos aprender bien y afianzar en nuestro corazón como la base para todo lo demás que aprendamos o hagamos.

Dios me ha dado mi trabajo. Me han preguntado muchas veces: "¿Cuándo comenzó a ver milagros en su ministerio, y por qué se convierten tantos a Cristo cuando usted predica?". La respuesta se encuentra en lo que acabo de decir: Dios nos da el poder para hacer lo que Él nos manda. Eso llega a través del bautismo del Espíritu Santo.

Yo experimenté ese maravilloso bautismo, y ha permanecido conmigo, impulsándome y aumentando dentro de mí. También hablé en lenguas, y fue algo tan maravilloso para mí que nunca he dudado ya que esos milagros son para el presente. Por supuesto, tenía fe antes. La Palabra misma siempre ha avivado mi fe. Después, cuando se cumplió para mí la promesa del Espíritu y se convirtió en una llenura continua y constante, la experiencia en sí recargó mi fe como se recarga la batería de un automóvil. La Biblia confirmó lo que estaba ocurriendo.

CUANDO VENGA EL ESPÍRITU

A continuación quiero que usted medite es una promesa muy conocida. Permítanme escribir lo que realmente dice. Quizá esté demasiado familiarizado con ella pero haya perdido de vista su tremenda maravilla, porque es una de las expectativas más imposibles y fantásticas que cualquier persona podría imaginar.

> Mas vosotros seréis bautizados con el Espíritu Santo dentro de no muchos días...recibiréis poder, cuando haya venido sobre vosotros el Espíritu Santo.
> —Hechos 1:5, 8

¿Podría suceder realmente en nuestros días? Bueno, sucedió conmigo. No ocurre nada más maravilloso para los seres humanos que esto. Significa ser lleno de Dios. No significa alcanzar el éxtasis en Dios, una especie de felicidad eufórica y mareante, donde todo se llena de espuma y burbujas. El Espíritu Santo no es una súper droga, un tranquilizante o estimulante. Él no viene para darnos una experiencia emocional, pero no le quepa duda de que su presencia conmueve el corazón. La vida es dura. Dios envía su poder a personas que están en situaciones difíciles. Él es la fuerza de vida original que quería para todos nosotros.

Durante los años he llegado a entender cada vez más. Hay una fresca revelación que ha estallado sobre mí, algo maravilloso. Dios quiere que lo comparta con todo el mundo en mis predicaciones, y ahora especialmente en este libro.

CRISTIANISMO: ¿QUÉ ES ESO?

¿Sabía que cuando las personas hablan del cristianismo como una religión mundial están bastante equivocados? Una religión es un sistema, y Jesús no nos dejó un sistema. Es más que meramente una fe que hay que creer. Lo realmente verdadero es poder divino en acción. La verdad cristiana no se puede tan sólo escribir como un conjunto de hechos o definiciones. La verdad cristiana es algo vivo. Usted no puede describir a una persona y decir: "¡Aquí está!". No puede describir el cristianismo y decir: "¡Aquí está!". Es una entidad viva. El aliento de Dios da vida al evangelio, o de lo contrario será un cuerpo muerto de verdad en vez de ser una verdad viva. Jesús dijo: "Yo soy el camino, la verdad, y la vida" (Juan 14:6). Así es como yo lo conozco, y así es como lo predico. ¿Quién no querría predicar un evangelio así? Ahora intentemos dar una definición actualizada del cristianismo, como los pentecostales carismáticos lo entienden. Es el Espíritu Santo en acción haciendo que suceda la Palabra de Dios. Debemos ser capaces de demostrar a la gente que el evangelio es lo que realmente dice ser. Cuando un atleta de primera categoría salta a la pista, no tenemos que discutir para demostrar que es un campeón; ¡tan sólo demos el pistoletazo de inicio! Eso es lo que yo hago; el evangelio de Cristo está vivo, así que voy al estadio y dejo que el evangelio haga su parte, y todo el mundo puede ver que está vivo. Eso es lo que hace el Espíritu Santo.

PODERES DE UN NUEVO ORDEN

He visto producirse innumerables maravillas asombrosas y espíritus inmundos expulsados por el dedo de Dios. Cristo lo explicó. "Mas si por el dedo de Dios echo yo fuera los demonios, ciertamente el reino de Dios ha llegado a vosotros" (Lucas 11:20).

Debemos leer esta explicación cuidadosamente. El Reino, ¿qué es? Si queremos entender el verdadero secreto de la fe, debemos entender el Reino. Jesús hablaba de él todo el tiempo. Lo único que debemos hacer es pensar en ello desde un ángulo en el presente.

Ahora bien, hemos tenido distintas épocas históricas: la Edad de Piedra, la Edad Media, y otras. Estos períodos recibieron un nombre especial que destacaba sus principales elementos. Después llegamos a la era cristiana, en la que cada año se empezó a contar con las siglas d.C.: "después de Cristo". ¿Es tan sólo otra división de la Historia? No. Esta era es única. La era cristiana es cuando irrumpió otra era: el Reino de Dios. Jesús comenzó a predicar: "Arrepentíos, porque el reino de los cielos se ha acercado" (Mateo 4:17).

El Reino es la esfera de Dios, en la que el poder de Dios es supremo. Cuando vino Cristo, nos presentó la actividad de Dios Espíritu Santo en nuestros asuntos mundanos. Es un nuevo recurso, no un poder físico como el agua, el viento o la energía nuclear, que son todos parte del escenario natural. Este fue el poder de un mundo con leyes propias que sobrepasan las leyes de la naturaleza.

Lea las siguientes frases cuidadosamente: En el principio Dios hizo este mundo por los poderes de otro mundo. En Jesucristo volvió a presentarnos los poderes de ese mundo creativo en el escenario terrenal. Eso es el Reino de Dios.

Lo explicaré más en el capítulo 2, pero por ahora basta con que entendamos que nuestro mundo ha sido invadido, y que la autoridad del Reino de Dios se ha acercado a nosotros. Es un orden superior, un orden milagroso, que gobierna sobre el orden natural o científico. Las leyes superiores pueden derrocar las leyes físicas. Lo espiritual puede reinar por encima de lo material. Eso ocurre en el bautismo del Espíritu Santo y cuando actúan sus dones.

Juan 1:1-3 dice que todas las cosas fueron hechas por la Palabra; esto es, mediante el Hijo de Dios. Juan 1:14 dice: "Y aquel Verbo fue hecho carne". Aquel que era la fuente de todo lo que vemos vino a su propia creación. Él es el que "descendió del cielo" (Juan 6:38). La frase "descendió del cielo" es muy importante. Significa que Él se convirtió en el puente que unía el mundo invisible con el visible. En Juan 1:51 Jesús se describe a sí mismo como una escalera de Jacob puesta entre el cielo y la tierra.

Existen dos órdenes, con sus propias fuerzas o poderes. Jesús es el vínculo entre ellos, el orden celestial y el terrenal. El poder del cielo es el poder creativo de Dios mediante el cual fue creada la tierra. Así, a través de Cristo, el vínculo con el cielo, son posibles cosas en la tierra que no eran posibles antes de que Él viniera. A Él se le llama "el camino nuevo y vivo". Existen dos dimensiones: la dimensión bajo el sol y la dimensión por encima del sol. Mediante Jesucristo y por el Espíritu Santo, ha comenzado el comercio entre el cielo y la tierra. Los ángeles de Dios vienen y van.

Mediante la irrupción de Cristo en nuestro mundo, Dios puede ejercer su voluntad aquí, mediante nuestras oraciones. Como hemos dicho, se trata de un Dios que quiere los recursos humanos y de hombres que necesitan el poder de Dios, porque Jesús nos enseñó a orar: "Hágase tu voluntad, como en el cielo, así también en la tierra" (Mateo 6:10). Él no se ha retirado de ninguna parte de su universo. Él es Señor. Él aplica fuerzas mayores, y las leyes naturales obedecen por el Espíritu de Dios. Lo llamamos milagro. Esta era es una nueva "dispensación"; Dios trata con nosotros de una forma totalmente nueva. Por supuesto, hay un gran propósito detrás de todo esto. La intención no es poner en escena unas cuantas maravillas sensacionales, como trucos de magia, sino la redención del mundo.

Si alguna vez lo ha pensado, cada vez que usted se mueve pone leyes naturales bajo su control. En la naturaleza, las rocas no volarían. Los seres humanos introducen una ley superior, de su propia voluntad, y pueden lanzar rocas y hacerlas volar. No somos esclavos de las leyes de la naturaleza. Ellas son nuestras esclavas, y podemos hacer que nos obedezcan. Podemos usar las leyes científicas para dejar este planeta. Podemos entrar en un estado de ingravidez o incluso volar hasta la luna.

Cuando la gente dice que los milagros son contrarios a las leyes de la naturaleza, eso ignora completamente el hecho de que, donde hay una voluntad superior y un poder superior (así como el hombre ante un Dios omnipotente), todas las leyes de la naturaleza se pueden anular. La única dificultad se produce cuando las personas no creen en Dios. Introduzca a Dios en la ecuación, y nada será imposible. Esto es lo que ha ocurrido. El Reino de Dios está entre nosotros, y por tanto los diablos salen, los enfermos son sanados y hablamos en lenguas.

Hay otro hecho que debemos afrontar. ¿Qué somos realmente los seres humanos? Somos carne y espíritu. Dios nos vinculó a dos mundos: el terrenal y el espiritual. Mediante nuestros cinco sentidos somos conscientes de este mundo físico, y mediante nuestro espíritu sentimos el mundo no físico, y en ocasiones lo tememos como a una casa encantada.

Pero las cosas no han ido bien. Nos ha ocurrido la gran calamidad. El pecado casi ha destruido el vínculo entre el cuerpo y el espíritu. Tras la caída de Adán, sólo destellos ocasionales de lo sobrenatural se vieron hasta que Jesús vino. Sólo un logro de vez en cuando se registra en el Antiguo Testamento. A veces Dios ejercía su soberanía e iniciaba una serie de maravillas, como ocurrió con Moisés y con el ministerio de Elías y Eliseo. El poder de Dios y su autoridad raramente se veían directamente.

Después se produjo un cambio radical. La maravillosa llegada de Cristo, Dios en carne, abrió los recursos del poder creativo. Él era, y es, Señor de todas las cosas. Él mismo lo anunció diciendo: "El reino de Dios se ha acercado" (Marcos 1:15).

En este instante llegamos a la frase "nacer de nuevo". Una de las posibilidades que abrió Cristo fue nacer de nuevo. Esta expresión griega también se puede traducir como "nacer de lo alto". Los hombres y las mujeres pueden ser hechos de nuevo, nuevas criaturas dice la Biblia, mediante los poderes del cielo, el poder del Reino de Dios.

Obviamente, una persona nacida de lo alto nunca estará satisfecha con un mundo grosero y sólo material. Necesita tanto vínculos espirituales como físicos. El mundo presente, con sus leyes científicas limitadas, no es suficientemente grande para un cristiano convertido, del mismo modo que una jaula para un águila. Necesita extenderse, y esa extensión se encuentra en la cuarta dimensión más allá de nuestro mundo tridimensional. Nosotros "andamos en el Espíritu" (Gálatas 5:25). Dios nos "hizo sentar en los lugares celestiales con Cristo Jesús" (Efesios 2:6).

El libro de los Hechos muestra a hombres comenzando a acceder a nuevos recursos y a moverse por el mundo bendiciendo a la gente con salvación y sanidad. Los primeros nuevos hombres en Cristo, nuevas criaturas del Reino, fueron enviados a llevar a otros al orden del Reino, con nuevos instintos, nuevos poderes y nuevas leyes escritas en su corazón (véase Hebreos 8).

Después de que fui bautizado en el Espíritu y hablé en lenguas, no tardé mucho en entender que este don abría nuevas posibilidades. Si, mediante el Espíritu, hablaba en lenguas, entonces mediante el Espíritu podían ocurrir otras maravillas. He aprendido a vivir en el Espíritu. Estoy en un nuevo terreno donde se producen señales y maravillas. ¡Gloria a Dios!

Si no fuera para eso, nada podría suceder tal como sucede. Grandes multitudes acuden a mis reuniones. Representan una desalentadora acumulación de necesidades. Pero he sido bautizado en el Espíritu Santo. Conozco los poderes de la era venidera y sé cómo conectar con esos recursos. Tengo una gran convicción de que Dios tiene algo para ellos. Ese no es sólo mi secreto privado, sino también el de cientos de millones hoy día. Si tuviera algún otro secreto, sería el mensaje mismo. Confío en su eficacia. Es "poder de Dios para salvación" (Romanos 1:16).

UN EVANGELIO QUE NO LO ES

Si lo que hemos estado enseñando hasta ahora no es lo que algunos lectores habían pensado, tenemos que decir que el evangelio se está reinterpretando hoy de formas que le despojan del corazón tanto a él como a nosotros. El pensamiento liberal y racionalista está basado en las arenas movedizas de la crítica bíblica, la especulación y la filosofía. Este nuevo pensamiento no le ha ofrecido nunca a las millones de personas temerosas ningún terreno firme. Es la teología de la paja, una dieta en la que el corazón hambriento de Dios se muere de hambre. Demasiados eruditos han hecho que la verdad dependa de preguntas que nunca podrán encontrar una respuesta segura, que nunca alcanzarán la finalidad, un trabajo especulativo que está destinado a no hacer absolutamente nada por las naciones perdidas y las masas golpeadas por el diablo. Si Dios es el único Salvador, no puede salvar con un mensaje basado en el "quizá" o "si" o "es mi opinión". El mundo necesita personas con un vínculo vivo con el cielo.

Para todas las clases, sin importar lo cultas o lo primitivas que sean, existe una Palabra de verdad (la cruz): para los sabios, para los bárbaros, para griegos y judíos, para todos. El evangelio es poder de Dios. El predicador del evangelio es un embajador que demanda rendición al Reino del cielo. Es el ultimátum de Dios; Él nos muestra cómo son las cosas. El evangelio no es ni una teoría ni una abstracción, sino la realidad que existe detrás de todo. O lo reconocemos o morimos.

Cuando usted entiende lo que estamos diciendo aquí, se une al ejército con el ariete de la Palabra de la Cruz. Pulverizará las fortalezas del diablo. Es el redoble atronador del ejército invencible de Dios marchando. Cuando Dios me llenó con su Espíritu y abrió mis labios para hablar en lenguas, abrió mis oídos para oír el sonar triunfante de la trompeta que anuncia que Jesús tiene todo poder en el cielo y la tierra. ¡Qué regalo!

UN DIOS IDENTIFICADO POR LOS MILAGROS

En este momento pienso que debería ilustrar lo que hemos declarado con ejemplos actuales. Una vez, durante un servicio en Brazzaville, la capital de la República del Congo, Dios me dio una palabra de conocimiento para una pareja, que no hubiera conocido de otra manera, que había entre las decenas de miles allí presentes. Había una mujer que había estado en coma durante tres días y su marido la había llevado a la reunión. Por fe y en obediencia al impulso de Dios, le dije a toda la audiencia lo que el Espíritu del Señor me había comunicado. Al declararlo, la mujer inconsciente, aunque no oía, salió del coma y fue sanada. ¿Mente sobre materia? Imposible; la paciente no sabía nada de lo que estaba ocurriendo hasta que revivió.

Otra pobre alma también presente necesitaba una cirugía urgente. Su bebé se había muerto en su vientre, y el hospital le había dado cita para extraerlo al día siguiente. Cuando hicimos una oración por las masas de personas necesitadas en el servicio, el bebé en su vientre saltó. Ella corrió al frente hasta la plataforma y llena de lágrimas comenzó a testificar, y justo a tiempo, porque al poco rato comenzó con los dolores de parto y se la llevaron para que diera a luz a un bebé saltarín.

Estas no son las únicas maravillas que casi han impedido que pueda dormir de emoción y gozo. Infinitamente mayor es que el Espíritu Santo se mueva por las grandes multitudes reunidas para escuchar la Palabra de Dios como una potente corriente celestial y les levante en una oleada de bendición para introducirles en el Reino de Dios.

LA CRUZ Y LOS MILAGROS DEL REINO

La última de las cosas básicas de este capítulo es esta: tengo que mostrarle que el poder del Reino, el Espíritu Santo y el evangelio de la cruz están tan unidos que no se pueden separar. Fue la obra de Cristo, especialmente en su muerte, lo que derribó el muro existente entre este mundo y el otro mundo del Reino de Dios. Desde entonces, el Espíritu Santo lo ha invertido todo en el Cristo crucificado. Lleva a cabo sus maravillas sólo sobre la base de la redención. El Espíritu apoya sólo el evangelio, siempre y en todo lugar.

¿Qué más necesitamos? Un hombre lleno del Espíritu es mejor que cien comités que "ahorran minutos pero pierden horas". Cuando Dios amó tanto al mundo, no formó un comité sino envió a su Hijo, y su Hijo envió al Espíritu. Cristo dijo que los creyentes son la luz del mundo, pero el Espíritu Santo es necesario para encenderles.

No cabe duda de que muchos de los lectores de este libro tienen mucho interés en los milagros. No hay nada de malo en ello. Yo quiero ayudar, y evitaré que muchos se desilusionen si les informo de que los milagros sólo le pertenecen al evangelio, y nada más. No hay maravillas simplemente para que haya maravillas; Dios no es un director de espectáculos. No está por la labor de hacer maravillas para pavonearse de forma egoísta. El Espíritu Santo se une al Cristo crucificado, incluso vinculándose a su nombre, el Espíritu de Cristo. Tienen una misma cosa en mente: derrotar al diablo mediante el evangelio.

El Espíritu encuentra satisfacción sólo en el evangelio. El evangelio es muy grande. Es totalmente exhaustivo, no deja nada sin tocar, visible o invisible; tierra, infierno o cielo. El teólogo George Lindbeck en su libro *The Nature of Doctrine* [La naturaleza de la doctrina] dice: "Un mundo bíblico es capaz de absorber el universo".[2]

Como cristiano, yo sabía que la cruz tuvo un efecto espiritual en mi vida, pero cuando hablé en lenguas, me alcanzó como una persona terrenal. El Padre en el cielo y el Hijo en la tierra estaban interesados en la redención, cada uno en su esfera, como expresó Jesús en su oración:

> Yo te he glorificado en la tierra; he acabado la obra que me diste que hiciese. Ahora pues, Padre, glorifícame tú al lado tuyo, con aquella gloria que tuve contigo antes que el mundo fuese.
>
> —Juan 17:4-5

Estos versículos nos dicen que la obra de Cristo en la tierra afectó a la tierra y que la obra del Padre afectó a la gloria. Jesús vino aquí, para estar aquí. ¡Aleluya! Si lo hubiera hecho sólo para darnos una entrada al cielo, lo habría arreglado en el cielo, pero la salvación tenía que producirse en la tierra para propósitos terrenales. Mi bautismo en el Espíritu tocó tanto mi espíritu como mi cuerpo, típico de la verdadera naturaleza de la fe cristiana.

Esta verdad hace que la verdadera doctrina cristiana brille con mayor fuerza. La salvación no es para una parte del hombre sino para todo el hombre. Se ve por ejemplo en la sanidad, que es una obra espiritual y física.

El Antiguo Testamento subraya el vínculo entre la enfermedad y el pecado, y también el vínculo entre la sanidad y el perdón. Esa es una verdad redefinida en el Nuevo Testamento. Llegaremos a ella cuando veamos los dones de sanidad.

CAPÍTULO 2

DIOS HA TOMADO EL CAMPO

Nuestro primer capítulo nos demostró que la era cristiana es también la era de un nuevo poder. Son interesantes las palabras de un famoso historiador. Arthur Toynbee en su *Estudio de la Historia* habla acerca de un "nuevo poder creativo que fluye de regreso al proceso histórico".[1] Este es el tipo de poder creativo que Jesús trajo al mundo. Es el Espíritu Santo. La actual expansión de las iglesias, que permite la libre expresión del Espíritu Santo, es el fenómeno religioso más grande de nuestra era, como informó la revista *Time* en 1971, y eso fue sólo al comienzo del mayor empujón.

Vivir en este mundo es diferente desde que vino Jesús. Hay un nuevo recurso. El mundo de la ley física ha sido impactado por las leyes espirituales del mundo venidero. Los resultados están con nosotros. Los Evangelios lo presentan, y los Hechos de los Apóstoles nos informan de los primeros hombres y mujeres que lo aceptaron. Ahora veremos algunos otros aspectos de este gran desafío.

EL PODER DEL REINO DEL ESPÍRITU SANTO

El Padre nos dio dos regalos, tanto personales como iguales: primero su Hijo y luego su Espíritu. Jesús clasificó al Espíritu a su mismo nivel, describiéndolo como "otro Consolador" (Juan 14:16). Cristo dijo que era mejor que el Espíritu viniera que el hecho de que Él se quedara con nosotros en carne. La misión del Espíritu Santo es ocupar el lugar de Cristo. Jesús sanó a los enfermos, por ejemplo, y el Espíritu Santo sigue el patrón de Cristo.

¿Cómo sabemos quién es el Espíritu? El Espíritu Santo es Dios en acción. Siempre que suceden operaciones sobrenaturales, se producen mediante el Espíritu. Todas las manifestaciones divinas, como los dones, son siempre por el Espíritu. Cuando Dios se movió en el mundo al comienzo, fue por su Espíritu. "Y el Espíritu de Dios se movía sobre la faz de las aguas" (Génesis 1:2). La voluntad del Padre se declara a través de la Palabra y el Espíritu la lleva a cabo. Él es el "ejecutivo" de la Trinidad.

El único Espíritu que Jesús nos prometió es el Espíritu de los milagros, el Espíritu Santo. No hay un Espíritu Santo que no haga milagros. Decir que poseemos al Espíritu Santo y negar precisamente la obra que siempre le ha distinguido tan sólo puede entristecerle. Él es quien comenzó con la suprema maravilla física de crear el mundo. Él no cambia su naturaleza. Lo que era, lo sigue siendo y siempre lo será: Dios actuando en la escena terrenal. "Yo soy el que soy" (Éxodo 3:14). El Espíritu Santo, que hizo el mundo sobrenaturalmente, no debería tener dificultad en seguir actuando sobrenaturalmente.

Juan el Bautista, el precursor divinamente enviado para presentar a Cristo, proclamó una nueva era. "Arrepentíos, porque el reino de los cielos se ha acercado" (Mateo 3:2). El centro de esa proclamación era el Mesías bautizando en el Espíritu Santo. Fue mucho mayor que la restauración de la grandeza israelí: fue ni más ni menos que un cambio cósmico. Juan desplegó un mapa del futuro que mostraba un río no de agua, sino de fuego. En Mateo 3:11 Juan usó un elemento terrenal, el agua, pero Cristo bautiza con un elemento celestial, el fuego divino.

Jesús recoge y se hace eco de las mismas palabras. "Juan ciertamente bautizó con agua, mas vosotros seréis bautizados con el Espíritu Santo dentro de no muchos días" (Hechos 1:5). Deberíamos tomar nota del hecho que Jesús no bautizó a nadie con el Espíritu mientras estuvo en la tierra. Juan predicaba a la gente de "toda la provincia de Judea, y todos los de Jerusalén; y eran bautizados por él en el río Jordán, confesando sus pecados" (Marcos 1:5). Fue a esta masa de gente indiscriminada a la que Juan predicaba y declaraba "yo a la verdad os he bautizado con agua; pero él os bautizará con Espíritu Santo" (v. 8). Juan no estableció ningún requisito especial salvo el arrepentimiento.

MUCHOS BAUTISMOS

Antes de continuar debemos revisar otra teoría, la cual ha estado postulando que toda la Iglesia fue bautizada en el Espíritu para siempre en el día de Pentecostés. Los individuos pueden buscar ellos mismos ser llenos, pero una llenura del Espíritu no es suficiente o duradera, y tenemos que seguir acudiendo a repetir la experiencia: "muchas llenuras".

Pero si toda la Iglesia fue bautizada para siempre en el día de Pentecostés, ¿por qué se supone que los cristianos deben ser llenos muchas veces? Podríamos preguntarnos si alguno de los que escucharon a Juan o a Cristo alguna vez se imaginaron que ellos querían decir tal cosa. No podemos llevarle a un versículo que argumente algo parecido, porque no hay ni una sola palabra sobre "repetidas llenuras". Tampoco hay la menor sugerencia de haya un bautismo distinto exclusivamente para un grupo de élite de los discípulos primitivos por poderes para la Iglesia de todos los tiempos. Ya sea que el Espíritu venga en el nuevo nacimiento o no, los primeros creyentes disfrutaron personalmente de la morada del Espíritu, y no se ofrece nada menos que esto a todo aquel que cree desde el día de Pentecostés en adelante.

Juan anunció claramente el propósito de Cristo: bautizar a hombres y mujeres en el Espíritu. Eso le caracterizó, dándole el nombre de Bautizador, así como Juan fue el Bautista. Nadie podría pretender que un solo acto demuestre lo que somos. Yo una vez hice un pastel, pero no es típico de mí, y necesitaría mucho ánimo para volver a intentar hacerlo. No me llaman repostero porque un día me salió bien un pastel. Tendría que cocinar pasteles todos los días para que me llamaran repostero. A Cristo se le llama el Bautizador porque esa es su obra continua, su oficio celestial, bautizar en el Espíritu Santo, "el mismo ayer, y hoy, y por los siglos" (Hebreos 13:8).

Para aquellos lectores que quizá quieran una explicación más técnica, esto es lo que Ronald W. Foulkes, comisionado por la iglesia Methodist Charismatic Fellowship of Tasmania, dice en *The Flame Shall Not Be Quenched* [La llama no se extinguirá]. Lo citamos aquí, incluyendo sus comentarios sobre gramática griega.

Existe un cliché: "Un bautismo, muchas llenuras", pero deberíamos entender que eso no es bíblico; el patrón y la provisión bíblicos es una plenitud constante, seguir estando lleno. La palabra *lleno* es una forma verbal conocida como "aoristo ingresivo", sugiriendo una entrada en un estado de condición. Está claro que el cristiano que ha sido bautizado no entra en una experiencia transitoria, sino en una condición permanente de llenura. Lucas desarrolla este efecto cuando habla de Pedro; le describe como alguien "lleno del Espíritu Santo" (Hechos 4:8), usando el participio pasivo del tiempo aoristo, indicando un suceso en proceso.[2]

Seguro que habrá oído a personas hablar acerca de "un bautismo, muchas llenuras". Recuerde que es el código de aquellos que se oponen al bautismo del Espíritu con señales que le siguen. Sin embargo, si los carismáticos o pentecostales hablan así, hagamos una sencilla pregunta: Cuando alguien dice que ha sido bautizado en el Espíritu, ¿cuánto dura? ¿Una semana? ¿Una hora? ¿Seis meses? ¿Tiene el Espíritu Santo una derivación como la energía de la batería de un vehículo? ¿Es el bautismo del Espíritu algo como dar un trago, y tenemos que ir una y otra vez, como tazas de té? Otra pregunta: ¿Cómo sabemos cuándo se ha ido el Espíritu y que necesitamos otro avivamiento? ¿Durante cuánto tiempo podemos decir: "Estoy lleno del Espíritu"? ¿Qué señales tenemos cuando estamos llenos y cuando no lo estamos?

Jesús, hablando acerca del Consolador, dijo "para que esté con vosotros para siempre" (Juan 14:16). Es aquí donde vemos la bendición de hablar en lenguas. No podemos hablar a menos que el Espíritu Santo nos dé que lo hagamos, y si Él lo hace, Él está ahí. Por esa señal podemos salir y vencer, porque Él está con nosotros. El Espíritu habita en nosotros. Nuestros sentimientos son siempre un contador de poder que no es confiable.

La Historia nos ayuda en este punto. En el siglo XIX, antes de que se oyera comúnmente acerca de las lenguas, el problema era saber cuándo había venido el Espíritu. La gente confiaba en los momentos intensos y altamente sensacionales. Oraban mucho, creyendo que el poder se podía medir por el tiempo que se pasaba en oración, una idea bastante ajena a la Biblia. A principios del siglo XX por vez primera se enseñó que la señal de las lenguas (glosolalia) era la señal de la llegada del Espíritu. Esto inmediatamente disparó el poder del mayor movimiento del Espíritu Santo de todos los tiempos. Mi propia fe se activó por la señal inicial de las lenguas, lo cual me guió a mi actual ministerio de evangelismo.

Aprenderemos más sobre Jesús. Él habló a la mujer en el pozo en Samaria y dijo: "el que bebiere" (Juan 4:14). El tiempo verbal griego que Él usó (aoristo) significa beber sólo una vez, no seguir acudiendo con un cubo vacío. Eso fue lo que entendió la mujer en el pozo de Sicar, y dijo: "ni venga aquí a sacarla". El único trago resulta en una fuente de agua que fluye para vida eterna. El agua es siempre un símbolo del Espíritu Santo.

OTRO CONSOLADOR

Hay algo que siempre me ha maravillado. Los discípulos no lloraron cuando Cristo les dejó. Nunca mostraron anhelos nostálgicos, y nunca hablaron de aquellos buenos tiempos del pasado. Lucas nos dice que después de la ascensión de Jesús, cuando ya no le veían, "volvieron a Jerusalén con gran gozo; y estaban siempre en el templo, alabando y bendiciendo a Dios" (Lucas 24:52-53). ¿Por qué mostraron una reacción tan destacable ante la marcha de Jesús? La respuesta es la llegada del Espíritu. Cuando Cristo estaba presente, ellos eran sólo testigos oculares de su poder, pero cuando llegó el día de Pentecostés, fueron más que testigos oculares. Ahora tenían el poder y experimentaban la presencia divina de manera personal, lo cual era distinto a que Cristo estuviera con ellos.

No obstante, esa sensación personal de la presencia de Dios no se dice en ninguna parte que fuera sólo para ellos, sólo para los discípulos, un grupo de élite. Pedro dijo lo contrario: "Porque para vosotros es la promesa, y para vuestros hijos, y para todos los que están lejos; para cuantos el Señor nuestro Dios llamare" (Hechos 2:39). Él citó la promesa de Joel 2:28, donde Dios dice: "derramaré mi Espíritu". El libro de Wesley, *Explanatory Notes Upon the New Testament* [Notas aclaratorias sobre el Nuevo Testamento] dice de este versículo: "No sólo en el día de Pentecostés, sobre toda carne: sobre personas de toda edad, sexo y rango".[3] Describe la experiencia cristiana normal, como lo hace todo el libro de los Hechos de los Apóstoles.

Otro dato curioso es que aunque Jesús les dijo a sus discípulos que tomaran el pan y el vino en memoria de Él, nunca usaron el "lenguaje de recordar". Uno no recuerda a una persona con la que vive. Jesús estaba vivo, presente, moraba en ellos a través del Espíritu. "De manera que nosotros de aquí en adelante a nadie conocemos asegún la carne; y aun si a Cristo conocimos según la carne, ya no lo conocemos así" (2 Corintios 5:16). Ser lleno del Espíritu nos lleva vivos a Jesús, lo cual es mucho mejor que estar vivo cuando Jesús estaba en la tierra.

Observe también que el Espíritu no viene para hablar de Él mismo sino para revelar a Jesús (Juan 16:15). Pablo dijo que él predicaba a Cristo crucificado en el poder y la demostración del Espíritu. Si sólo predicamos el poder del Espíritu sin la cruz, es un cortocircuito, que nos produce sólo una pérdida del mismo poder que predicamos. El principal interés del Espíritu está en la cruz. No predicamos poder, sino el evangelio, que es poder de Dios por el Espíritu.

ESPÍRITU IMPULSADO

Hablando en una conferencia, Donald Gee dijo que el Espíritu no era "el objeto de un dogma teológico sino una experiencia ardiente". Señaló que cuando Pablo trató problemas en Galacia, apeló a la experiencia de ellos (Gálatas 3:2). El Espíritu Santo era Dios en actividad terrenal como Jesús lo había sido.

El bautismo en el Espíritu no tuvo la intención de ser un evento aislado y emocional registrado en los diarios de los creyentes. Envuelve a los creyentes de forma permanente. El Espíritu es su entorno, el aire que respiran cada momento, proveyendo la vitalidad de la fe cristiana. Cuando bombardeamos el mundo con el evangelio, el Espíritu Santo es la munición explosiva de nuestra artillería. El Espíritu da vida a los creyentes, a sus enseñanzas, sus predicaciones, sus oraciones, su servicio y sus propias vidas.

El Espíritu Santo es la dinámica de la fe. Sin la vida del Espíritu Santo, el cristianismo es tan sólo otro sistema religioso sin vida que solamente se puede mantener mediante el esfuerzo humano. Pero nada puede competir con el Espíritu Santo. No podemos hacer nada sin el Espíritu Santo independientemente de con qué lo sustituyamos, ya sea organización, magnificencia eclesial, prestigio, educación o cualquier otro factor en el que se haya podido depositar la confianza.

CUANDO LO SEPAMOS, ¡ACTUEMOS!

Hemos avanzado algo ya en nuestro estudio. Hagamos una pausa por un momento para recordarle que Dios mismo nos enseña cuando le obedecemos. Si aprendemos estas cosas, debemos entender que el Espíritu Santo, Dios en acción, nos lleva a la acción. No fuimos salvados sólo para quedarnos contentos, felices de ser salvos, teniendo reuniones para felicitarnos los unos a los otros por nuestra buena fortuna al haber sido redimidos.

Hay actividades mejores que las celebraciones de la iglesia, los conciertos cristianos y las inagotables nuevas canciones de adoración, con todo lo cristianas que sean. Nuestro Señor es digno de ser alabado, no cabe duda, pero las canciones de adoración por sí solas no salvarán al mundo, especialmente esas canciones que no mencionan el nombre de Jesús ni tienen ningún contenido del evangelio. La alabanza no es poder de Dios para salvación. El evangelio es poder de Dios. No debemos halagarnos por poder construir un trono para Dios con muchos nuevos himnarios. La comisión de Dios para nosotros contiene la cláusula "Predicar el evangelio". "Agradó a Dios salvar a los creyentes por la locura de la predicación" (1 Corintios 1:21).

Deberíamos hacer algo más que celebrar. Debemos comunicar. Richard John Neuhaus dice: "No estamos celebrando nuestras seguridades y satisfacciones. Estamos celebrando la arriesgada empresa del amor, de ese amor supremo que no se alejó ni se aleja de la cruz".[4]

Algunos han dicho que el Nuevo Testamento trata más de la comunión que del evangelismo. Este es un conteo de palabras algo superficial. En ningún caso puede haber *comunión* si no hay evangelismo. La palabra comunión (griego: *koinonía*) es mucho más que reunir a nuestros amigos cristianos en un confortable entorno que se presta para un "amplio intercambio de dulces discursos". Es compartir. Compartimos el evangelio y la plenitud del Espíritu para que otros tengan lo que nosotros tenemos. La *koinonía* depende del evangelismo.

RÍOS

Volviendo de nuevo a lo que dice la Escritura sobre el Espíritu Santo, la palabra *ríos* se usa repetidas veces. Describe el ideal para los creyentes y es simbólica del Espíritu Santo. Ya se anticipaba en Isaías 58:11: "y serás...como manantial de aguas, cuyas aguas nunca faltan". Una experiencia de "ríos" necesita la presencia milagrosa del Espíritu Santo. Para muchas personas de nuestro clima occidental templado, la exuberancia es algo ajeno, antinatural y embarazoso. Sin embargo, para los que están en el Reino de Dios, la cultura del mundo importa poco. En nuestro Reino la gente grita de gozo.

La Septuaginta (la versión griega del Antiguo Testamento) usa una palabra sorprendente acerca del Espíritu de Dios actuando en las vidas de Sansón y Saúl. Dice que el Espíritu "saltó" sobre ellos. Esta extraña palabra (*allomai*) se usa dos veces en Hechos 3:8 en la sanidad del hombre paralítico: "alzarse de golpe" (griego: *exallomai*) y "saltar" (griego: *hallomai*). Vida que salta y aguas que bailan son el escenario bíblico.

La palabra hebrea para "adoración" significa acción corporal. Los que han sido bendecidos con el poderoso Espíritu de Dios, que "saltan de gozo", están destinados a parecer extraños. No es de extrañar que la gente que no ha estado en el aposento alto de Pentecostés, sino sólo en la sala de comidas de la iglesia, ridiculice a las personas llenas del Espíritu y las tache de "entusiastas y fanáticas". Los espectadores en Jerusalén pensaban que los apóstoles estaban borrachos, al ser totalmente ignorantes de lo que allí estaba sucediendo. Esos apóstoles tenían críticos. Nunca nos deberían preocupar los críticos. Nunca ha existido hasta hoy una doctrina o enseñanza, o que alguien haga algo, y que haya alguien que piense que sabe más. El escritor R. Knox, por ejemplo, demostró desprecio por John Wesley tachándolo de mero "entusiasta", queriendo decir que era una persona alterada o desequilibrada. El padre Knox podría ser un ejemplo de un buen erudito, pero debido a su libro *Enthusiasm* [Entusiasmo], a nadie le hubiera parecido un hombre que hubiera podido estar con los 120 en el día de Pentecostés, o que hubiera podido estar descalzo delante de la zarza ardiente con Moisés, o con Josué ante el Hombre con la espada en su mano. El intelectual obispo de Bristol le dijo a Wesley que consideraba que "fingir revelaciones extraordinarias y dones del Espíritu Santo es algo horrible, algo muy terrible".[5]

Ronald Foulkes hace referencia a un escritor diciendo en 1849: "Admitimos que Wesley era un entusiasta, pero sólo al grado en que un hombre más que comúnmente lleno del Espíritu Santo sería un entusiasta".[6] La primera regla de Wesley para los administradores de la sociedad Methodist Society, citando Efesios 3:16, era: "ustedes deben ser hombres llenos del Espíritu Santo".[7] En una reunión con George Whitefield en Fetter Lane el 1 de enero de 1739, a las tres de la mañana: "A la hora mencionada, el poder de Dios cayó sobre ellos de forma tan poderosa que muchos gritaban del inmenso gozo, otros cayeron postrados al suelo".[8]

Sólo debemos hacer una pregunta: si Cristo hizo exactamente lo que prometió y bautizó a gente en el Espíritu Santo y fuego, ¿cómo eran? ¿Fríos, comedidos, autosuficientes? Con corrientes gloriosas de radiación divina fluyendo a través de ellos, ¿se sentarían, como dijo Shakespeare, "como su abuelo tallado en alabastro"?[9] El emblema de Dios es el fuego, no una sandía.

¿Quiénes son más ridículos, las personas que bailan de gozo con la visión de Dios, o la gente que no se inmuta como la esfinge, que no se movió ni tan siquiera cuando Napoleón le disparó con un cañón? La carne y la sangre no es granito a la hora de experimentar el Espíritu y no mostrar señal alguna. Lo que tenemos en vasos terrenales es un "tesoro" para demostrar que este increíble poder es de Dios (2 Corintios 4:7). Algo totalmente extraño será evidente para las mentes separadas de Dios, como le dijo Festo a Pablo: "Estás loco, Pablo; las muchas letras te vuelven loco" (Hechos 26:24). ¿Cómo podía ser hoy distinto cuando la gente experimenta la marca original del cristianismo y no alguna versión diluida, sin vísceras, tranquilizada o sentimental del mismo? "Y él os dio vida", leemos en Efesios 2:1, no: "Y él os endureció".

Volveremos a tratar este asunto de los ríos. En Juan 7:37-38, Jesús clamó: "Si alguno tiene sed, venga a mí y beba. El que cree en mí, como dice la Escritura, de su interior correrán ríos de agua viva". No hay comas en el griego original, así que deberíamos leerlo así: "El que cree en mí como dice la Escritura". Esto es, ríos de agua viva fluirán de "los que creen en mí como dice la Escritura". No son las Escrituras las que hablan de esos ríos de agua viva, sino Jesús mismo, y los que creen en Él. La gente no ha descubierto qué versículos tenía Jesús en mente cuando habló de aguas, aunque hemos sugerido uno anteriormente: Isaías 58:11. La promesa de agua viva se origina en Jesús mismo, y como predijo Pedro: "Porque para vosotros es la promesa, y para vuestros hijos, y para todos los que están lejos; para cuantos el Señor nuestro Dios llamare" (Hechos 2:39).

Es incluso más importante volver a leer Juan 3:34. La traducción correcta de este versículo sería: "Dios no da el Espíritu con medida". El dar no está limitado. Se nos da a todos, como nos dice Juan 1:16: "Porque de su plenitud tomamos todos". Literalmente "por su plenitud" somos llenos sin medida. La plenitud reside en Jesucristo y fluye de Él para llenarnos. Él es la fuente. En Hechos 2:17 Pedro citó Joel 2:28, hablando de Dios como el que derrama su Espíritu. La palabra es "de" su Espíritu (griego: *apo*). Mientras Cristo esté lleno, nosotros "seremos llenados". Él está "lleno de gracia y de verdad" (Juan 1:14), y de ello recibimos gracia sobre gracia, es decir, una gracia que se renueva constantemente.

No estamos en un negocio por nosotros mismos con un capital espiritual reducido y pobres recursos, lo cual nos hace independientes. No somos pequeños Cristos autosuficientes, réplicas del Hijo de Dios, que por sí solos tienen inmortalidad. Los que enseñan tal cosa manifiestan una gran ignorancia teológica, por decirlo de manera suave. Recibimos a cada momento "de" la plenitud de Cristo, como los pámpanos de una vid reciben la savia. No somos vides que viven vidas separadas, sino que estamos completos en Él (Colosenses 2:10).

LA DIFERENCIA DEL ESPÍRITU

Los profetas lucharon en vano para hacer que Israel regresara a Dios. Pero cuando Pedro predicó, lleno del Espíritu, tres mil personas se rindieron. Sin el Espíritu Santo, el cristianismo se reduce a una "religión", algo que no es más eficaz que el sistema del Antiguo Testamento y el sacerdocio antes de la era del Espíritu.

Jesús dijo: "Pero recibiréis poder, cuando haya venido sobre vosotros el Espíritu Santo" (Hechos 1:8). Sin esa vitalidad tenemos una religión secularizada, nominalizada, racionalizada e inofensiva. La contemplación mística no se parece en nada al dinamismo del Nuevo Testamento; el quietismo es para los budistas, no para los cristianos.

Antes de que llegaran los carismáticos, estaban aquellos que estaban encendidos y llenos del Espíritu, o "pneumatizados". A pesar del frío polar que hubiera podido congelar la iglesia, por mucho que el "entusiasmo" no se aprobara y el cristianismo se redujera sólo a "iglesianismo", siempre hubo algunas personas llenas del Espíritu por ahí. Los manantiales de aguas espirituales en este siglo surgieron de lluvias de siglos previos. Algunos trazan su origen en Wesley y su enseñanza, la cual él llamó "amor perfecto", pero independientemente de cómo se llamara, la visión o experiencia de Wesley venía de anteriores hombres y mujeres de Dios.

LLÁMELO COMO QUIERA

Se han usado diferentes términos para las mismas experiencias en las Escrituras. Todos los términos, como "la llegada", "ser lleno", "beber" y "unción", describen el mismo don divino. Cristo dijo que debíamos "pedir, buscar, llamar" al Espíritu (Lucas 11:9-13). Los que reciben el Espíritu en el estilo del Nuevo Testamento seguramente tienen derecho a llamar a su experiencia con un nombre del Nuevo Testamento.

El "bautismo en el Espíritu Santo" es una expresión del Nuevo Testamento usada tanto por Juan el Bautista como por Jesús. La experiencia personal de millones se ajusta a la promesa del Nuevo Testamento, ya sea que lo llamemos bautismo o de cualquier otro modo. Si se parece a un bautismo, suena como él, se siente como él y funciona como él, ¿qué otra cosa es? No se puede desechar por medio de debates sobre cómo llamarlo. Si hacemos lo que hicieron los apóstoles y obtenemos lo que obtuvieron los apóstoles, su nombre no importa.

Ha habido oposición, y aún la hay. Sin embargo, parece sospechoso que nadie inventase alguna enseñanza en contra de recibir el Espíritu después de una conversión hasta después de observar a la "gente de las lenguas". La Historia demuestra que la Iglesia siempre había supuesto que recibir el Espíritu Santo era una experiencia separada. Desde los tiempos más remotos cuando las personas eran bautizadas, eran ungidas después para recibir el Espíritu. Se llamaba el *crisma*.[10] Las letanías de varios tipos mostraban que el crisma, la unción con aceite, sólo se les daba a los bautizados y que se consideraban a sí mismos hijos de Dios y gente del Reino. A un candidato se le consideraba no apto para recibir el Espíritu hasta que era regenerado. En la iglesia anglicana, la confirmación después del bautismo se consideraba como el momento en el que se impartía el Espíritu mediante la imposición de manos por el obispo.

Veamos esto un poco más en detalle. Si todos recibieron el Espíritu por poderes en el día de Pentecostés, como algunos enseñan, ¿por qué oran para recibir muchas llenuras? ¿Qué valor tendría el bautismo en el día de Pentecostés si cada persona necesitase volver a ser llena una y otra vez? Y, por supuesto, lo que parece pasarse por alto es que todas esas llenuras son experiencias después de la conversión.

Hay algo que no deberíamos pasar por alto. Algunos reciben un bautismo poderoso en el instante de la conversión, como le pasó a Cornelio y toda su casa en Hechos 10, pero no les ocurrió y ocurre a todos. Cuando uno lo recibe, ya sea en el nuevo nacimiento, como dicen algunos, o después, esto no altera el hecho de que esta gran experiencia existe. Para los discípulos llegó después, como les ha ocurrido también a millones de personas.

Si la investidura del Espíritu Santo y de poder siempre se produce con el nuevo nacimiento, nos preguntamos por qué los que dicen esto siguen buscando a Dios para recibir poder. Si el bautismo del Espíritu se produce en la conversión para todos, ¿nos parece que así sea? El secreto de los grandes evangelistas y el poder del derramamiento espiritual actual ha sido algún tipo de experiencia posterior o experiencias en las que Dios llegó de una forma extraordinaria.

EL EFECTO DEL ESPÍRITU

Ahora pasamos a ver cuáles deberían ser los efectos de ser lleno del Espíritu. Ser lleno del Espíritu se demuestra en el Nuevo Testamento, y en las vidas de millones, a través de un efecto dinámico y vigorizante, o "poder" (en griego: dunamis). Hay pocos versículos que sugieran que el Espíritu viene sobre hombres como un soplo tranquilo, discreto e inadvertido. Normalmente es algo muy aparente, como las manifestaciones del Espíritu, fuego, viento, ruido, maravillas, señales externas, poderes y efectos visibles. Dios no les da sus dones a los inconversos, ni da su Espíritu Santo al mundo, pero cuando nacemos de nuevo, se nos anima a ser llenos, como Pablo exhortaba a las iglesias (Efesios 5:18).

Debo recordarle de nuevo que estamos viendo lo que dice la Escritura sobre estas cosas. Algunos acuden a la historia de la Iglesia, tratando de demostrar que el poder apostólico murió con los apóstoles. La historia de la Iglesia, y no la Biblia, establece su doctrina. Habrían obtenido mayor beneficio al preguntarse por qué murió al final de la era apostólica (aunque de hecho no desapareció del todo). No hay ni un sólo rastro de evidencia bíblica que indique que debería haber pasado. Un verdadero erudito querría saber la respuesta. Si tomamos cualquier cosa de la historia de la Iglesia, sabemos que la incredulidad y el declive espiritual encontraron su lugar, y el poder del Espíritu, por tanto, raramente se manifestaba de forma generalizada.

El cristianismo nunca pretendió ser nada menos que un derramamiento del Espíritu. Es una energía que renueva, aviva e impulsa. El avivamiento no es una obra extraordinaria por encima del cristianismo normal. El cristianismo es avivamiento. No hay dos Espíritus, el Espíritu que se recibe en el nuevo nacimiento y el Espíritu del avivamiento, que, según dicen, a veces desciende del cielo y toma el campo. El Espíritu de Dios tomó el campo hace mucho tiempo y nunca se ha apartado de la batalla. Él no lo visita de vez en cuando, sino que está permanentemente. Habiendo puesto su mano en el arado, no mira atrás. El "avivamiento" está siempre ahí cuando se predica la Palabra y el Espíritu está presente.

Tanto David como Isaías oraron: "Señor, inclina los cielos y desciende" (véase Salmos 144:5; Isaías 64:1). Ocurrió cuando llegó Jesús. Los creyentes del Nuevo Testamento no tienen que volver a orar así. Cristo rasgó los cielos y vino a nosotros. Luego regresó a los cielos, asegurándose de que permanecieran abiertos. La apertura de los cielos se abrió para siempre y nunca más se ha vuelto a coser, ni por una aguja empuñada por Satanás ni por ninguna otra mano. A través de ese cielo abierto el Espíritu Santo comenzó después a descender: la lluvia postrera. Los cielos ya no son más de bronce. El infierno no puede imponer sanciones y bloquear el Reino de Dios, ni puede privar a los ciudadanos del cielo. La nueva y viva forma se establece por encima del control del enemigo.

En su libro *Joy Unspeakable* [Gozo indescriptible], el Dr. Martyn Lloyd-Jones concluyó que el avivamiento es el bautismo del Espíritu Santo.[11] Establece una prueba firme evidenciando que hay bíblicamente una recepción de poder después de la conversión, que es el bautismo del Espíritu, y que eso es avivamiento. Desde 1901, cuando esa verdad se recuperó, la restauración de señales y maravillas bíblicas ha llevado a cientos de millones de personas al Reino de Dios.

Ningún cristiano del Nuevo Testamento era alguien contemplativo. Los místicos normalmente terminan con nuevas enseñanzas, que son erróneas. Los apóstoles eran activistas. Smith Wigglesworth tenía razón: "Los Hechos de los Apóstoles fue escrito porque los apóstoles actuaron".[12] No visitaban ermitas ni guardaban reliquias de hombres santos. Estaban en un contacto vital con Dios mediante el Espíritu e iban directamente a Él, no a través de santos y sus huesos.

Toda la vida cristiana es "en el Espíritu". Por el Espíritu, el Hijo de Dios es el Ungido. Esto establece la nota. Así como

Él iba haciendo el bien porque estaba ungido con el Espíritu, así debemos hacer todos. Se nos dice que caminemos (como siempre lo hacía Jesús) en el Espíritu, oremos en el Espíritu, amemos en el Espíritu, vivamos en el Espíritu, seamos llenos del Espíritu, cantemos en el Espíritu y tengamos el fruto del Espíritu.

La vida llena del Espíritu no es una experiencia que hay que cultivar en condiciones especiales como los azafranes de invernadero. Los cristianos no somos flores. Durante la primera expansión de las ciudades industriales de Inglaterra, algunos clérigos no pudieron ser persuadidos para que tomaran una parroquia entre las multitudes de trabajadores plebeyos, porque decían que podían ensuciar su "espiritualidad". El Espíritu Santo hace de los creyentes duros especímenes bajo cualquier condición. Llevan una primavera perpetua en su alma y están "invernizados" (como describen los estadounidenses la preparación de sus hogares para la llegada del frío invernal).

Los apóstoles descubrieron una nueva resistencia, una nueva fuerza dentro de ellos, y un poder que operaba en sus debilidades, el cual les envió a un mundo pagano y brutalizado para demoler el establecimiento de su ídolo y cambiar la Historia. Esa es una verdadera marca de "la vida llena del Espíritu".

Cosas semejantes están ocurriendo en la actualidad. Una nueva era de persecución está probando a la Iglesia en más de la mitad de la tierra. Quizá tengamos que someter nuestras vidas físicas, pero estamos demostrando que el bautismo en el Espíritu hace que la gente sea inconquistable.

CAPÍTULO 3

LA UNCIÓN

La unción del Espíritu Santo es algo totalmente bíblico. En el Antiguo Testamento todo aquel que servía a Dios tenía que ser ungido. En el Nuevo Testamento esto se reemplaza con el Espíritu Santo para todos los creyentes.

Lo primero que debemos aprender es que "unción" es tan sólo uno de los sinónimos del bautismo del Espíritu, pero hay otros.

Durante años hemos cantado el Salmo 23: "unges mi cabeza con aceite", que de hecho se refiere a la práctica de poner aceite en la cabeza de las ovejas para su protección; pero la unción del Espíritu, o el bautismo en el Espíritu, es más que meramente una medida de salud protectora.[1]

Veamos lo que podemos aprender en la casa de Simón el fariseo (Lucas 7:36-50). Jesús está formulando una queja usando un lenguaje similar al del Salmo 23. Le está diciendo a su anfitrión: "No ungiste mi cabeza con aceite". Estaba comparando a Simón y a una mujer desconocida, la cual había derramado aceite perfumado sobre sus pies y no había dejado de besárselos, pero Simón no había hecho nada. Ungir con aceites fragantes y saludar con un doble beso en las mejillas era la bienvenida social para los huéspedes, práctica que continúa en el Oriente. Simón había sido demasiado informal y no le había mostrado a Jesús ese trato de respeto.

La unción social de los huéspedes era una medida cosmética, no sólo para producir un aroma agradable en los huéspedes sino también para ayudarles a que su aspecto fuera mejor al hacer brillar sus rostros (Salmos 104:15). Un rostro brillante y untado de aceite se consideraba algo admirable en esos tiempos. Se ponían en las cabezas de los huéspedes unos conos de ungüento perfumado para que, cuando se calentaran, el ungüento chorrease por sus rostros hasta llegar a su ropa, llenando la atmósfera de un olor agradable. Jesús lo aceptó de esa mujer que vertió sobre Él lo mejor que se podía comprar con dinero.

María también ungió a Jesús. Su perfume fue de nardos, lo cual se describe como una preparación poco habitual y preciada de nardos traídos del norte de India a un gran costo y preparado con el arte casi secreto del perfumador. Vendido en recipientes de alabastro de cuello largo, se guardaba durante años, algo que mejoraba incluso su calidad y valor. Muchos de esos recipientes se han encontrado en lugares arqueológicos. Llenos de perfume, se guardaban como una inversión, un tesoro familiar.

La fragancia del aceite de María era tan rica que invadió toda la casa. Fue un sacrificio tremendo y un acto de extravagancia pródiga de amor. Nos habla del amor de Dios, mediante Jesucristo, lo cual nos lleva al inestimable don de la unción del Espíritu Santo. No es una experiencia barata; es lo mejor de Dios.

El ingrediente más común del ungüento cosmético era la mirra, refinada de la savia que supuraba por las rendijas hechas en un pequeño árbol. A menudo leemos acerca de esto en las Escrituras. La muchacha a la que Salomón amaba tenía dedos que destilaban un dulce olor a mirra, y Salomón mismo vino del árido desierto "sahumado de mirra y de incienso" (Cantares 3:6). Parte del tratamiento de belleza de Ester para su presentación ante el rey Asuero consistió en seis meses con aceite de mirra.

Su valor se demuestra cuando los sabios llevaron al niño Jesús mirra como un regalo especial. La gente llevaba mirra en sus ropas. En su aspecto medicinal, la mirra se usaba como un opiáceo, motivo por el cual Jesús rehusó tomarlo en la cruz. La idea de ungir con aceite se originó en el derramamiento de ungüento sobre los sacerdotes para ordenarles para su servicio. La suya era una unción especial de aceite que se describe en Éxodo 30, usada sólo para el tabernáculo y los sacerdotes del Señor. También se ungía a los reyes. La mayoría de comentarios dicen que a los profetas también se les ungía, pero la verdad es que nunca se ungió a ninguno de ellos, porque el ser profeta nunca se consideró un oficio, como el del sacerdote o el rey. Ellos eran hombres independientes de Dios, no se les nombraba socialmente. Dios los escogía y les daba la verdadera unción con el Espíritu. Nadie hacía profetas. Eran hombres de Dios. Por mandamiento divino, Elías debía haber ungido a Eliseo, pero no lo hizo. Dios mismo ungió a Eliseo con el Espíritu.

Era costumbre llamar al Espíritu de Dios con el nombre de un profeta, el "espíritu de Moisés" o el "espíritu de Elías", como una distinción personal y poco común. El "espíritu de Moisés" debía estar sobre los ancianos de Israel, y Eliseo quiso una doble porción del "espíritu de Elías". El Espíritu se identificaba con el profeta, y cuando Dios unge a los creyentes en la actualidad, es con "el espíritu de los profetas" o el "espíritu de profecía".

La verdadera unción la hace siempre el Señor. Los aceites y los preciosos ungüentos se vaciaban sobre sacerdotes y reyes como un mero símbolo o reconocimiento de que el Espíritu de Dios había decidido reposar sobre ellos. Dios era el que lo originaba, y esos hombres eran por tanto llamados "ungidos del Señor" o "ungidos de Dios", especialmente Cristo (en hebreo, mashiyach, que significa "ungido" o "Mesías"), que es "el Cristo (ungido) de Dios". Hoy, entre los creyentes la unción es un acto soberano de Dios.

Los discípulos y los apóstoles nunca fueron ungidos con aceite. En el Nuevo Testamento, los cristianos recibían al Espíritu Santo por su trabajo de servicio. El aceite nunca se derramó sobre Jesús salvo cuando la mujer lo hizo como preparación para su entierro, como mencioné anteriormente. Antes del día de Pentecostés, los sacerdotes eran ungidos y llevaban con ellos la fragancia, pero desde Pentecostés, los creyentes llevan el "Espíritu de Cristo". "Y les reconocían que habían estado con Jesús" (Hechos 4:13). Lo real había llegado.

La unción con aceite sólo se menciona en el Nuevo Testamento para sanidad de los enfermos.

Nuestra unción fluye de la unción de Cristo, y la recibimos sólo de Él. "Porque de su plenitud tomamos todos" (Juan 1:16). A Juan el Bautista se le reveló: "sobre quien veas descender el Espíritu y que permanece sobre él, ése es el que bautiza con el Espíritu Santo" (Juan 1:33). Juan identificó la fuente, Jesucristo, el dador y la autoridad del dar.

Podemos orar e imponer manos sobre la gente para que sean bautizados en el Espíritu, como hicieron los apóstoles (Hechos 8:17), pero debemos ser conscientes que un hombre no puede, ni necesita, dar su unción a otro. La unción procede de la plenitud de Cristo, no de la plenitud de otra persona. Yo quiero que mi unción provenga de Dios, no una unción de segunda mano. Otorgar "una unción", aunque sea como un efecto temporal, es algo ajeno al pensamiento bíblico.

"Sale de su plenitud" como un flujo constante. Sólo Jesús bautiza. Las bendiciones de Dios pueden fluir en muchas formas a través de nuestras vidas como ríos de agua viva de Cristo, pero eso es algo muy diferente a hacer lo que sólo Jesús puede hacer: impartir el Espíritu. Las vírgenes rehusaron compartir su aceite y se les tuvo por sabias.

No obstante, la palabra *unción* hoy ha adquirido un significado más amplio entre los creyentes. Es una palabra para describir la bendición en general. Cuando las personas ofrecen darnos "una unción" imponiendo sus manos sobre nosotros, no necesitamos hacer una gran objeción. Bíblicamente no existe algo como una unción; tan sólo existe *la* unción, pero no tenemos que ser demasiado estrictos con el uso de una palabra, por supuesto siempre que sepamos que no comunica un punto erróneo de teología y que no tiene el sentido exclusivo de dar el Espíritu Santo; debería ser sólo una oración para dar ayuda, fuerza, guía, etc.

Me pasó una vez que, sólo por la guía divina, me encontré lejos de donde debía estar, mirando fijamente una casa en Clapham, Londres. Fuera estaba escrito en una placa el nombre de George Jeffreys, al que muchos consideran el mayor evangelista británico desde John Wesley. Este hombre había llenado grandes lugares y había sido pionero, en medio de una oposición universal, del evangelio glorioso de Jesucristo como Salvador, sanador, bautizador y Rey venidero. Apenas podía creerlo, ya que acababa de leer uno de los libros de este gran hombre. ¿Realmente estaba él ahí?

Me atreví a ir y preguntar, y él escuchó mi voz y me invitó a pasar. Ahí, oró conmigo, y fue como si su manto hubiera caído sobre mí, por usar una expresión bíblica. Dios escuchó la oración de ese hombre por mí. Yo estaba ya bautizado en el Espíritu (ungido), pero a veces nos faltan las palabras para describir todo lo que Dios hace. Sé que hablar con George Jeffreys y escuchar su oración por mí fue una experiencia especial, que me aportó un sentimiento de capacitación y disposición para servir cuando ese día acababa de salir del Instituto bíblico en Swansea para comenzar mi servicio a Dios a tiempo completo. Dios me había llamado a su obra, y ahora esta experiencia especial parecía cubrirme.

Samuel ungió a David como rey, y con ello David entendió que era el ungido del Señor. Más adelante los ancianos de Israel también le ungieron para confirmar su llamado como rey sobre ellos. Las "unciones" no debemos esperarlas cada vez que veamos a un evangelista o un maestro especial. Para mí fue sólo una vez, después de mi llamado, cuando conocí a un hombre que había hecho el mismo trabajo que Dios quería que yo hiciera, como Eliseo después de Elías.

Algunas experiencias, que podemos llamar unciones por falta de una expresión mejor, pueden venir como la confirmación de Dios para un llamado en particular, como el de Eliseo o el de los ancianos de Israel con David. Para algunos han llegado cuando escuchaban a algún hombre de Dios, cuando supieron que Dios les estaba impulsando hacia adelante, hacia lo que Pablo llama los miembros "más decorosos" del Cuerpo de Cristo.

George Canty, mi coautor, se había decepcionado por los métodos de algunos evangelistas de sanidad, y tenía una actitud crítica hacia esa actividad. Dios le había estado presionando durante algún tiempo, preguntándole: "¿Dónde están todos tus milagros poderosos?". Un día se sentó a escuchar a un evangelista de sanidad que se levantó para hablar. Tan pronto como el hombre citó su texto, George Canty sintió una elevación espiritual repentina a un nuevo nivel y supo que él iba a hacer lo que el predicador había hecho: sanar a gente enferma. La sensación fue tan real que tuvo que mirar alrededor para asegurarse de que el edificio era real, porque parecía un momento trascendente, como una visión. Él sabía que era diferente.

La unción y el llamado van juntos. Como mencioné anteriormente, las únicas personas ungidas eran las elegidas para una tarea en particular, especialmente la de sacerdote o rey. No era una mera experiencia para el disfrute emocional. Tampoco significaba que se había obtenido un nivel especial de santidad. La unción se daba solamente para equipar a personas comunes para servir al Señor. La unción no estaba disponible sin el servicio. Hoy día la unción es para todos los creyentes, porque todos debemos servir. Somos "real sacerdocio" (1 Pedro 2:9). Observe cuidadosamente que la unción no es ningún tipo de placer emocional, sino que entra en funcionamiento cuando servimos. David no se sintió ungido en ningún modo en particular, pero cuando se vio ante Goliat, lo supo. Sansón era fuerte sólo cuando entraba en acción para Dios, y entonces el Espíritu de Dios venía sobre él (como en Jueces 14:6). Un hombre fuerte no siente su fortaleza cuando está sentado; la siente sólo cuando se ejercita.

EL UNGIDO

Ahora veremos algunas consideraciones más. Deberíamos recordar en particular que la unción es parecida al perfume. El Salmo 45:8 a menudo se cita en referencia a Cristo: "Mirra, áloe y casia exhalan todos tus vestidos". La casia viene del lejano Oriente. Israel probablemente la obtenía en el desierto de los comerciantes que pasaban por allí. Aportaba una fragancia particular que se asociaba sólo al lugar de morada de Dios y sus sacerdotes: evocaba pensamientos de Dios.

La Escritura llama a Jesús "el Ungido": "Tú eres el Cristo, el Hijo del Dios viviente" (Mateo 16:16). Jesús es el Cristo, el Ungido. Jesús está tan exclusivamente ungido como exclusivamente era el Hijo de Dios. *Cristo* viene de la palabra griega *christos* que tiene el mismo significado que la palabra hebrea para *Mesías*.

Todo lo que denota la unción del tabernáculo, los sacerdotes y los reyes, se cumple en Jesús. Cristo es nuestro Rey Sacerdote. "…exhalan todos tus vestidos" (Salmos 45:8). Él llevaba la pureza y el olor del cielo, esa evocadora y sutil belleza de espíritu que le hacía el Ungido, que le distinguía de todos los demás. Él atraía a las personas, no solamente por su poder o "carisma" en el sentido más comúnmente usado, sino por su amor, moviéndose en la atmósfera de su propia santidad, la cual la gente nunca antes había respirado. Si pudiéramos decirlo de esta forma, Jesús era la jarra de alabastro de Dios, rota por nosotros en la cruz y que ahora llenan el mundo con su fragancia.

La belleza personal nunca es condenada en las Escrituras. El orgullo, la falta de modestia, la vestidura provocativa y el flirteo ciertamente sí. Dios hace hermosa a la gente y no espera que pertenezcamos a la secta de la fealdad y mostremos lo peor de nosotros mismos. Los "santos" de los primeros siglos alardeaban de su cantidad de piojos en su cabello y en su barba. Las monjas estaban orgullosas de que el agua nunca tocaba sus pies salvo cuando cruzaban un río. Dios no se deleita de manera especial en lo extraño, sin estilo o soso. Él crea lo que nos deleita, desde la gloria del amanecer a la majestad del atardecer y el terciopelo con lentejuelas del cielo de la noche. Su morada es la luz de los atardeceres. Nuestra capacidad y genio para crear belleza vienen de Él. La Escritura dice que "todo lo hizo hermoso en su tiempo" (Eclesiastés 3:11). "Sea la luz de Jehová nuestro Dios sobre nosotros" (Salmos 90:17). Eso es la unción.

"La hermosura de la santidad" prohíbe el orgullo. El orgullo son las "moscas muertas", lo que "hace heder y da mal olor al perfume del perfumista" (Eclesiastés 10:1). Nuestros esfuerzos orgullosos en la "santidad" se describen en Isaías 64:6: "y todas nuestras justicias como trapo de inmundicia". Eso se debe a que producen una actitud censuradora y condenatoria contra los que pensamos que tienen normas más bajas; es una postura de corrección fea, estrecha y negativa mientras nos vestimos con aires y gracias espirituales. En una vida legalista hay menos terreno para el verdadero fruto del Espíritu que para las orquídeas en el hielo ártico.

DONES DEL DADOR

Es absolutamente necesario entender que el Espíritu Santo es una persona, no "una cosa". El Espíritu no es una fuerza impersonal, un tipo de electricidad espiritual. La unción de Dios no es sólo poder o dones sino el Espíritu Santo mismo.

Cuando la gente entró por primera vez en la historia moderna, hablando nuevas lenguas, les llamaban "la gente de las lenguas".[2] De hecho, el recuerdo de aquellas personas aún está entre nosotros, y ellos portaban una impresionante piedad cuyo motivo era el servicio, no crear sensación; el Dador y no los dones. Anhelaban conocer mejor a Jesús y ser más como Cristo, no sólo tener poder por el hecho de tenerlo. Su deseo diario era: "haya, pues, en vosotros este sentir que hubo también en Cristo Jesús, el cual…se despojó a sí mismo, tomando forma de siervo…haciéndose obediente" (Filipenses 2:5-8). Muchos entregaron sus vidas por Dios.

Cuando Jesús sanaba a los enfermos, no era tan sólo un puro poder de alto voltaje el que ejercía, sino también el poder de su amor triunfante. Sanaba a los enfermos por su llaga: ese era el maravilloso secreto de su unción. Él sanó una mano seca, aunque provocó que los hombres atentaran contra su vida. Lo arriesgó todo y estuvo dispuesto a llegar a cualquier extremo, incluso hasta una cruz romana, por causa de los que sufrían.

El dolor y el ministerio de sanidad están extrañamente unidos. Cuando algunos de nosotros estamos dispuestos a experimentar "la participación de sus padecimientos" (Filipenses 3:10) y a sentir la misma unción de amor que Jesús tenía y la misma pena desgarradora que se olvida de uno mismo y que hará cualquier sacrificio por los afligidos, como Jesús hacía…cuando nos identificamos de tal manera con los que sufren que compartiríamos los sufrimientos para aliviar el dolor de otros, como Jesús hizo, y somos personas que pueden "compadecerse de [sus] debilidades" (Hebreos 4:15) y somos afligidos en todas sus aficiones, como Jesús lo fue…entonces quizá menos personas volverán a casa sin ser sanadas. No conozco una blasfemia peor que sanar a los enfermos en el nombre de Jesús para hacerse rico, o para darse a conocer, o para gratificación del ejercicio del poder.

¿UNA NUEVA UNCIÓN?

Ya hemos explicado que Dios nunca ungió a nadie dos veces. El Señor ungió a David a través de Samuel; más adelante los ancianos de Israel le ungieron por segunda vez, pero fue para confirmar su aceptación de la autoridad de él como rey. La unción mediante Samuel fue una unción divina. Dios ungió a Jesús. Después una mujer derramó en Él un perfume, que Él mismo dijo que era para su entierro. Normalmente los sacerdotes y reyes tenían sólo una unción, y era al comienzo de su carrera.

Algunos cantan "Oh, una nueva unción" y oran pidiendo "otro Pentecostés", pero la idea en sí de otra nueva unción, como si la unción original se hubiera acabado, es ajena al pensamiento del Nuevo Testamento del Espíritu eterno. La unción se renueva sola: nos renueva a nosotros, y no nosotros a ella. Él es el Espíritu de lo nuevo. 1 Juan 2:27 dice: "Pero la unción que vosotros recibisteis de él permanece en vosotros". Éxodo 40:15 dice: "y los ungirás…y serán mis sacerdotes". 2 Samuel 1:21 habla del "escudo de los valientes", cuando los ungían para la batalla, y Levítico 6 nos habla de la unción para el servicio santo y la santidad.

Podemos orar imponiendo nuestras manos sobre nuestros amigos para que venga sobre ellos la fortaleza y bendición de Dios, pero no debemos suponer que podemos "llenar" a una persona con el Espíritu cada vez, suponiendo que su investidura ya había muerto. ¡El Espíritu Santo no se evapora! Si estamos haciendo la obra a la cual Dios nos ha llamado, la unción descansa sobre nosotros sin menguar. La recibimos momento a momento, como una catarata se alimenta de un río que nunca cesa. Lo único que normalmente necesitamos es liberar las energías de Él trabajando en su nombre.

La unción no es para llamar la atención como José con su túnica de muchos colores. En un anuncio de televisión, una joven con un grave resfriado, que no puede oler, se rocía con mucho perfume. Cuando le abre la puerta a su admirador, su perfume le golpea y le tira al piso. Es humano querer un gran poder, que provoque un impacto en todo aquel que lo sienta. Juan el Bautista llevaba ropas llamativas, una tosca túnica, y comía una comida peculiar. Eso le decía a todo el mundo que él era un profeta santo. Jesús no hizo ninguna de estas cosas. Vestía de forma nada llamativa y se comía todo lo que le ponían delante. Muchos se quedaban perplejos en presencia de Jesús, pero no era por ese tipo de magnetismo. Era por su interés y amor por los hombres y las mujeres; por eso se postraban y le adoraban.

Por nosotros mismos, pecadores y limitados, somos incapaces, ni por capacidad personal ni por santidad, de convertirnos en templos del Espíritu, pero somos sus templos. Nos asombramos y le adoramos. Cuando ese poderoso Espíritu hace su morada en nosotros, entonces el aceite, manos o cualquier otra cosa sobre nuestra carne externa son señales sólo de su grandeza morando en nosotros.

Junto a la unción, como dijimos, hay otros símbolos del Espíritu, pero hemos visto especialmente este por una buena razón. Lo que estamos intentando enseñar en este libro no se puede aprender como si estudiásemos para un examen, sino que debe entrar en el corazón y manifestarse en la vida; debe volver a echar raíz abajo, y dar fruto arriba (véase Isaías 37:31).

Pablo escribió a los filipenses acerca de la hermosura de la humildad de Cristo; después menciona a dos mujeres que estaban en desacuerdo: Síntique y Evodia. Después, con un gran tacto, primero agradece a los filipenses su reciente amabilidad y lo describe como un "olor fragante", en griego, *euodia*, una pista sutil para la propia Evodia (Filipenses 4:18).

El Espíritu que mora en el interior se ve por los efectos exteriores, indicaciones físicas de una causa interna y espiritual. Anhelar más poder para jactarse es corrupto, odioso y nada fragante. El verdadero poder de Dios sólo viene con el Espíritu Santo, que revela la hermosura de la vida de Cristo y su gracia: "Amor mostrado a los desamparados, para que pudieran ser hermosos".[3]

CAPÍTULO 4

CÓMO LLEGARON LOS DONES

Ahora centraremos nuestra atención en la pregunta de cómo los dones del Espíritu quedaron a nuestra disposición en la actualidad. Primero unas palabras de precaución. Si hay algo en lo que ha habido innovaciones y métodos novedosos, es en la recepción del Espíritu Santo y sus dones. Se necesita consonancia con la Palabra de Dios en esta área. Los dones no son trucos, técnicas o destrezas que podamos elegir observando a otros. Dios está derramando su Espíritu, y Él no necesita dones de imitación.

No es un asunto de aprender el enfoque correcto y conseguir hacer algún logro. Si se pudieran conseguir así, no serían dones. Los dones son para todos los que están en el Reino de Dios: ese es su lugar.

Las bendiciones de Israel están pactadas en la mancomunidad de Israel. Jesucristo unió los prodigios a la mancomunidad del nuevo cristiano: "Mas si por el dedo de Dios echo yo fuera los demonios, ciertamente el reino de Dios ha llegado a vosotros" (Lucas 11:20).

"El dedo de Dios" era el Espíritu Santo, como nos dice Pedro: "cómo Dios ungió con el Espíritu Santo y con poder a Jesús de Nazaret, y cómo éste anduvo...sanando a todos los oprimidos por el diablo" (Hechos 10:38). No hay poder mayor que el del Espíritu Santo. Ese es el poder del Reino. Mediante su Espíritu, Dios distribuye sus ministerios a quienes Él elige.

LOS MILAGROS CARACTERIZAN EL REINO

Puedo asegurar a todos los lectores y estudiantes que los milagros son algo normal en el Reino. Cristo envió a sus discípulos y dijo: "En cualquier ciudad donde entréis, y os reciban... sanad a los enfermos que en ella haya, y decidles: Se ha acercado a vosotros el reino de Dios" (Lucas 10:8-9). Hasta el tiempo de Cristo, los milagros eran algo poco común, al ser visitaciones históricas especiales de Dios, y se iniciaban divinamente, por su soberana voluntad.

No había dones de sanidad para los ciegos, paralíticos o sordos. Gente extraordinaria como David, Esdras, Nehemías, Jeremías y Ester nunca fueron testigos presenciales de un milagro físico, y algunos nunca fueron testigos de nada que pudiéramos llamar sobrenatural. Esdras nunca tuvo una visión ni oyó una voz. No era profeta, ni sintió el mover del Espíritu. Lo único que pudo hacer fue confiar en la Palabra solamente. Por lo general, las pocas señales y prodigios que se veían eran demostraciones para enseñar a los gobernantes, como los déspotas señores de Egipto, Babilonia e Israel. Estos prodigios estaban pensados para humillarles, como le pasó a Nabucodonosor, que fue obligado a admitir que su "dominio [de Dios] es sempiterno, y su reino por todas las edades... Ahora yo Nabucodonosor alabo, engrandezco y glorifico al Rey del cielo" (Daniel 4:34, 37).

Normalmente, sucesos tales como las plagas de Egipto eran juicios. Juan el Bautista, el último de los profetas del Antiguo Testamento, esperaba ese tipo de juicio cuando llegara el Mesías. Pero las señales más elevadas de poder del Reino son bondad y misericordia. Juan habló del fuego purificador que quema la paja, pero cuando Jesús bautiza con fuego, no lo hace para destruir o juzgar, sino para dar una llamarada de amor. Jesús envió a Juan el Bautista un mensaje para demostrar que su fuego era su ira contra los males que padecían los hombres. Él era Aquel que había de venir. Los dones del Espíritu son benevolentes y buenos. Vemos el mismo tipo de contraste que había entre Juan y Jesús en Elías y Eliseo. Elías era un profeta de fuego y juicio; su sucesor era un profeta de las misericordias del Reino.

Cuando Jesús se encontró con un hombre ciego, dijo: "Me es necesario hacer las obras del que me envió, entre tanto que el día dura" (Juan 9:4). Con esto demostró que la restauración del ciego era obra de su Padre. Las misericordias del Reino continuaron mientras Jesús estuvo en este mundo, y prosiguieron posteriormente después de su partida. En ese mismo versículo Jesús les dijo a sus discípulos: "la noche viene, cuando nadie puede trabajar". Quería decir que pronto sería crucificado, caería la noche y no habría ningún ciego que pudiera recibir la vista. También les dijo a sus discípulos: "porque separados de mí nada podéis hacer" (Juan 15:5). Y así fue por un tiempo. Después llegó lo que Jesús les había prometido: poder, cuando vino el Espíritu Santo.

PODER MEDIANTE EL BAUTISMO EN EL ESPÍRITU

Ahora bien, si el poder del Reino es el Espíritu Santo, entonces el poder del Reino se le dio a la Iglesia el día de Pentecostés. Es más que poder y autoridad. En un dicho de suma importancia, Cristo anunció a sus seguidores: "a vuestro Padre le ha placido daros el reino" (Lucas 12:32).

Los creyentes heredan el Reino "cerrado, abastecido y repleto". El poder del Reino, que descansaba sobre Jesucristo, estaba ahí para hacer señales y prodigios. El mismo Espíritu se les da a quienes están en el Reino de Dios por los propósitos mismos del Reino. Como reveló Juan el Bautista: "Sobre quien veas descender el Espíritu y que permanece sobre él, ése es el que bautiza con el Espíritu Santo" (Juan 1:33). El Espíritu, que invistió a Jesús, ahora inviste a su pueblo con el mismo poder.

Hay una diferencia entre Cristo y sus seguidores, ¡y es bastante notoria! La diferencia es primero Él mismo: su persona. Aquellos que dicen: "Las palabras de Cristo en nuestros labios son las mismas que las que había en los labios de Cristo", deben recordar esto: no son las palabras lo que importa, sino quien las dice. Podemos haber sido adoptados como hijos de Dios, pero Jesús es el único Hijo unigénito y eterno de Dios. La segunda diferencia es que el Espíritu procede de Él; Él es la fuente. Nosotros no somos fuentes, sino canales, cuencas mediante las cuales fluyen las aguas de su plenitud.

Hasta Cristo, nadie había sido bautizado en el Espíritu. El término significa algo distinto de la relación del Espíritu con los hombres y las mujeres del Antiguo Testamento. 1 Samuel 16:13 dice que Samuel tomó el cuerno de aceite y ungió a David, "y desde aquel día en adelante el Espíritu de Jehová vino sobre David". Tales experiencias nunca se expresan como un "bautismo". La relación del Espíritu Santo con los creyentes lavados por la sangre, nacidos de nuevo, es nueva. Juan 14:17 dice que el Espíritu "mora con vosotros, y estará en vosotros". Por eso se usa una nueva expresión. Es para expresar un nuevo tipo de experiencia.

PARACLETOS

Las personas bajo el antiguo pacto no sabían nada acerca de hablar en lenguas, echar fuera demonios y sanar mediante la imposición de manos (Marcos 16:17-18). Estas señales estaban reservadas para la era del Espíritu. Un nuevo Reino, un nuevo pacto, nuevos elementos y un nuevo evangelio para el espíritu y el cuerpo describen la era cristiana. Jesús usó una nueva palabra para el Espíritu Santo, *paracletos*, usada cinco veces en el Evangelio de Juan. Se traduce como "Consolador" y "Ayudador". Pertenece a la palabra griega *paracleo*, que significa llamar a alguien, conseguir su simpatía.

Piense en la promesa de "otro consolador". Para entender, sólo necesitamos enfatizar la palabra *otro*. Jesús había sido el *paracletos* para sus discípulos y les había dicho: "No os dejaré huérfanos" (Juan 14:18). Jesús normalmente usaba sólo una palabra para referirse a Dios: Padre. Para los que están en Jesucristo, esa palabra también describe su relación con el Dios todopoderoso. Así que cuando Jesús les dirigió sus últimas palabras de ánimo a sus discípulos, les dijo que "esperasen la promesa del Padre... seréis bautizados con el Espíritu Santo" (Hechos 1:4-5). También, relacionó el don del Espíritu con el Padre en Lucas 11:13: "¿cuánto más vuestro Padre celestial dará el Espíritu Santo a los que se lo pidan?". Si fuéramos huérfanos, no recibiríamos el Espíritu. Los que son "guiados por el Espíritu de Dios, éstos son hijos de Dios" (Romanos 8:14).

En Juan 14:12 se nos presenta una visión del Reino bastante impactante: "El que en mí cree, las obras que yo hago, él las hará también; y aun mayores hará, porque yo voy al Padre". (La palabra para "mayores", *meizon*, no especifica a qué tipo de grandeza se refiere, si es número, calidad o magnitud). Esto ha sido un problema para muchos estudiantes de la Biblia. ¿Seguro que nada puede superar a los milagros de Jesús en su omnipotencia intrínseca, como la resurrección de Lázaro?

Hay dos sentidos en que uno puede hacer cosas "mayores" que Cristo. Obviamente, hay algunas obras de Él que nosotros nunca podríamos hacer, ya que Él es el Hijo de Dios. Él es el Redentor, y sólo Él pudo morir por los pecados del mundo. Las obras a las que Él se refería eran obras de misericordia, liberación, sanidad y ayuda. Primero podría haber más ocasiones, y segundo, se podrían hacer en un área más extensa. Ambas ocurrieron, ya que los discípulos salieron para llevar a cabo viajes misioneros.

Durante siglos, desde la invención de la imprenta y ahora con la tecnología moderna, hay muchas más operaciones que pueden dar resultados, algo imposible para Jesús cuando estaba restringido a esta aldea o a otra, a esta y otra ciudad. Él estaba limitado físicamente, pero no estaba limitado en poder. Necesitaba más manos, más voces, como extensiones de sí mismo, y por eso "nosotros somos miembros de su cuerpo" (Efesios 5:30). El compositor de himnos lo expresa de esta forma: "Los brazos de amor que me alcanzan / Abrazan a todo el mundo".[1] Son nuestros brazos, pero también son los de Él. Esto sólo sería posible mediante el poder del Espíritu. Jesús repitió esto de manera enfática:

> De cierto, de cierto os digo: El que en mí cree, las obras que yo hago, él las hará también; y aun mayores hará, porque yo voy al Padre… Os conviene [griego: *sumfero*, "oportuno, ventajoso"] que yo me vaya; porque si no me fuera, el Consolador no vendría a vosotros.
>
> —Juan 14:12; 16:7

Esta es nuestra base para los dones del Espíritu.

EL MUNDO IRRUMPE EN ESCENA

Cuando leemos la Biblia desde del principio, nos encontramos interesados sólo por Israel, libro tras libro, como si Dios fuera solamente el Dios de los judíos y hubiera limitado sus intereses a esa diminuta tierra y pequeña nación. Pero en el momento que abrimos el Nuevo Testamento, las fronteras desaparecen e irrumpe en escena el mundo entero. Verdaderamente Jesús dijo (para su propio ministerio): "No soy enviado sino a las ovejas perdidas de la casa de Israel" (Mateo 15:24); sin embargo, en esa misma ocasión sanó a una niña que no pertenecía a Israel sino a una nación extranjera. Cuando estaba en la sinagoga de Nazaret, también habló del trato de Elías con la viuda de Sarepta (Lucas 4:25-27). Su declaración contra la discriminación racial enfureció a la congregación, pero después Él fue a una zona que no era de Israel.

Después de la resurrección de los muertos de Cristo, los discípulos mantuvieron un aspecto judío durante mucho tiempo y vieron su nueva fe como algo perteneciente sólo a Israel. Incluso le preguntaron al Señor, como una hora antes de que ascendiera: "Señor, ¿restaurarás el reino a Israel en este tiempo? Y les dijo: No os toca a vosotros saber los tiempos o las sazones, que el Padre puso en su sola potestad; pero recibiréis poder, cuando haya venido sobre vosotros el Espíritu Santo, y me seréis testigos en Jerusalén, en toda Judea, en Samaria, y hasta lo último de la tierra" (Hechos 1:6-8). Cuando el Espíritu Santo cayó, los discípulos hablaron en lenguas de otros pueblos de países muy lejanos, mostrando los intereses étnicos del Espíritu Santo. Lo que Dios hizo en Babel, esparcir a la gente al confundir sus lenguas, lo revirtió en Pentecostés uniéndolos con las diferentes lenguas.

SECRETO DEL REINO

El evangelio que los discípulos predicaron cuando salieron era el evangelio del Reino de Dios: las buenas nuevas de que el Reino se había acercado. Pero lo predicaban en términos que no usó Juan el Bautista, y que Jesús mismo usó sólo en algunas ocasiones. Su evangelio del Reino estaba en el lenguaje del Cristo crucificado. No era un evangelio diferente, sino que contenía un hecho tremendamente nuevo y vital acerca del Reino: la cruz. Cuando Jesús había hablado de ello anteriormente, Pedro incluso había tratado de reprenderle (Mateo 16:22). Lo que parecía escandaloso para los discípulos en ese tiempo, después se dieron cuenta de que era el misterio del Reino tan importante: el autosacrificio del Rey por el Reino.

El Reino se estableció mediante la titánica batalla y victoria de Cristo. Su sangre marca su fundamento. El Calvario es la fuente de la dinámica redentora de Dios, el poder nuclear que guía el evangelio, y todos los dones del Espíritu.

Para aquellos que entramos en una relación carismática verdadera, estamos obligados a mencionar que los religiosos modernos están ocupados construyendo desvíos en el Calvario. Los caminos que evitan el Calvario demuestran que son poco directos, y que no llegan a ningún sitio. El Reino de Dios tiene un punto de control y un control fronterizo, y están en la cruz. Sin haber estado en el Calvario, las personas viven una existencia de segunda clase como inmigrantes ilegales. El pasaporte y los permisos de entrada son el arrepentimiento y la fe en Jesucristo. Entonces podemos entrar en el Reino con todos los privilegios de los ciudadanos: "así que ya no sois extranjeros ni advenedizos, sino conciudadanos de los santos, y miembros de la familia de Dios" (Efesios 2:19). Los pactos de la promesa son nuestros.

No somos mendigos pidiéndoles a los santos glorificados que nos envíen las sobras de su ayuda. No necesitamos recoger sus huesos, con la esperanza de que parte de su santidad o su gracia recaiga sobre nosotros y nos ayude a merecer algo. Los creyentes no somos buscadores de huesos. Si hacemos lo que hicieron los apóstoles, obtendremos lo que obtuvieron los apóstoles del mismo Padre mediante el mismo Espíritu sobre la base de los mismos términos de gracia.

Los dones se nos dan gratuitamente. Hay imitaciones baratas en el mercado, novedades religiosas, vibraciones, poderes del espíritu, rayos de sanidad y dulzura y luz de ningún sitio en particular. En muchos países nuestro trabajo molesta a los que dicen tener acceso al poder, protección y sanidad.

Me acuerdo de una bruja especialmente poderosa que trajeron específicamente desde América para echar una maldición y destruir lo que yo estaba predicando. Ella se puso detrás de la multitud y comenzó su trabajo. Yo llevaba puesta toda la armadura de Dios, y cuando ella intentó acelerar el dañino conjuro espiritual sobre mí por todo el campo, se volvió contra ella. Su intento fue en vano al atentar contra un hijo de Dios comprado por la sangre.

Pero el Espíritu Santo espera en la cruz, y los que se postran en ese altar, y sólo ahí, reciben sus ilimitadas bendiciones. En el Calvario hay beneficios mucho mayores que los fatigosos resultados de los mantras, los procesos de la Nueva Era y el ocultismo. Esos son los "débiles y pobres rudimentos" que Pablo describe en Gálatas 4:8-11.

Veremos lo reales y grandes que son los dones de Dios.

CAPÍTULO 5

REGLAS DE ORO DE LOS DONES

Mi objetivo al escribir este libro no es querer intrigar a los lectores, sino enfatizar que los dones tienen un papel vital que desempeñar en el evangelismo mundial. Son armas de guerra, no juguetes con los que jugar. Marcos 16 ancla firmemente los milagros a la gran comisión.

Desde el principio la Iglesia parecía condenada al fracaso, parecía haber nacido muerta. Para llevar su mensaje a las naciones, Jesús contaba tan solo con unos pocos hombres sencillos de Galilea. Ninguno de ellos mostraba brillantez alguna ni cualidades personales que aseguraran el éxito, y mostraban una generosa cantidad de errores humanos. Eran tan ineptos como conquistadores mundiales como cualquier hombre lo pudiera ser. Los líderes judíos los tachaban de ignorantes e indoctos. Su mensaje no debería haber llamado la atención de nadie. No tenía ningún elemento de sabiduría intelectual, promesa política o beneficio social inmediato. Su peor descalificación para la aceptación popular era que estaba centrado en un líder de un desastrado remanso galileo que había sido ejecutado como un criminal común.

¿Misión imposible? Contra todo pronóstico se convirtió en "misión cumplida". ¿Cómo? Aquellos don nadie avanzaron con un nuevo secreto. Dios actuaba personalmente con ellos con señales y prodigios. Y más aún, Él revestía sus palabras simples con convicción y los guiaba a los corazones de los oyentes con la misma precisión y fuerza que lo hizo la piedra de David al impactar contra la cabeza de Goliat. Sin carisma personal, el carisma del Espíritu de Dios les investía. ¿Su "secreto"? El Espíritu Santo.

Partamos desde aquí. Si el cristianismo ha de progresar, esta es la forma divina. Cristo sabía que el mundo aumentaría. Ahora hay sesenta veces más personas vivas que cuando Él estaba aquí. Él esperaba que todo el mundo oyera las palabras que dijo hace tanto tiempo en una oscura provincia de Roma: no mediante métodos normales de propaganda sino mediante su poder.

Como el mundo se cierne entre la vida espiritual y la muerte, hemos de darle la máxima consideración a todo aquello que pueda asegurar los destinos de las maravillosa personas. Lo que sigue a continuación son principios muy importantes. Incluso puede que hagamos mención a ellos repetidamente en capítulos sucesivos.

Así como Jesús fue tentado en el desierto para que hiciera un mal uso de los poderes divinos cuando Él había sido lleno del Espíritu Santo, de igual modo serán otros tentados.

El núcleo de esta prueba es nuestro orgullo, el cual corrompe nuestros motivos sinceros por obtener los dones de poder y produce un comportamiento llamativo y una demostración egoísta. Jesús fue tentado por el diablo a tirarse del pináculo del templo. Algo que debemos aprender bien es que lo sobrenatural no siempre es sensacional. Podemos atraer la admiración personal mediante nuestros dones, pero nuestro trabajo es hacer que la gente fije sus ojos en Jesús. Cuando a Pablo y Bernabé les quisieron adorar en Listra, ellos se escandalizaron, y corrieron entre la gente para asegurarles que no eran divinidades (Hechos 14:8-18).

"Esta generación es mala; demanda señal", dijo Jesús (Lucas 11:29). La sensación siempre ha tenido mercado. Podemos explotar esa situación y aprovecharnos de los dones de Dios. Simón el mago quería el Espíritu Santo, pero sólo para aumentar su fama (Hechos 8:9). Uza murió por su presuntuosidad al poner la mano sobre el arca del pacto (1 Crónicas 13:10). Si alguien dice: "Me gustaría tener el don de sanidad", o cualquier otro don, la respuesta adecuada sería: "¿Por qué?". El motivo es vital.

LOS DONES DEL ESPÍRITU NO CONFIRMAN LOS MÉTODOS O LA TEOLOGÍA DE NADIE

Los dones operan por la fe en Dios, no por la fe en una teoría específica. No se canalizan a través de ninguna doctrina salvo la de la redención. El Espíritu Santo sólo glorifica al Cristo crucificado. Los testimonios de que esta u otra fórmula que han dado resultado siempre los encontraremos, pero no demuestran lo que deberían demostrar. Las misericordias de Dios son "más amplias que la medida de nuestra mente".[1] Hay sólo un secreto: la fe. "Y esta es la victoria…nuestra fe" (1 Juan 5:4). Las nuevas técnicas y los métodos muy anunciados podría parecer que dan resultado, pero no es así. Dios separa las técnicas de la fe, y responde sólo a nuestra fe.

En el Nuevo Testamento, siempre que se le atribuye a algo las sanidades y los milagros es invariablemente a la fe. De lo contrario, es porque se debe a la acción soberana de Dios. "Hija tu fe te ha salvado; ve en paz", le dijo Jesús a la mujer que tenía hemorragia (Lucas 8:48). El "método" de ella no podría haber sido más simple e infantil. Los que buscan sanidad pueden encontrar ayuda en la enseñanza, pero el ingrediente esencial del milagro sigue siendo la fe simple que confía en Jesús. Esto es lo único que le importa a Dios, sin importar qué ideas o innovaciones ocupen nuestros a veces liados cerebros.

LOS DONES LLEGAN CON
LA OPORTUNIDAD

Se les entregan a los trabajadores que llegan puntuales a trabajar. Como la tecnología moderna, la obra de Dios necesita equipo especializado, pero se encuentra "en el trabajo". Él no nos lo entrega para que lo guardemos a mano por si algún día lo llegamos a utilizar en algún lugar.

La necesidad del don de sanidad surge cuando somos movidos por la súplica de los que sufren. Es entonces cuando el don entra en funcionamiento. Jesús era movido por la compasión. La palabra significa agitarse físicamente y ser impactado. Cuando se le haga un nudo en el estómago y tenga que contener las lágrimas al contemplar a la gente, miserable y deprimida por las aflicciones y enfermedades, y le den ganas de gritar en protesta por su condición, no se detenga; Dios le dará todo lo que necesite.

LOS DONES NO LLEGAN
DE SEGUNDA MANO

Es solamente la prerrogativa del Espíritu impartirlos. Muchos han presumido de dar "dones" a otros creyentes, pero principalmente esto ha llevado a la decepción, porque no han seguido poderes milagrosos. No hemos oído de ningún ministerio sobresaliente que haya nacido de esos intentos de transferencia.

Me gustaría darle algunas guías acerca de las reuniones que se organizan para "enseñar" sobre los dones. Enseñar sobre los dones es bueno, pero recibir los dones solamente enseñando cómo hacer las cosas no es más posible que adquirir un don musical o artístico por el aprendizaje.

Sin embargo, donde hay fe y un verdadero deseo en nuestro corazón, el Espíritu puede impartir un verdadero don en cualquier momento, así que puede ocurrir, y no hay que sorprenderse, donde la gente esté escuchando ansiosamente para recibir explicaciones sobre los dones carismata. Pero es por voluntad del Espíritu Santo, y no por voluntad del hombre. Tenga la certeza de que aunque el Espíritu ignora por completo los presuntuosos "dones" de la voluntad de los hombres, no ignora la verdadera apertura y oración. Podemos orar humildemente unos por otros para ser equipados para la obra. Pablo mismo pidió oración para poder abrir su boca con osadía porque la puerta de la oportunidad se había abierto (1 Corintios 16:9; Efesios 6:19; Colosenses 4:3). Lo que hay que aprender de estos versículos es que cuando surgió la oportunidad, Pablo buscó ayuda en oración de todos.

Quizá deberíamos tomarnos unos minutos para examinar los versículos que hemos ofrecido como base para los "dones". Como algo preliminar, mencionamos el hecho de que nunca se ha dado un versículo diciendo que es para dar instrucciones u órdenes para la práctica. Tan sólo hay, en el mejor de los casos, algunas conclusiones indirectas.

Romanos 1:11 dice: "Porque deseo veros, para comunicaros algún don espiritual [*charisma*], a fin de que seáis confirmados". ¿Qué es ese charisma? Nos dice: "esto es, para ser mutuamente confortados por la fe que nos es común a vosotros y a mí" (v. 12). "Este versículo no se aplica aquí", dice el Dr. S. Schatzmann en *"Una teología paulina de charismata"*, "porque no tiene el mismo sentido técnico de 'don' como lo tiene en 1 Corintios 12".[2] Se debe poner en su contexto. Pablo menciona muchos charismata (dones) que no son investiduras milagrosas para los creyentes. De hecho, toda la fe cristiana consiste en charismata, desde la salvación a la santificación.

Sin embargo, está bastante claro que Pablo en Romanos 1:11 no está pensando en dar un "don" a un individuo, porque está hablando a todo el cuerpo de creyentes de Roma. No viajaba hasta Roma para impartir un don de sabiduría o discernimiento a un hombre o una mujer, sino que, como él mismo dice, lo hacía para "confirmar" a toda la iglesia.

Otros versículos son 1 Timoteo 4:14 y 2 Timoteo 1:6. Pablo le dijo a Timoteo que "no descuidara" y que "avivara" el don (*charismata*) que había recibido mediante la imposición de las manos de Pablo y de los ancianos. ¿Era un "don" como el de 1 Corintios 12:8-10? Si es así, ¿cómo podía "avivarlo"? Sin embargo, se nos dice que este don no era, propiamente dicho, "espíritu de cobardía, sino de poder, de amor y de dominio propio" (véase 2 Timoteo 1:7). El "don" que le dieron los ancianos era para su ministerio general como joven trabajador cristiano.

DIOS NOS DA LO QUE NECESITAMOS CUANDO OBEDECEMOS SU LLAMADO A SERVIR

Cuando Timoteo se vio inmerso en una tarea difícil, Pablo oró e impuso sus manos sobre él con otros ancianos, y dios bendijo a Timoteo para la obra, un procedimiento normal. Encontramos una situación parecida en Hechos 13:1-3. La iglesia en Antioquía impuso manos sobre Pablo y Silas para "apartarlos" para la obra a la que Dios ya les había llamado. No se pretendía dar ningún "don", pero la imposición de manos era más que un ritual: identificaba la necesidad de fortaleza de Dios. Es difícil suponer que alguien elegiría un "don" de los nueve para un joven, trabajando solo en medio de un mundo pagano con un pequeño grupo de creyentes, como si fuera un regalo de despedida. Me cuesta imaginarme cuál escogerían Pablo y los ancianos para la gran tarea que Timoteo tenía por delante, pero un don pastoral general, sí.

Otro versículo citado para "dones" es el pasaje en 2 Reyes 2, donde Eliseo le pidió a Elías que le diera una doble porción de su espíritu. Elías dijo que era algo difícil, pero prometió que lo haría si Eliseo podía ver a Elías cuando este fuera arrebatado (v. 10). Hay aquí varios puntos a destacar.

Dios ya había llamado a Eliseo a ocupar el lugar de Elías. Era su heredero espiritual. Esto es lo que quería decir Eliseo cuando pidió "una doble porción de tu espíritu". No quería tener el doble de poder, aunque hizo el doble de milagros que Elías. Una "doble porción" era la parte de la herencia del hijo mayor (Deuteronomio 21:17). Elías era el padre espiritual de Eliseo.

Cuando el llamado de Dios ya está sobre el alma de un hombre, como era el caso de Elías (1 Reyes 19:16), entonces cuando deja la escena un Elías, Dios permite que el mismo manto caiga sobre otros hombros. Es algo de Dios cuando tales hombres se juntan. Ha ocurrido una y otra vez.

Estas son las principales referencias usadas para "dones" (según los practicaban originalmente en el movimiento Latter Rain [Lluvia postrera] en los años cuarenta y cincuenta). El Espíritu Santo no está dirigido por los cristianos, antes bien es Él quien dirige a los cristianos. No debemos usurpar las prerrogativas soberanas del Dios todopoderoso. Los capítulos definitivos del Nuevo Testamento con respecto a los dones espirituales (1 Corintios 12–14) nos dicen que anhelemos los dones, especialmente profetizar, pero nunca sugieren que una persona se los pueda otorgar a otra, como sería de esperar si fuera así como Dios quiso que se hiciera.

En cambio, el énfasis está sobre el hecho de que la gente "procure" (1 Corintios 14:1), "anhele" (v. 12) y "ore" (v. 13), pero nunca que uno deba orar por otro para recibirlo. Lo que se nos dice en 1 Corintios 12:11es que el Espíritu reparte "a cada uno en particular como él quiere".

El Espíritu Santo no espera a que la iglesia tome la iniciativa acerca de quién debería tener los dones. El Señor no se ha comprometido a investir de poder a los que haya señalado la iglesia. Si una iglesia tiene que escoger, entonces el modelo del Nuevo Testamento es que se escoja a hombres que ya estén llenos de fe y del Espíritu Santo (Hechos 6:3, 5). Obviamente, Dios no usa personalidades poco idóneas, como guerreros para que sean niñeras o músicos para que limpien ladrillos, sino que Dios a menudo tiene sus propias ideas acerca de lo que Él puede hacer con las personas. Él no espera a ver cómo van las votaciones de la iglesia.

Los líderes de la iglesia deberían saber discernir a las personas con dones de Dios y animarles, dándoles un lugar adecuado para ellos. Con demasiada frecuencia surgen celos por los dones de otros, y en vez de darles la oportunidad, les ignoran y les dejan que hagan otra tarea. Para alabanza eterna de los líderes de Antioquía, vemos que allí no había celos, y enviaron a Pablo para que llevara a cabo su obra misionera que transformó el mundo.

La Biblia nunca llama a las habilidades naturales *"charismata"*. El arte, la música, la poesía, la visión para los negocios, la lingüística, la belleza física y la fortaleza intelectual son todos ellos bienes que podemos ofrecerle a Dios. Nuestras habilidades se pueden mejorar para el servicio de Dios, pero siguen siendo habilidades, no *charismata*. Los verdaderos *charismata* son los dones del Espíritu, que se pueden dar incluso a los que tienen alguna desventaja desde su nacimiento.

Desgraciadamente, muy a menudo las iglesias y los movimientos "adulan a las personas" (Judas 16) si tienen una buena apariencia, hablan bien y, como dice Santiago 2:2, llevan un anillo de oro y ropa espléndida. Samuel, enviado a ungir a un nuevo rey, miró con admiración la impresionante estatura y personalidad de todos los hijos de Isaí, excepto la de David, el más joven, que estaba cuidando de las ovejas. Él no tenía la cabeza con la forma idónea para una corona, ni tenía una mano apta para un cetro, sino tan sólo un cayado de pastor. Sin embargo, Dios dijo de este joven de rostro tierno: "es un hombre conforme a mi corazón".

Como mejor descubrimos nuestros dones es operando. El consejo: "encuentra tu don y úsalo" puede tener cierta sabiduría, porque esconder las habilidades es descuidarlas. La pereza se puede disfrazar de humildad. La parábola de los talentos no reconoce excusa alguna. Las habilidades que no se usan debemos destaparlas y recuperarlas.

Sin embargo, las Escrituras nos dan un mejor consejo, algo más que encontrar el don. Pablo dijo: "Todo lo puedo en Cristo que me fortalece" (Filipenses 4:13). "Encontrar el don" puede convertirse en una excusa para no hacer nada. Muchos dicen: "Yo no tengo ningún don". Los que verdaderamente han sido "dotados" son aquellos que no tienen habilidades naturales pero están preparados para "levantarse e ir". Los hermanos soldados de David se burlaban de él, sugiriendo que no estaba preparado para la batalla, que lo suyo era cuidar las ovejas. Pero su fe y unción vencieron toda inexperiencia y deficiencia. Dios enseña a luchar a aquel que lucha.

Para ver el principio bíblico acudimos a 1 Samuel 10:6-7: "Entonces el Espíritu de Jehová vendrá sobre ti…y serás mudado en otro hombre…haz lo que te viniere a la mano, porque Dios está contigo".

Los capítulos 12 y 14 de 1 Corintios giran en torno al pasaje central del amor en el capítulo 13. Los eruditos dicen que las palabras clave de esta Epístola a los Corintios son *palabra* y *obra*, pero de hecho es la palabra *amor*. El amor de Pablo toca cada palabra y cada obra de la Epístola. Un teólogo crítico ha intentado demostrar que Pablo estaba recomendando sus propios méritos de amor en ese capítulo.[3] Quizá lo hiciera, pero ¿por qué no? Se supone que él debía ser un ejemplo, y sin duda lo es.

Los dones no son exclusivamente para los perfectos, independientemente de lo que se dijo en la sección previa. ¿Quién es un cristiano perfecto? La vida es una demostración continua de nuestros esfuerzos inconscientes por alcanzar la perfección, pero los dones son *charismata*, favores de gracia, no certificados de méritos. El libro de Números es quizá la lección bíblica principal acerca de este tema, en el que se muestran los fallos de Israel. Los hijos de Israel fallaron, a veces estrepitosamente, incluyendo la noble triada de Moisés, Aarón y

Miriam, así como los hijos de Aarón. Después se cuenta el extraño episodio de Balaam. Cuando intentó maldecir a Israel, no pudo, y descubrió por qué cuando Dios le permitió ver a Israel como Él los veía. Entonces Balaam declaró: "No ha notado iniquidad en Jacob, ni ha visto perversidad en Israel" (Números 23:21).

¿Hay algún precio estipulado para estos dones? Si así fuera, no serían regalos sino compras. No obstante, bien podría haber un precio que pagar por usarlos. Es probable que Dios no pueda usar mucho a quienes no están preparados para arriesgar su lujo, comodidad, reputación y quizá mucho más, incluso aunque Dios quiera investirles con dones de poder. Un juego de herramientas completo sería un regalo maravilloso para un carpintero, pero no tendría utilidad sin el sudor de su frente. Los dones demandan compromiso; como dice Romanos 12:7: "o si de servicio, en servir". La vida de Él se derrama con la nuestra. Los dones son para los que dan. Para tener, ¡dé!

El valor de cualquier regalo depende de la situación. Una llave inglesa en un jardín es de mucho menos utilidad que una segadora. El poder para sanar no tiene mucho valor entre los jóvenes y sanos, pero sí el discernimiento. Se ha sugerido que Pablo enumera los dones en orden decreciente según su valor, pero esto no es algo que apoye la Escritura. De hecho, los dones que están primero en la lista original no se nombran en la siguiente lista del mismo capítulo. Después, Pablo nuevamente anima a los corintios a buscar la profecía, pero aparece en sexto lugar en la segunda lista.

Los listas de dones no mencionan cada don. Algunos, mencionados en otros sitios, aquí se omiten. Por ejemplo, echar fuera demonios no se menciona en estas listas. Esto sugiere que hay otras posibilidades en el Espíritu Santo. La idea de que debemos tener una ocasión anterior bíblica para cada manifestación no es en sí misma un principio bíblico. No se menciona una idea tal, de lo contrario ¿cuál es el propósito de la instrucción: "probad los espíritus" (1 Juan 4:1)? Hay un amplio rango de fenómenos sobrenaturales, y Dios no se vincula con ningún precedente. Permítame especificarlo. Sucedieron cosas extrañas en los clásicos avivamientos que no se encuentran en el Nuevo Testamento. Sin embargo, nunca se han cuestionado tales cosas sino que siempre se toman como fuertes evidencias de la mano de Dios. En este asunto, el clásico avivamiento en sí mismo no tiene ningún paralelismo en las Escrituras. El Espíritu Santo nunca se ha vinculado, ni nosotros deberíamos suponer que esos avivamientos son la forma en que Él siempre actuará. Él nunca actúa de forma contraria a la Biblia, por supuesto. Por ejemplo, quizá haya muy pocos ejemplos bíblicos de creyentes "que caen en el Espíritu", como algunos lo llaman, aunque a lo largo de los siglos se haya visto como un acto de Dios. No contradice ninguna revelación sobre la actividad de Dios. Por supuesto, al igual que los magos egipcios con Moisés, lo que Dios hace se puede falsificar y simular, pero eso no invalida lo que es verdaderamente genuino.

La guía de Pablo en Corintios con respecto a los dones no se debe tomar como la ley del monte Sinaí. Por ejemplo, los versículos 27 y 29 de 1 Corintios 14 dicen: "Si habla alguno en lengua extraña, sea esto por dos, o a lo más tres, y por turno; y uno interprete... Asimismo, los profetas hablen dos o tres, y los demás juzguen". Estos "imperativos" se han tratado como leyes. Los pastores han reprendido firmemente una cuarta declaración, diciendo que era algo en la carne y no de Dios. La mitad de una iglesia se ha separado mediante la humillación pública de un miembro sincero que ha hecho una cuarta intervención. Presumiblemente, si la bendición se había pronunciado primero, y hubiera comenzado una segunda reunión, la intervención en lenguas cinco minutos después ¡hubiera estado en orden! El daño hecho por una regla legal carente de gracia es mucho mayor que el daño que un cuarto mensaje podría haber causado.

Si nos tomásemos con esa seriedad toda la enseñanza de Pablo, ese tipo de legalismo sería imposible. Todas sus reglas, ya sea acerca de los dones o de cualquier otra cosa, se deben ver en un marco de gracia. Debemos, claro está, tomar toda la ley moral de la Biblia con seriedad. Los dones es otro asunto; surgen de la vida en el Espíritu, una actividad que se manifiesta de forma viva y poderosa. Encerrar con regulaciones de hierro la rebosante dinámica del Espíritu es algo que carece de sensibilidad y que es incompatible con las libres energías del Espíritu.

Hace dos mil años, Pablo hizo frente a la creciente exuberancia y falta de sabiduría de aquellos que acababan de salir del paganismo y tenían poca experiencia cristiana, o incluso versículos escritos para guiarles. ¿Cómo podemos hoy nosotros ser "guiados por el Espíritu" cuando el látigo de la ley se agita detrás de nosotros? "Donde está el Espíritu del Señor, allí hay libertad" (2 Corintios 3:17). Estos principios volverán a aparecer al proseguir con este examen exhaustivo.

CAPÍTULO 6

PALABRAS DE
LA PALABRA

Cada tema tiene que tener sus palabras especiales, su propia jerga, para así evitar la repetición. Sé que la gente quiere un evangelio sencillo, pero "creced en la gracia y el conocimiento de nuestro Señor y Salvador Jesucristo" (2 Pedro 3:18) sin aprender nada es imposible. Jesús dijo: "Si permanecéis en mí, y mis palabras permanecen en vosotros, pedid todo lo que queréis, y os será hecho" (Juan 15:7). Hay dos condiciones vitales para la oración: permanecer en Cristo y que sus palabras permanezcan en nosotros. Entender el significado bíblico de esto es importante. La Biblia establece las reglas para estudiar la Biblia. Ahora seguiremos este principio.

Comenzamos con una expresión mencionada frecuentemente en este libro: "espiritual". Describir a alguien como "muy espiritual" nos dice mucho sobre esa persona. Algunos corintios se llamaban a sí mismos espirituales, pero no significaba lo que significa para nosotros hoy, ni tampoco lo que Pablo tenía en mente. Pablo les recuerda, como vemos en 1 Corintios 14:37: "Si alguno se cree...espiritual". A estos "hombres espirituales" quizá les hubieran asociado con religiones misteriosas. Muchos decían tener una experiencia secreta y esotérica o haber sido "iniciados". Eran espirituales en el sentido pagano u oculto.

Pablo le dio a la palabra "espiritual" un significado cristiano: una persona llena del Espíritu Santo y caminando en obediencia y justicia, no en el orgullo y la lujuria de la carne. Él se refiere a una verdadera y falsa espiritualidad en 1 Corintios 12:1-7, y una de las pruebas que hay es que la verdadera espiritualidad produce algo para "provecho" de todos (v. 7). Ese es un principio que se aplica a todos los dones.

DONES ESPIRITUALES

Fue idea de Pablo hablar sobre los dones espirituales. Los corintios no le habían preguntado a Pablo porque pensaban que ya sabían todo lo que hay que saber, pero eso no dejó a Pablo muy conforme. En 1 Corintios 12:1, dijo: "No quiero, hermanos, que ignoréis acerca de los dones espirituales", pensando que sí había cosas que ignoraban. En 1 Corintios 14:38 dice: "Mas el que ignora, ignore". Quería decir que si seguían pensando que lo sabían todo y no aceptaban la corrección de sus ideas, seguirían siendo ignorantes. Habían sido "llevados" con su conocimiento previo, que era similar pero pertenecía a los "ídolos mudos" (1 Corintios 12:2). Los griegos eran famosos por el aprendizaje mundano, pero las cosas del Espíritu son distintas. Un doctorado en una universidad en ciencias sociales o física no nos hace sabios en las cosas de Dios. Estas cosas se aprenden haciendo arder el alma, no con datos fríos que se almacenan en la cabeza.

Este es nuestro asunto principal, así que veremos con detenimiento cómo se les llama. Primero, deberíamos saber que el capítulo 12 de 1 Corintios trata acerca de la Iglesia. La enseñanza sobre los dones espirituales es un tema que acompaña.

Los corintios habían escrito a Pablo para pedirle ayuda, y él había tratado varios asuntos que les preocupaban. Tristemente, algunas cosas que les debían haber preocupado no les importaban. Habían permitido que las facciones dividieran la comunión en Corinto, y para Pablo eso era una situación muy alarmante. También habían abusado de los dones. Pablo ahora trata estos asuntos y asocia ambos problemas. El resultado es esta verdaderamente maravillosa exposición que él nos ha dejado.

Nuestras versiones usan la frase "dones espirituales", pero la palabra original en griego realmente no tiene nada que ver con un "don". Es *pneumatika* (de *pneuma*: espíritu), que aparece veintiséis veces en el Nuevo Testamento y es un adjetivo que significa "espiritual". En este contexto específico se entiende mejor como "concerniente a asuntos espirituales". Esta palabra especial se traduce como "don(es) espiritual(es)" sólo tres veces, pero principalmente como hombres espirituales, una ley espiritual, carne, piedra, cuerpo, canción, una casa, etc. En Romanos 1:11 Pablo quería impartir *pneumatikon* a los romanos, refiriéndose a "algo espiritual", un beneficio.

La palabra adecuada en griego para "don" de hecho no se usa en 1 Corintios 12–14, salvo dos veces de manera puntual. A los corintios les gustó la palabra *pneumatika*, era su palabra, pero Pablo acuñó una palabra especial, la cual prefería: *charisma*. De nuevo vuelve a evitar la palabra normal para "don" (*doron*) y elige la palabra *charisma*, que tan bien se conoce en la actualidad. Significa "un favor". Es sorprendente que Pablo no use una palabra directa para "don", pero veremos por qué.

Pablo, el apóstol de la gracia (*charis*), introdujo esta palabra en el vocabulario cristiano. Gracia es el favor gratuito e inmerecido de Dios y ejemplifica la actitud benevolente de Dios. El Antiguo Testamento habla acerca de cómo Dios vuelve su rostro hacia nosotros, mostrando la luz de un rostro favorable. Esto es lo que realmente significa gracia, una actitud amable, no un poder, fuerza o sustancia. Durante largos siglos los teólogos de antaño hablaron como si la gracia fuera algo que se pudiera medir. Después, otros pensaban que la gracia era un poder extraño que venía sobre la gente de forma impredecible. Confundían la gracia con el Espíritu Santo. Incluso ahora muchos creen que hay santos que han acumulado grandes cantidades de gracia por su virtud, suficiente para ellos mismos y para otros, como un tipo de sistema monetario espiritual. Las "vías de la gracia" eran los sacramentos, mediante los cuales la gente podía juntar gracia a su favor. Pero una cualidad abstracta no se puede acumular.

Sin embargo, lo maravilloso es que aunque la gracia de Dios se refiere a su actitud, nunca es algo abstracto en las Escrituras. Siempre tiene forma concreta. La gracia son las obras y los dones de Él. La única forma de conocer su gracia es mediante su demostración práctica. Así que "gracia" pasa a significar algo tangible, bueno y real. La mayor *charis* de todas es Jesucristo: "el don indescriptible". Él es la gracia personificada.

La luz del sol y la lluvia son actos de gracia, porque como Jesús dijo: "...vuestro Padre que está en los cielos, que hace salir su sol sobre malos y buenos, y que hace llover sobre justos e injustos" (Mateo 5:45). Dios es el Dios de gracia, ese es su carácter, y ese es el Dios con el que tenemos que tratar. Sólo sobre la base de su gracia podemos acercarnos a Él. No nos ganamos nada de lo que Él nos da, y esto incluye los dones espirituales. Todo lo que tenemos es una demostración de su sonriente bondad de corazón hacia nosotros: comida, luz del sol, aire, etc. No se queje por el mal tiempo, porque la lluvia es un regalo de Dios.

Es maravilloso saber que la gracia en sí misma es totalmente gratuita. No tenemos que buscar el favor de Dios mediante ningún tipo de comportamiento que pudiese impresionarle. Él nos ama de igual modo. La gracia está ahí todo el tiempo, como el aire que respiramos. Otro buen ejemplo de un verdadero don mediante la gracia se encuentra en Romanos 5:15: "el don de Dios por la gracia", lo que significa que la gracia es un don permanente y real para nosotros.

En la actualidad, por supuesto, todo el mundo usa la palabra *charisma*. Hablan de un "líder carismático" o alguien con "carisma", es decir, con personalidad. Lo introdujo en el lenguaje moderno Max Weber, un profesor alemán, uno de los fundadores de la sociología en el último siglo. La convirtió en su palabra de jerga para las cualidades del liderazgo. Sin embargo, el liderazgo no es acerca de lo que Pablo estaba hablando.

Hay algo más que podría crearnos cierta confusión. Los dones del Espíritu nunca se refieren a talentos naturales como el don de la música o el arte; son nuestras propias habilidades para usarlas como queramos, para bien o para mal. Los dones en 1 Corintios 12 son manifestaciones sobrenaturales del Espíritu. Sólo operan según la voluntad de Dios, repartiendo a cada uno "como él quiere". Nuestra voluntad de usarlos depende de la voluntad y el momento de Él.

Antes de continuar avanzando, debo explicar por qué los dones difieren de una persona a otra. Pablo nos muestra que hay todo tipo de miembros con dones distintos. Menciona unos pocos dones en la primera lista: milagros, sanidades, lenguas, interpretación, etc. Después expone otra lista de dones: personas: apóstoles, profetas, maestros, ayudas, gobiernos. Estas diversas clases de dones son todas ellas *charismata*, pero diferentes. No todos tienen la misma función que desempeñar; sin embargo, todos son igualmente importantes.

Pablo habla acerca del cuerpo y dice que tiene miembros "menos decorosos" (1 Corintios 12:23), que reciben menos admiración. No especifica cuáles son físicamente nuestros "miembros menos decorosos", pero sí enumera algunos miembros de Cristo que reciben poca atención, particularmente la ayuda y el gobierno. Los pies no reciben la misma atención que los rostros. Pablo trata esto, y coloca "la ayuda" junto a lo más eminente, como los apóstoles, y al mismo nivel que las poderosas manifestaciones y los dones que más valoraban los corintios, como las lenguas, la interpretación y los milagros.

Pablo usa el mismo principio que Jesús, que dijo: "El que recibe a un profeta por cuanto es profeta, recompensa de profeta recibirá" (Mateo 10:41). Observe que no dijo "por mi causa" sino "por cuanto es profeta". Significa que aceptar a un profeta por ser profeta, ayudarle, mostrarle que usted haría la obra de un profeta si pudiera, le dará una recompensa igual a la recompensa de profeta. Es fidelidad en el servicio lo que cuenta. Un servicio no excede en categoría a otro. Cristo se convirtió en siervo para sus siervos y lavó los pies de los discípulos, un acto para el que no se necesitaban poderes sobrenaturales.

No existe el concepto de dones mayores y menores. Cualquier charisma proviene de Dios y, por tanto, no puede ser trivial. Muchos quieren menospreciar las lenguas o verlas simplemente como un fenómeno psicológico peculiar o algo que surge desde una parte más profunda de la mente que no podemos controlar. Los que experimentan las lenguas saben que no es nada de eso, y son los únicos que pueden juzgar. "En cambio el espiritual juzga todas las cosas" (1 Corintios 2:15). Todos aquellos que, al igual que los corintios, buscan los "dones mejores" harían bien en recordar que nunca se nos dice que busquemos los dones mejores. Esto es un error en la interpretación de la Palabra de Dios. Todos los *charismata* son favores de Dios y se deben valorar igual.

MANIFESTACIÓN

"Pero a cada uno le es dada la manifestación del Espíritu para provecho" (1 Corintios 12:7). La palabra griega para "manifestación" viene de *faneroo*, que significa mostrar abiertamente o hacer manifiesto. El Espíritu Santo se muestra a sí mismo abiertamente.

Observará que en 1 Corintios 12 Pablo habla principalmente acerca del Espíritu Santo mismo y el Cuerpo de Cristo. Está enfatizando quién es realmente el Espíritu y cómo deberíamos distinguir al Espíritu Santo de los falsos espíritus. Enumera los dones para mostrar quién está tras ellos: el "mismo Espíritu" (v. 11). Ya sean lenguas, interpretación, discernimiento o cualquier otro, es el Espíritu Santo mostrándose, es Dios en acción. En el capítulo 14, por supuesto, él presta mucha más atención a los dones. Por tanto, "una palabra de conocimiento" es una manifestación del Espíritu. Eso es lo que se da: una manifestación y no una capacidad permanente. Alguien que hable por el Espíritu de Dios nunca puede llamar a Jesús "anatema". Fuera del cristianismo, el hablar de manera extática es algo demoniaco, y los demonios nunca glorifican a Jesús. Hay diferentes fuentes de fenómenos sobrenaturales. Los espíritus se pueden manifestar e imitar las obras y los dones de Dios.

Algunos han sugerido que como hablar en lenguas se produce también entre los no cristianos, como los espiritistas y los budistas, todo el que hable en lenguas es del diablo. No podemos decir que si un espiritista habla en lenguas, entonces todo el que hable en lenguas es un espiritista, ya que por el mismo procedimiento diríamos también que como los ladrones usan palanquetas de hierro, todo el que use una palanqueta de hierro es un ladrón. El hecho de que haya una imitación no debería llevarnos a rechazar lo genuino.

Sabiduría, conocimiento, sanidades, lenguas, etc., son todas ellas manifestaciones del Espíritu, y no dones. Son acciones del Espíritu, y una acción no puede ser un don. El don de la música no es una acción sino una habilidad independiente. El "don", como lo llamamos, simplemente significa que cierto individuo a menudo es usado por el Espíritu Santo de un modo en concreto, como la profecía o los milagros. Esto quedará más claro cuando veamos cada don.

"ESPÍRITU SANTO" Y "EL ESPÍRITU SANTO"

El Espíritu que está detrás de estos dones es el mismo Espíritu que en Génesis 1:2, que se movía sobre la faz de las aguas. A veces en los textos originales leemos de "el Espíritu Santo", y a veces solamente "Espíritu Santo", sin el artículo determinado. ¿Es esto importante? ¿No hablamos a veces de "el Espíritu Santo" y a veces de una "reunión del Espíritu Santo" o un "don del Espíritu Santo?".

Hay una diferencia, que se convierte realmente en una bendición cuando lo entendemos. Siempre que leemos "el Espíritu Santo", se refiere al Espíritu mismo. Se le nombra como una persona. Cuando es "del Espíritu Santo", se refiere a algo que Él hace, de sí mismo, una manifestación. En Hechos 2:17 leemos que Dios "derramará de su Espíritu", de sí mismo, algo de Él. Sin embargo, lo que es maravilloso destacar es esto: que lo que hace el Espíritu Santo es de sí mismo: se derrama, y cada don es una manifestación de Él mismo. El poder del Espíritu es el Espíritu. Los seres humanos no podemos derramarnos. Podemos dar de nuestro tiempo o esfuerzo, pero el Espíritu mismo nos llena. Él nos es "dado", es un don permanente, su presencia dentro de nosotros. Jesús dijo: "pero recibiréis poder, cuando haya venido sobre vosotros el Espíritu Santo" (Hechos 1:8). (Véase también 1 Juan 3:24; 4:13).

Su poder no es una fuerza impersonal con la que podemos juguetear. El poder es el Espíritu, Dios en acción, la misma asombrosa fuerza personal que creó los cielos y la tierra. Decirle a la gente: "Consigue más Espíritu Santo" o "Te doy más unción", es poco serio. No podemos darle a la gente un vaso de Dios. El Espíritu no es un enser espiritual de evangelistas o maestros para que lo repartan como más les guste.

Tampoco existe ningún poder en la gracia distinto del Espíritu Santo. El Espíritu Santo es, Él mismo, una fuerza generadora. Él nos genera (Juan 3:3). Nosotros no podemos generar poder, porque es el Espíritu Santo, y como tal, ni la oración, la santidad, la obediencia ni ninguna otra técnica y fórmula que exista ahora en el mercado de la iglesia, pueden generarlo. Dios no es una energía que se pueda fabricar usando la técnica espiritual correcta. Hablar de obtener el doble de poder orando el doble es un concepto equívoco. Estamos hablando de una persona. El poder de Dios se canaliza a través de la Palabra de Dios.

1 Corintios 12:4 dice: "Ahora bien, hay diversidad de dones, pero el Espíritu es el mismo". La palabra *diversidad* se usa para cosas muy distintas. Pablo está dibujando un claro contraste entre la variedad de dones y obras y la identidad totalmente única del Espíritu Santo. En los templos y oráculos paganos de los tiempos de Pablo, cada dios por separado, como Diana de los efesios, tenía su propio templo, y el espíritu de ese dios se suponía que actuaba ahí.

Algunos piensan que no importa y que todos los espíritus pertenecen a un área común espiritual: el mundo espiritual. Fuera de la fe cristiana, varias religiones tienen sus técnicas para sintonizar con el mundo espiritual, algunos mediante mantras, algunos mediante espíritus guía y otros mediante encantamientos o prácticas de brujería, fórmulas verbales, palabras mágicas. Los contemplativos y místicos sintonizan con las vibraciones, voces y fuerzas para conectar con esta área del espíritu. La Nueva Era adopta todas las formas y métodos.

Sin embargo, Dios no pertenece a ninguna esfera del espíritu. Él está por encima de todos los dioses, por encima de todo espíritu. Él no es comparable a ningún poder del espíritu. Budistas, Zen, Soka Gakkai y muchas sectas de la Nueva Era afirman que sintonizan con algunas fuerzas masivas, como los poderes cósmicos o el espíritu de la tierra.

Contra todo eso la Biblia aporta la desnuda y punzante luz de la verdad: la verdad de que el Hijo de Dios, Jesús, por cuya palabra existen todas las cosas, está por encima de todo principado y poder y todo nombre que se nombra. Él da el Espíritu Santo cuando se lo pedimos, sin técnicas secretas ni poder de la palabra. No hay fórmula, sólo confianza y amor. El Dios todopoderoso no salta a nuestro antojo para hacer algún prodigio poderoso, como si fuera una mascota que obedece una orden.

Debiéramos tomar con seriedad las advertencias que encontramos en las Escrituras acerca de las falsas señales y maravillas. Satanás no se ha retirado de su empeño (1 Juan 4:1). Por otro lado, el creyente genuino, con su confianza puesta en Jesucristo que vertió su sangre por nosotros, está perfectamente a salvo y no debería temer recibir un espíritu de escorpión si pide el Espíritu Santo (Lucas 11:12). Los creyentes son hijos del Reino. La primera tarea de una nación es la defensa de su territorio y la seguridad de los que en él habitan. Dios es nuestra salvación. Nosotros, en Cristo, somos moradores de Sion, cuyos bastiones y muros son impenetrables. Ningún espíritu merodeador puede penetrar y llegar hasta nosotros. Hay paz dentro de sus muros.

POR EL BIEN COMÚN

Casi todo el capítulo 12 de 1 Corintios trata de la Iglesia, y los dones son para el bien común de todos los miembros. La Iglesia es la incesante preocupación de Pablo. Él era el "administrador del misterio" de la Iglesia y de la increíble revelación de la nueva creación de Dios, no construida reuniendo a personas que piensan igual, sino que depende de las diferencias humanas, dones distintos y personas distintas. Además, en Cristo, esas personalidades tan distintas, creadas en Jesucristo, alcanzan el mayor desarrollo de distinción guardando a la vez una interacción armoniosa.

La tendencia moderna es despersonalizarnos y reducirnos a unos pocos tipos. La idea del mundo es el club, una clase de personas con sus similitudes mutuas y características sutiles. La idea de Dios es la Iglesia. Lo primero que Dios hace es romper estos muros de partición y hacer de cada persona una clase propia, una persona por derecho propio. Un cuerpo necesita ojos, los cuales son totalmente distintos del cabello o las uñas. La Iglesia es el Cuerpo de Cristo y depende de las diferencias de sus miembros para completarlo.

Las grandes estrategias sociales y políticas normalmente intentan igualarnos a todos, ponernos a todos en una clase común (todos hormigas) o incluso vestirnos parecido, como solían hacer las masas chinas de Mao. No hay cohesión a menos que cada unidad está modelada bajo el mismo patrón, como los ladrillos de una pared. Dios no moldea ladrillos sino "piedras vivas", como escribe Pedro en 1 Pedro 2:5, cada uno esculpido de manera especial. El mundo ve las distinciones como debilidades, pero Dios las ve como fortalezas: debilidad por medio de la uniformidad, pero fortaleza por medio de la unidad.

Los dones de apóstoles, profetas, evangelistas, pastores y maestros (Efesios 4:11) que suplementan los dones espirituales, son tan distintos como las castañas y los huevos, y sin embargo se unen mediante una química divina creando entre todos un vínculo indisoluble.

Todo el libro de 1 Corintios habla realmente acerca de esta unidad. Los corintios reconocían diferencias, como las había entre Pablo, Pedro y Apolos. Ellos se apegaban a uno y otro nombre, haciendo de ellos figuras de culto. Esos grupos luchaban entre ellos por ser el grupo principal de la iglesia a fin de que otros miembros se unieran a su facción de figura de culto. Este intento de igualdad llevó a la división. Fue un esfuerzo ecuménico y fracasó. Las iglesias deberían ser distintas, como la gente que hay en ellas, pero todos uno en Cristo.

En el interés de la unidad ecuménica, denominaciones enteras han comprometido los mismos principios por los que existían y negaron su historia. Ser distinto no es pecado. La expresión "para provecho" en 1 Corintios 12:7 es la palabra griega *sumfero*, de donde viene la palabra *sinfonía*. El Espíritu Santo es un compositor que dirige su propia obra, provocando contrapunto y armonía partiendo de muchos temas e instrumentos entrelazados, no de todos tocando la misma melodía.

LA TRIPLE OBRA DE LA TRINIDAD

Al habernos ya familiarizado con parte del lenguaje acerca del Espíritu Santo y los dones, terminaremos esta sección con las palabras de 1 Corintios 12:4-6:

Ahora bien, hay diversidad de dones, pero el Espíritu es el mismo. Y hay diversidad de ministerios, pero el Señor es el mismo. Y hay diversidad de operaciones, pero Dios, que hace todas las cosas en todos, es el mismo.

Dones, ministerios y operaciones, todos distintos. Luego dice "el Espíritu ese el mismo...Señor...Dios": diferentes nombres, pero que muestran al mismo Dios. Es impactante que cuando Pablo está subrayando que el mismo Espíritu opera tras los dones, usa tres nombres distintos para Dios.

¿A qué es debido? Es para volver a demostrar que la unidad más perfecta de todas, la de la Trinidad, engloba diferencias. Dones del Espíritu, ministerios del Señor, actividades de Dios. Tres operaciones por tres Personas en la Trinidad, pero una gran obra. La unidad del Espíritu es compleja. Dios es un Ser complejo: la Trinidad. Y ocurre lo mismo con la Iglesia. Un pastor bromeaba cierto día: "Se necesitan todos los tipos para hacer un mundo, y yo los tengo todos en mi iglesia". ¡Por supuesto! ¿Por qué no? Me gustaría desmenuzar este texto un poco más.

Dones

Hay muchos (*charismata*).

Ministerios

Implica entusiasmo o disposición para servir. Los "benditos de mi Padre" en Mateo 25 no sabían que habían servido al Hijo del Hombre, a Cristo. Lo que habían hecho fue debido al fluir espontaneo de su corazón. Muchas personas sienten que están haciendo muy poco, que no tienen habilidades, conocimiento u oportunidades; pero siguen en sus iglesias, y este tipo de personas hacen que las iglesias sean posibles. Lo que ellos hacen es lo que son. El Espíritu Santo es así. Él es lo que es: alguien vivo, activo, que se mueve y se preocupa. Aquellos a los que Él unge encuentran algo en su interior que les mueve a servir; están deseosos, llenos de brío y son fieles cuando no pueden hacer nada.

Nadie debería retener o entristecer a Espíritu fingiendo ser humilde y no queriendo estar en primer plano o sin hacer nada hasta que "se sientan guiados", o forzados. Algunas personas parecen no "sentirse guiados" tan a menudo como debían o con la frecuencia que ayudaría a una iglesia. Demasiadas personas que no "se sienten guiadas" hacen que a una reunión le falte la vida. Alguien dijo que la diferencia entre los primeros cristianos y los postreros es que los primeros se sentían guiados más a menudo.

"Y los espíritus de los profetas están sujetos a los profetas" (1 Corintios 14:32). Podemos apagar al Espíritu, o podemos "avivar el don de Dios", como le dijo Pablo a Timoteo. El Espíritu se mueve cuando nosotros nos movemos. Las reuniones del Espíritu Santo deberían fluir con lo sobrenatural. Cada don es un "ministerio".

Actividades

Esta palabra en griego es *energemata*, que todos usamos en la palabra española *energía*. El Espíritu Santo es un productor de energía. Leemos en la Escritura: "Porque tu dicho me ha vivificado" (Salmos 119:50), y que los que esperan en Dios "correrán, y no se cansarán; caminarán, y no se fatigarán" (Isaías 40:31). La palabra es diferente del "poder" prometido en Hechos (*dunamis*). En este caso es un poder potencial, en reserva, como una carga de dinamita. Se quedará ahí, como una piedra. Las personas oran por "el poder" y no dudan recibirlo, pero quizá deberían orar pidiendo energía, porque simplemente oran por poder y no hacen nada. La potencia de *dunamis* está dirigida a la necesidad humana.

Podemos ser como culturistas espirituales, que se desarrollan sólo para estar fuertes. ¿Para qué vale un hombre que puede levantar 150 kilos por encima de su cabeza en un gimnasio si no levanta un dedo para ayudar a su esposa en la cocina? ¿Para qué sirve todo nuestro clamor pidiendo poder si no hacemos las tareas que hay que hacer: evangelismo puerta por puerta, por ejemplo, o el trabajo de la escuela dominical, y se lo dejamos todo a unos pocos fieles?

La liberación del poder del Espíritu nunca es posible si no estamos activos. Cuando nos aplicamos a hacer la voluntad de Dios mediante el servicio, Dios lo ve como si nosotros nos convirtiéramos en un vaso vacío para su Espíritu. Este es el verdadero propósito de estudiar juntos, ver a la Iglesia mundial no solamente llena de poder, sino también llena de personas enérgicas. El mismo Dios que está detrás de hablar en lenguas o de la sanidad está detrás de las actividades, de la disposición de servir a Dios.

SEGUNDA PARTE

CAPÍTULO 7

UNA PALABRA
DE SABIDURÍA

La sabiduría y el amor son los gemelos sobre cuyos brazos deberían apoyarse todos los dones.

Ha sido difícil escribir este capítulo sin tratar también la palabra de ciencia, ya que las dos se complementan. Sin embargo, intentaré tratar la palabra de ciencia por separado en el siguiente capítulo.

El don de sabiduría es el primero en la lista de 1 Corintios 12 (v. 8). Es tan sólo un nombre y no está definido ni explicado. El resto de los dones se presentan de la misma manera. Obviamente, Pablo suponía que los corintios sabían de lo que estaba hablando, porque los conocía. Sin embargo, no nos conocía a nosotros, así que para cada don tenemos que asegurarnos de saber qué tenía él en mente. En este caso, por ejemplo, la palabra de sabiduría tiene varias formas, entonces ¿a qué sabiduría se refiere el don?

La regla de oro en la interpretación de la Biblia es lo que Pablo mismo escribió en esta Epístola: "para que sepamos lo que Dios nos ha concedido, lo cual también hablamos, no con palabras enseñadas por sabiduría humana, sino con las que enseña el Espíritu, acomodando lo espiritual a lo espiritual" (1 Corintios 22. 12-13). La frase "lo espiritual" aquí es la misma palabra traducida como "dones espirituales" en 1 Corintios 12:1: *pneumatikos*. Entender la Biblia no es cuestión de probar suerte. La Biblia es su propio intérprete. La sabiduría era un verdadero campo de interés entre judíos y gentiles igualmente. Cada grupo tenía su propia tradición de sabiduría, la cual influenciaba el aspecto nacional. Los griegos buscaban la sabiduría; de hecho fueron la primera nación en experimentar un despertar intelectual. Desde Tales (un científico griego) hasta la era cristiana seiscientos años después, los griegos produjeron grandes pensadores que intentaron guiar a sus compatriotas en la vida. Su sabiduría tuvo muchos giros y devenires, y la mente contradecía la mente. Una llamita centelleaba en la oscuridad, pero el día de la iluminación total nunca llegó para ellos, y seguían buscando una cosmovisión convincente. Estos pensadores paganos siguen siendo estudiados en la actualidad, pero la filosofía está más lejos que nunca de aportar un terreno sólido de esperanza para todos nosotros. Pablo fue a Atenas y predicó a Jesús, la primera voz oída en ese lugar que resonó con una fuerte nota de certeza y sabiduría.

La sabiduría judía era totalmente distinta de los hombres como Sócrates o Aristóteles, y llegaremos a ello a su debido tiempo.

Primero debemos observar exactamente lo que dice 1 Corintios 12:8. Varias traducciones, incluyendo la versión Reina Valera 1960, usan la frase "palabra de sabiduría". En griego no es "palabra" sino "una palabra"; es decir, una de muchas palabras. No es la palabra refiriéndose a una palabra que ya hay a la vista sino una palabra que aún no se conoce. Un automóvil es cualquier automóvil, pero el automóvil es el que se está usando. Una palabra de sabiduría es un nuevo rayo de luz vertido sobre una situación.

A menudo se ha citado a Salomón como un ejemplo del don de la palabra de sabiduría, pero eso no es lo mismo. El don de Salomón de parte de Dios era una sabiduría general, la cual puede pedir cualquier persona, según Santiago 1:5.

Sin embargo, aquí estamos mirando uno de los dones sobrenaturales, el cual de vez en cuando produce "una palabra de sabiduría". No convierte a nadie en un oráculo, perlas de sabiduría cayendo de sus labios cada vez que abre su boca. No se dice lo larga que puede ser en palabras "una palabra de sabiduría", pero una idea o verdad sabia podría ir desde una frase hasta una tesis para encontrar su expresión. Sea cual sea su forma, debemos considerarla como del Espíritu Santo; es decir, sobrenatural: una manifestación, como explica este capítulo. Los ejemplos abundan en la Escritura. Jesús, por ejemplo, les prometió a los creyentes perseguidos tales palabras de sabiduría. Les dijo que no pensaran con antelación lo que dirían cuando les llevaran ante los magistrados, porque el Padre les daría las palabras necesarias en ese momento.

¿QUÉ SABIDURÍA?

Si hay varias escuelas o clases de sabiduría, ¿qué tipo de sabiduría cubre la palabra de sabiduría? ¿Debemos dejar la pregunta a un lado y decir: "Cualquiera"? Eso estaría muy lejos de ser algo parecido a "usar bien la palabra de verdad" (2 Timoteo 2:15). Se pregunta poco acerca del tipo de sabiduría a la que se refería Pablo. Su mente, en ese tiempo, se movía sólo en un área de sabiduría, incluso mientras escribía esta Epístola. Comenzó con dos capítulos diciendo lo que es la sabiduría. Es sabiduría "en Cristo": "en Cristo Jesús, el cual nos ha sido hecho por Dios sabiduría" (1 Corintios 1:30). Una palabra de sabiduría entraría en esta clase de sabiduría, relacionada con Cristo.

Sabemos un poco más acerca de las ideas de Pablo sobre este tema, ideas que moldea la Escritura. El Antiguo Testamento está lleno de sabiduría. Solamente una palabra hebrea para "sabiduría" se menciona 146 veces. En el Nuevo Testamento, una palabra griega aparece 51 veces, y no significa algo distinto en 1 Corintios de lo que significa generalmente en el Nuevo Testamento.

De hecho, la sabiduría significaba algo diferente para los corintios, y por esa razón Pablo utilizó gran parte de su carta para acomodar sus pensamientos en un marco cristiano. La sabiduría que afectaba a los corintios era o bien la filosofía abstracta de los griegos, o la de sus religiones misteriosas. La era de los grandes filósofos griegos y la de hombres como el escultor supremo Fidias fue también una era cruda de ignorancia primitiva, barbarie, superstición y una vil devoción a los dioses de antaño. En general, la sabiduría griega, aparte de las matemáticas, consistía sólo en afirmaciones de pensamiento como definiciones.

La sabiduría judía era siempre práctica: cómo vivir. Era "entendimiento", algo más profundo que las palabras que tocaban los instintos de conducta. El Antiguo Testamento refleja esta característica nacional. La Biblia incluso personaliza la sabiduría (por ej., Proverbios 8). El mismo principio transformó sus pensamientos de Dios en algo práctico. Para los griegos, Dios existía totalmente como una idea abstracta, a la cual se accedía mediante la razón, y demasiado remota como para poder alcanzarla. Para los judíos, Dios era una presencia viva entre ellos, y hablaban de Él en términos humanos como alguien con manos, pies, brazos y oídos. Esto, claro está, los liberales lo consideran antropomorfismo (hacer a Dios a la imagen de los seres humanos). Tales críticos no aprecian la idea judía. Israel nunca pensó que Dios tuviera partes físicas reales. Usaban este tipo de lenguaje porque Dios hizo al hombre a su propia imagen, y nuestros miembros y partes humanas son un dibujo material de su realidad espiritual infinitamente mayor. Nosotros tenemos brazos, pero "tú tienes un brazo poderoso", decían ellos. La sabiduría judía fue siempre de un tipo terrenal. Los griegos iban siglos por detrás de Israel y hablaban de Dios en términos impersonales, a veces como si fuera tan sólo un bien abstracto. El dios griego no tenía rostro.

El libro más largo de sabiduría que trata sobre Dios y la vida en las Escrituras es el libro de Job. Aborda las preguntas definitivas, pero las baja a la tierra y giran en torno a la experiencia de Job. La conversación no es académica, sino relativa a los hechos.

El libro de Proverbios es un libro de sabiduría, pero Proverbios también describe la sabiduría en términos personales en los capítulos 8 y 9; por ejemplo: "Yo soy la inteligencia" (Proverbios 8:14). Se piensa en la sabiduría no sólo como sentido común, experiencia, buen consejo, perspicacia o destreza, ya que eso es pensamiento humano. Avanza a otra dimensión. Dios entra en escena. "El temor de Jehová es el principio de la sabiduría" (Proverbios 9:10). Lo opuesto sería la falta de sabiduría. "Dice el necio en su corazón: No hay Dios" (Salmos 14:1). La sabiduría que Pablo predicaba era el mismo entendimiento personal, práctico y realista. Obtenía su sabiduría del carácter del Dios vivo de Israel. Por supuesto, para Pablo, la sabiduría de Dios se resumía en la revelación del Hijo de Dios encarnado: Jesucristo. Su "don de sabiduría" está relacionado con ese tipo de entendimiento, como después veremos.

La "palabra de sabiduría" es un tipo de sabiduría para vivir, no conocimiento académico. Sin embargo, deberíamos ver con detenimiento la notable definición de la Biblia que acabamos de citar. "El temor de Jehová es el principio de la sabiduría, y el conocimiento del Santísimo es la inteligencia" (Proverbios 9:10). Esta es una afirmación asombrosa que cruza tanto el pensamiento antiguo como el moderno. Ninguna otra nación o literatura llegó jamás a un concepto tan radical. La sabiduría está hecha para descansar en la fe en Dios como la roca de verdades eternas. No se trata de moda, opinión o especulación, ni tampoco de ninguna escuela académica de pensamiento. En medio de las complejas perplejidades de la vida, la sabiduría de Dios es el estabilizador.

El hombre que conoce a Dios, en Cristo, ha encontrado sabiduría. Ya no va en pos de lo desconocido, como lo hacen quienes no tienen dios, ni busca sin propósito y sin dirección. El progreso secular aún no ha decidido cuál es su objetivo y, por tanto, no tiene forma de saber si está avanzando o no. Los cristianos espectadores ven el progreso actual del mundo como un paso atrás hacia la oscuridad. "Porque perecerá la sabiduría de sus sabios" (Isaías 29:14). Daniel dijo que la sabiduría le pertenecía a Dios, y que "da la sabiduría a los sabios" (Daniel 2:20-21). Para los cristianos, Jesús es la sabiduría de Dios y "el camino, la verdad y la vida" (Juan 14:6).

La literatura sapiencial, parte de la cual se encuentra en libros de la Biblia como Job, Salmos, Proverbios y Eclesiastés, es una gran masa de experiencia recogida para tener éxito en la vida. Eclesiastés, por ejemplo, la trata de la forma más original. Visto de modo superficial, Eclesiastés es un libro cínico, que dice que el mundo no tiene sentido y se burla de todo lo existente en la creación al considerarlo vanidad, o cosas vacías, usando la palabra treinta y cinco veces para referirse a la existencia.[1] La misma palabra hebrea (*hebel*) se usa para describir la nada de los ídolos. ¿Cómo pudieron personas tan profundamente religiosas como los judíos incluir un libro así junto al libro de los Salmos, que es rico en alabanzas y acciones de gracias por la creación de Dios?

La respuesta es que equilibra el asunto con otra expresión utilizada treinta y una veces: "bajo el sol". Eclesiastés es un pensamiento "bajo el sol", limitado a los horizontes de este mundo material. El aspecto materialista no aporta respuestas, ni lógica, y convierte la existencia mortal en un acertijo. Si el mundo lo es todo, un orden cerrado, un carrusel destinado a dar vueltas y detenerse, no tiene sentido y no debería haber existido nunca. Somos entonces como una colonia de hormigas ocupadas en el mundo cerrado de un expositor de plástico en un museo.

Es el intento de los sabios de este mundo de sacar lo mejor de un mal trabajo. Paul Tillich, un panteísta, hablaba del "valor de ser": ser valiente mientras se existe, ¡porque un día perecerá! La vida es algo de un sólo intento. "La vida humana comienza en el distante lado de la angustia", dijo un no creyente moderno. Esto concuerda con la angustia de los filósofos ateos como Camus, Russell y Ayer. La actitud de "bajo el sol" es el corazón de la idolatría, cuyo dios es sólo lo que se puede ver. Por el contrario, el creyente "se sostuvo como viendo al Invisible" (Hebreos 11:27). Cristo Jesús enmarca todo en la sabiduría. Eclesiastés toca el corazón de las cosas finalmente en el versículo 14 del capítulo 12: "Porque Dios traerá toda obra a juicio... sea buena o sea mala". En otras palabras, cada acción se valora en relación con Dios y sus propósitos. La vida corta tiene un valor eterno. Lo que no está relacionado con Él va a la deriva, no vale nada. El mundo es el don de Dios para nosotros, desde el cielo con amor, envuelto con una exquisita consideración para el máximo contentamiento humano. Es parte del divino orden de la sabiduría. Nuestra sabiduría mundana sólo será sabia si está relacionada con la sabiduría del Creador. "Acuérdate de tu Creador en los días de tu juventud" dijo Salomón (Eclesiastés 12:1). "Jehová con sabiduría fundó la tierra... Jehová me poseía [sabiduría] en el principio, ya de antiguo, antes de sus obras. Eternamente tuve el principado, desde el principio, antes de la tierra" (Proverbios 3:19; 8:22-23). El mundo fue un acto de sabiduría.

SABIDURÍA DE EDIFICACIÓN

Este don relacionado con la empresa eterna de Dios no es opcional sino indispensable para la edificación de la Iglesia. La Iglesia no es una organización temporal y secular, sino una creación de Dios, planeada para la eternidad (Apocalipsis 21–22). Todo lo que sucede en la Iglesia debe estar relacionado con los propósitos de Dios para la redención, y todo don operará hacia el mismo objetivo. Cristo estableció la presente era cristiana para que el Espíritu Santo la dominara en el evangelismo mundial. El don de la palabra de sabiduría es Dios al volante manteniéndonos en la dirección correcta incluso cuando estemos ocupados en asuntos que parezcan remotos.

Pablo dijo a los creyentes corintios: "nada os falta en ningún don" (1 Corintios 1:7). Sin embargo, mostraban una actitud memorable por hacer las cosas equivocadas, aún con los dones. Por ejemplo, sus muestras vocales de las lenguas estaban fuera del marco del plan redentor de Dios. No tenían nada que ver con la edificación de la iglesia. Los dones se trataban como juguetes en vez de herramientas de poder que el Espíritu Santo había dado a los trabajadores. Se nos ofrece más que satisfacción emocional. Somos sabios peritos arquitectos trabajando según la gracia de Dios, la cual nos es dada (1 Corintios 3:10). "Sabios peritos arquitectos" en griego es *sofos architekton*. *Architekton* es la palabra de donde obtenemos las palabras *arquitecto, tecnología*, y otras, pero realmente significa jefe albañil. Un *tekton* es un artesano de la madera, el metal o la piedra. Jesús fue un tekton (Marcos 6:3), como José (Mateo 13:55). A Dios se le llama "constructor y hacedor": *teknites*. Obtenemos nuestra palabra técnica de la palabra griega *techne*: un arte u oficio; pero nuestra palabra para astucia es diferente, y los griegos tenían una palabra totalmente distinta para referirse a ella: *panourgia,* que representa la sabiduría humana, lo contrario a la sabiduría divina de la que se habla en 1 Corintios 3:19.

Un *teknites* (artesano constructor) de la iglesia necesita *sofia* (sabiduría). Cuando el Señor ordenó la construcción del tabernáculo en el desierto, dijo: "Mira, yo he llamado por nombre a Bezaleel…y lo he llenado del Espíritu de Dios, en sabiduría…para trabajar en toda clase de labor" (Éxodo 31:2-5). Fue en todo tipo de "astucia" o filigrana intrincada, trabajo con el oro. La dirección que toman las obras de Dios es hacia la belleza, y eso también es aplicable a la iglesia (cualquier iglesia) así como el tabernáculo fue enriquecido con muebles de oro y magníficos bordados. La túnica del sumo sacerdote era "gloria y belleza". La Iglesia es el tabernáculo de Dios (Apocalipsis 21:3) que debe adornarse con sabiduría, parte de la belleza nupcial de la novia de Cristo.

Lo que acabamos de decir proviene de las mismas Escrituras que Pablo conocía tan bien y que expone en 1 Corintios 1 y 2. Esta sabiduría basada en el "temor del Señor" dada por Dios es lo que había en su mente cuando habló de "la palabra de sabiduría". No es tan sólo un buen consejo. Es una palabra especial oportuna. La palabra de sabiduría funciona para llevarnos a una relación adecuada con los propósitos eternos de Dios. Se solapa con la profecía. Su centro y eje es "el temor de Jehová", y es, por tanto, más que una sabia consideración de todos los hechos y circunstancias. Conlleva todos los hechos que conocemos, y aquellos que tienen que ver con Dios y, sin duda alguna, hechos a los que sólo el Señor tiene acceso, y pone en nuestras mentes un principio o sentir por lo que deberíamos hacer.

Esta palabra divina llega a nosotros para nuestras circunstancias prácticas cotidianas, ya sean personales o para la iglesia. Vierte luz sobre situaciones y nos capacita para tomar buenas decisiones hacia los objetivos invisibles de Dios. "Más que los viejos he entendido, porque he guardado tus mandamientos", dijo el joven, posiblemente un escriba estudiante, que escribió el Salmo 119:100.

EL CORAZÓN SECRETO DE LA SABIDURÍA

Sin embargo, aquí encontramos una revelación del misterio. Cristo es el significado final de la sabiduría. En Él están "escondidos todos los tesoros de la sabiduría y del conocimiento" (Colosenses 2:3). En 1 Corintios 1:23-24 se describe a Cristo como la sabiduría de Dios, particularmente "Cristo crucificado". Si una palabra de sabiduría es genuina, tendrá como trasfondo el Calvario, porque Cristo "nos ha sido hecho por Dios sabiduría" (1 Corintios 1:30; véase también Efesios 1:8, 17). Cuando somos movidos de un lado a otro por el estrés, quizá tentados por la ventaja material o personal, una palabra de sabiduría tendrá el trasfondo del Calvario recordándonos otros valores.

Santiago 3:15-17 declara que hay una sabiduría que es "terrenal, animal, diabólica" en vez de la que proviene de lo alto, que es "pura, después pacífica, amable, benigna, llena de misericordia y de buenos frutos, sin incertidumbre ni hipocresía". Fue la sabiduría mundana la que crucificó Cristo. Una verdadera palabra de sabiduría nos capacita para tomar la cruz y descubrir las dimensiones eternas de vivir por fe en Dios. Eso no significa que recibamos un plan preciso, sino que recibiremos el principio de la acción.

SABIDURÍA, NO FRENO Y BOCADO

Una palabra de sabiduría será práctica. No es un "don" de sabiduría, sino una palabra de sabiduría. La sabiduría genérica es una cualidad disponible para todos nosotros, como dice Santiago 1:5. El Señor no tiene intención de decirnos cuándo afilar nuestro lápiz o qué tomar con el té. Jesús nunca usó un freno y un bocado para dirigir a sus discípulos en cada curva del camino. La libertad en Cristo libera a sus seguidores de una vida bajo la ley, y Dios deja grandes áreas de nuestras vidas a nuestra propia conciencia y decisión. Lo que decidamos hacer en su nombre, Él lo bendecirá.

Sin embargo, hay relatos en las Escrituras de directrices provenientes de Dios. Una palabra de sabiduría podría llevarnos a hacer algo que normalmente no se nos ocurriría. Samuel le dijo a Saúl lo que debería hacer cuando buscaba las asnas de su padre. A lo largo del libro de Hechos hay ocasiones en que se produce una palabra de sabiduría. Pablo advirtió al capitán de un barco que no dejara que la tripulación abandonara la nave. Ananías fue enviado a orar por Saulo y su sanidad y a darle perspectiva para su futuro. Santiago recibió una sabia palabra, como principal de la importante conferencia en Jerusalén, cuando la relación de los gentiles con las instituciones judías planteaba una difícil pregunta. Pablo tuvo una palabra de sabiduría con respecto a su estancia en Corinto, porque Dios tenía mucho pueblo allí.

He escuchado a muchos predicadores fervientes llevar a las personas a hacer un voto en el altar para esperar a que Dios hable cada día. Muchos dicen: "Estoy esperando una palabra de sabiduría de parte del Señor". Lo que realmente quieren es que Dios aclare su mente por ellos y les libere de responsabilidades. Dios sí habla, y habló a los hombres de antaño, pero en ningún caso habló cuando o porque alguien estaba esperando o pidiéndole que hablara. Dios no habla por órdenes. Los hombres y mujeres a los que Dios habló en los tiempos bíblicos eran personas involucrados en lo que tenían que hacer. Somos responsables de cualquier cosa que nos pudieran decir que hagamos. Las personas que actúan sólo cuando oyen direcciones de parte de Dios están viviendo bajo la ley y no bajo "la perfecta ley, la de la libertad" (Santiago 1:25). Dios quiere que crezcamos en Él, para ser adultos, y no marionetas movidas con cuerdas desde el cielo.

Con mucha frecuencia los creyentes se estresan y angustian, mirando por encima de sus hombros, preguntándose si habrán hecho la voluntad de Dios, como si Dios hubiera escondido calladamente un bosquejo cada mañana, lo cual se convierte en lo primero que ellos deben encontrar cada día. Esto sitúa a los creyentes bajo una carga más pesada que la que imponían los escribas, porque al menos ellos podían señalar un versículo de lo que pensaban que Dios ordenaba. Hay una sabiduría mayor que la nuestra que viene a nosotros como agentes libres, no como una ley del Sinaí.

CÓMO OPERA EL DON

Una palabra de sabiduría no ha de ser necesariamente un discurso dramático dicho por alguien que se pone en pie en una iglesia y hace una declaración, sino que puede suceder de otras formas, como quizá en una conversación. Al tener sabiduría de lo alto, consultamos los unos con los otros y discutimos, y después recibimos una clave que desbloquea la situación. Podría llegar de cualquier persona, incluso de las personas en teoría menos indicada entre los presentes.

Una palabra de sabiduría puede llegar a través de las Escrituras, el libro de toda sabiduría. No cabe duda de que la Escritura es el medio más común usado por el Espíritu Santo. El entendimiento con frecuencia viene por oír la Palabra con la intención de que dirija nuestros pasos. Esa es una razón por la que el ministerio de la Palabra es tan vital para todos nosotros. La Biblia tiene el hábito peculiar de tratar con nosotros, incluso con la frase más inesperada, en situaciones cotidianas.

El ministerio, que tiene que ver directamente con la experiencia, o que ofrece habilidades de especialistas, necesita estar relacionado con la Palabra. Cientos de seminarios por todas partes atribuyen el beneficio de las empresas y otras habilidades seculares a la obra de Dios. Por muy bueno que esto pudiera ser, sin la Palabra seguirán teniendo deficiencias. La sabiduría del mundo empresarial no debería hacer superflua la sabiduría de la Palabra y la palabra de sabiduría, o ser guiados por Dios. Una palabra de sabiduría va más allá de la experiencia humana. Es revelación.

La sabiduría puede llegar mediante un comentario al azar o un comentario desechable. A la persona que hace el comentario puede parecerle nada, pero el Espíritu lo acelera como una flecha directa hacia el corazón de un problema o necesidad. Al igual que los demás dones, será para beneficio de todos, capacitándonos para "andar sabiamente", especialmente "para con los de afuera" (Colosenses 4:5).

La sabiduría se describe como un tesoro (Mateo 13:52; Romanos 11:33; Colosenses 2:3). El don o manifestación es ese tesoro, el cual tiene un propósito práctico. Puede llegar de una forma que no parezca en nada milagrosa. Dios no suele hacer alboroto por nada, sino que trabaja calladamente, casi en lo secreto, y nunca intenta sorprendernos por el mero hecho de hacerlo. No tiene que llegar de una forma espectacular. No es sólo una maravilla, sino que también toca el corazón del problema.

Una palabra de sabiduría puede llegar a nosotros por nosotros mismos, por otra persona o por todo un grupo cristiano. En el caso de Pablo ocurrió de manera personal, y para Saúl llegó a través de Samuel.

Una palabra de precaución acerca de buscar una palabra de sabiduría. Uno de los propósitos principales de este don es dirigirnos. Algunos le piden a Dios que les aconseje, que les muestre de qué forma deberían actuar, pero ¿cómo saben que Él quiere que actúen? Es peligroso pedirle a Dios que le muestre una nueva dirección a menos que primero Él le haya dado una palabra de sabiduría indicándole que Él tiene una nueva dirección para usted. Quizá no haya una nueva dirección, y Él simplemente quiere que usted siga por donde va. Entonces, nuevamente, si Él quiere que usted cambie de dirección se lo dirá, y no se lo ocultará hasta que usted esté en disposición de ayunar y orar para descubrir qué es. Si Él no habla, es porque no tiene nada que decir y está satisfecho con lo que usted está haciendo. Dios no es una radio que se puede sintonizar a su antojo. El Señor le hará saber rápidamente si usted está avanzando en la dirección incorrecta.

CAPÍTULO 8

UNA PALABRA DE CONOCIMIENTO

Permítame comenzar con un dicho de uno de los libros sapienciales: "Las hormigas son tremendamente sabias" (véase Proverbios 30:24-25). El problema es que las hormigas tienen sabiduría sin conocimiento; no son enciclopedias andantes. Los seres humanos, por el contrario, tienen abundancia de conocimiento, pero la sabiduría moral también parece tener un lugar muy pequeño en el mundo moderno. Esto es trágico si consideramos que hemos estado imprimiendo la Biblia durante cientos de años.

Si Dios da una palabra de conocimiento, es muy improbable que tenga un significado o propósito trivial. No estará al nivel de una predicción de una bola de cristal: que usted conocerá a un extraño alto y oscuro. En la Biblia, el conocimiento en sí no es mera educación, sino algo de mayor relevancia.

Desde el principio leemos: "mas del árbol del conocimiento del bien y del mal no comerás" (Génesis 2:17, NVI). Bien, sabemos que Adán y Eva comieron, y que el primer pecado produjo conocimiento, pero fue el conocimiento del mal. Tampoco fue un conocimiento científico, sino experiencia. Ellos conocieron el dolor, el temor, la culpa y la vergüenza.

También conocieron la bondad, pero sólo como contraste con su desdichada condición.

Y así es como parece seguir. La verdadera ciencia, que comenzó en el siglo XVII con Newton Kepler y compañía, parecía un radiante amanecer, pero su terrible desarrollo ha traído las nubes color rojo sangre de guerra y angustia. El conocimiento llena nuestra cabeza pero no nuestro corazón. Una raza más sabia hubiera seguido algún tipo distinto de conocimiento.

Sin embargo, a nosotros nos preocupa el conocimiento divino y no temporal. Para ser sabios debemos saber, y por eso el don de una palabra de conocimiento complementa al don de una palabra de sabiduría. Si una palabra especial aporta luz a una circunstancia en particular, una palabra de sabiduría podría ser necesaria también para hacer lo que se debería hacer.

Independientemente de lo que creamos que significa una palabra de conocimiento, no podemos dejar fuera de nuestro estudio el hecho de que las Escrituras frecuentemente hablan de ello, y por lo general de una forma especial. Sabemos, en cualquier caso, que la Palabra de Dios es la fuente divina de sabiduría y conocimiento espiritual. "¡Oh profundidad de las riquezas de la sabiduría y de la ciencia de Dios!" (Romanos 11:33). La Palabra escrita de Dios revela la Palabra viva, "en quien están escondidos todos los tesoros de la sabiduría y del conocimiento" (Colosenses 2:3).

Los dones de manifestación son demasiado valiosos como para pasarlos por alto: "Si clamares a la inteligencia, y a la prudencia dieres tu voz. Si como a la plata la buscares, y la escudriñares como a tesoros...Porque mejor es la sabiduría que las piedras preciosas" (Proverbios 2:3-4; 8:11). Jesús describe el conocimiento como un "tesoro" (Mateo 13:52). La alternativa es esta: "Mi pueblo fue destruido, porque le faltó conocimiento"; y mi pueblo "se secó, porque no tenía humedad" (Oseas 4:6; Lucas 8:6).

Los dones son herramientas de los constructores para la edificación de la Iglesia. Dios se las da porque las necesitan. Hay algo que debemos volver a destacar. En el Nuevo Testamento, los dones espirituales son siempre para cada congregación local de creyentes. Puede que haya algunos dones excepcionales, que traen los hombres desde el otro lado del mar con un ministerio internacional para circunstancias excepcionales, pero la iglesia local es la que debe beneficiarse de sus propios dones locales. Esto podría resultar algo idealista, dependiendo del tamaño y el estado de la iglesia, pero a pesar de ello ese es el orden de cosas de Dios.

¿QUÉ CONOCIMIENTO?

El enfoque adecuado para entender qué es una palabra de conocimiento es preguntar: ¿De qué se trata este conocimiento? ¿A qué se refiere Pablo con conocimiento? Él no especifica, porque no dice mucho sobre el conocimiento en otras partes. Es su tema favorito, pero es siempre el tipo de conocimiento que se extrae de las Escrituras; es decir, no es sólo conocimiento académico de la Biblia sino entendimiento. El Salmo 119:100 habla de conocer más que nuestros maestros, es decir, tener un sentir más hondo por la verdad. Los no creyentes no tienen "conocimiento", porque ciertas cosas nos llegan mediante el canal de la fe y el amor. Para los no creyentes es tan necio e incomunicable como lo hubiera sido la tecnología de un microchip para la reina Victoria. "Pero no les aprovechó el oír la palabra, por no ir acompañada de fe en los que la oyeron" (Hebreos 4:2). La aplicación mental nunca compensará la ausencia de fe.

En aquella misma hora Jesús se regocijó en el Espíritu, y dijo: Yo te alabo, oh Padre, Señor del cielo y de la tierra, porque escondiste estas cosas de los sabios y entendidos, y las has revelado a los niños. Sí, Padre, porque así te agradó. Todas las cosas me fueron entregadas por mi Padre; y nadie conoce quién es el Hijo sino el Padre; ni quién es el Padre, sino el Hijo, y aquel a quien el Hijo lo quiera revelar.

—Lucas 10:21-22

Para la consecución de nuestro objetivo, aquí hay un hecho útil: el Evangelio de Juan nunca usa la palabra *conocimiento* sino siempre *conocer*. Para Juan, el verdadero conocimiento no era algo memorizado; era algo continuo, algo dinámico. El participio "conociendo" no es un nombre estático; va con vivir, amar, ver, creer. Eso nos sitúa en el camino correcto: el verdadero conocimiento es "seguir conociendo", como se conoce a un miembro de la familia. Una palabra de conocimiento tendrá que ver con eso.

CONOCIMIENTO Y PODER

Recogemos otra pista de Mateo 22:29: "Erráis, ignorando las Escrituras y el poder de Dios". Esto debió de dejar perplejos a los rabinos. Los escribas y otros trabajaban constantemente en la Torá (la Ley, las Escrituras). Ellos se sabían gran parte de memoria y, por tanto, esperaban por ello alcanzar la vida eterna. Lo que Jesús dijo acerca de ellos era lo que ellos decían acerca de la gente común, a quienes consideraban malditos por no saber la Ley. Él les mostró el principio secreto del conocimiento: "El que quiera hacer la voluntad de Dios, conocerá si la doctrina es de Dios" (Juan 7:17). Actualmente, muchos líderes de iglesias niegan tanto las Escrituras como el poder de Dios, algo que ni siquiera los fariseos hacían. Tratan los dones sobrenaturales como talentos naturales, las lenguas como destreza lingüística, el conocimiento como educación y la sabiduría como psicología. Los que estudian un libro milagroso sin creer en los milagros están destinados al fracaso.

LA LÁMPARA QUE NUNCA PARPADEA

El don de "una palabra de conocimiento" tiene un alcance completo. Es lo que el Antiguo Testamento describe como entendimiento, visión del corazón. Una computadora tiene conocimiento, pero no entendimiento. "No se alabe el sabio en su sabiduría... Mas alábese en esto el que se hubiere de alabar: en entenderme y conocerme... dice Jehová" (Jeremías 9:23-24).

Para Israel, Dios parecía mantenerse distante como el Alto y Majestuoso que habita en la eternidad, al que sólo conocían a través de un tercero: un profeta o un sacerdote. Sólo tenían información acerca de Dios. En Jesús, Dios se acercó en un pesebre, accesible, perteneciente a una familia. El Hijo de Dios se convirtió en el Hijo del Hombre. Entonces el conocimiento de Dios se convirtió en algo personal. La adoración ya no consistía en cantar salmos a una deidad trascendente en un trono celestial, sino que recibió una nueva dinámica. Él es uno de nosotros, nuestro crucificado y amado Señor y Salvador Jesucristo. Comenzó la adoración centrada en Cristo y en la cruz. "El Señor de los ejércitos" se convirtió en "Abba Padre", el único nombre que Jesús usó para referirse a Dios. Este es el conocimiento, conocer a Aquel "a quien conocerle es vida eterna".[1]

Para abrir aún más nuestro entendimiento del conocimiento, vayamos a Mateo 11:25-27. Observe primero que su Padre era el "Señor del cielo y de la tierra" pero había revelado cosas a los "bebés". En Lucas 10:23 Jesús también dijo: "Bienaventurados los ojos que ven lo que vosotros veis". Observe de nuevo la descripción de Cristo del Padre: "Señor del cielo y de la tierra" (v. 21). Él conocía todo lo que ocurría y podía revelárselo a quien quería.

Hay un conocimiento especial: el conocimiento máximo. "Y nadie conoce quién es el Hijo sino el Padre; ni quién es el

Padre, sino el Hijo, y aquel a quien el Hijo lo quiera revelar" (v. 22). Jesús le dio gracias al Padre "porque escondiste estas cosas de los sabios y de los entendidos, y las revelaste a los niños" (Mateo 11:25).

El conocimiento supremo es el conocimiento de Dios. Conocerle, sin embargo, no es todo el conocimiento, el cual Pablo dice que nos permitiría entender todos los misterios (1 Corintios 13:2). Está el conocimiento de Dios, como el Señor del cielo y de la tierra, y esto incluye "lo oculto de su corazón", algo que 1 Corintios 14:25 dice que se puede revelar mediante los dones proféticos.

Ahora bien, juntemos todas estas pistas y veamos si podemos definir lo que es el conocimiento en "una palabra de conocimiento". Estas pistas indican un conocimiento bastante completo.

1. El conocimiento\ básico, que es conocer a Dios, se obtiene sólo por revelación mediante su Hijo y nuestro Señor Jesucristo. La Biblia lo llama "entendimiento", que significa un conocimiento vivo de Dios.
2. Hay un entendimiento de su Palabra más profundo en nuestro corazón.
3. Tenemos un sentir divinamente inspirado de lo que está bien y mal, o de lo que es sabio o necio en la vida.
4. El Padre sabe todas las cosas, y los que le conocen a Él pueden tener su confianza y compartir un poco de lo que Él ve.

Esto esclarece lo que muchos podrían esperar de una palabra de conocimiento. Es para nosotros, para ayudarnos a diseñar un camino sabio en esta vida. El Señor del cielo y de la tierra "hace todas las cosas según el designio de su voluntad" (Efesios 1:11). Conocer a Aquel con el que tenemos que actuar es caminar con pie firme de acuerdo a la dirección de los planes de Dios. Todos estamos involucrados en su providencia.

Estamos agradecidos por la Palabra, que es una lámpara a nuestro camino, pero cuando llegamos a las encrucijadas necesitamos una palabra de conocimiento personal de parte de Dios. Llegará como una verdad, un principio, o un consejo iluminador mediante un pasaje de la Escritura que resalta, mediante una palabra hablada de conocimiento, o una combinación de ambas.

La llama del genio humano parpadea brevemente antes de que la extinga el viento del tiempo. La lámpara de Dios nunca parpadea. Jeremías dijo: "Conozco, oh Jehová, que el hombre no es señor de su camino, ni del hombre que camina es el ordenar sus pasos" (Jeremías 10:23). "Dios es el que... hace perfecto mi camino" (Salmos 18:32). Dios nos conocía íntimamente desde antes de nacer. "¡Cuán preciosos me son, oh Dios, tus pensamientos!... Tal conocimiento es demasiado maravilloso para mí; Alto es, no lo puedo comprender" (Salmos 139:17, 6). Mediante la Palabra y una palabra de conocimiento podemos armonizar nuestros caminos con sus consejos eternos.

Sin instrucción, la estructura de nuestras vidas se derrumbaría en un caos. Ese es exactamente el estado de aquellos que no tienen el conocimiento del Señor. La vida para los que no han sido regenerados es un desorden sin sentido. Como dijo Sir W. S. Gilbert: "Aunque lo intentemos toda la vida, nunca podremos / Desenredar la enredada madeja de la vida".[2]

EL CONOCIMIENTO Y LA IGLESIA

Hemos visto que el conocimiento conlleva los caminos y propósitos de Dios. Una de sus grandes actividades es la Iglesia. Esa es, sin lugar a duda, un área en donde nuestras vidas deben armonizar. De hecho, el misterio de la Iglesia es el proyecto divino más grande que Dios nos ha dado a conocer. La Iglesia es de lo que tratan los capítulos de los dones de 1 Corintios, y sin duda, toda la Epístola. Los dones son para la edificación de la Iglesia. Como seguimos diciendo, si Dios los da, es que los necesitamos. No son extras opcionales.

El don de una palabra de conocimiento se ve en incidentes de la Biblia, como los trabajos de José, Moisés, Eliseo, Daniel, Pedro y otros. Jesús tuvo un conocimiento perfecto de la mujer de Samaria y de Natanael de Caná. Eliseo supo las estrategias secretas para la batalla del rey de Siria, obvias incidencias de una comunicación dada por Dios. "La comunión íntima de Jehová es con los que le temen" (Salmos 25:14). "Porque no hará nada Jehová el Señor, sin que revele su secreto a sus siervos los profetas" (Amós 3:7).

Una tarde, me encontraba en la habitación de un hotel orando, y el Espíritu Santo comenzó a hablarme. Puso en mi mente que esa noche llegaría a la reunión un joven llamado Juan. El Señor me dio un mensaje para él. Yo le dije al Señor que la mitad de los hombres en esa ciudad se llamaban Juan, y que si le llamaba por ese nombre sonaría ridículo. El Señor me respondió: "¡Pero se llama Juan!". Yo dije: "Muy bien, te obedeceré".

Sin embargo, lo que yo no sabía era que esa misma mañana una madre estaba orando por su hijo, y el Espíritu Santo le dijo: "Pídele a tu hijo Juan que vaya a la reunión contigo, porque el Espíritu Santo le llamará por su nombre". Su hijo tenía dieciocho años. Ella entonces comenzó a pedirle que fuera con ella, y lleno de incredulidad, el joven dijo: "Está bien, mamá, iré. Si Dios me llama por mi nombre, le entregaré mi vida".

Una vez en la reunión, di la palabra que el Espíritu Santo me había dado y llamé a Juan. No es de extrañar que Juan se quedara asombrado. Esa fue una manifestación del Espíritu y la palabra de conocimiento. Juan le entregó su vida a Jesús ese día. Este relato es verdadero, y aún tengo archivada la carta de la mamá.

Sin embargo, hemos empleado la primera parte de este capítulo en mostrar que este don es mucho más que esos destellos proféticos de conocimiento acerca de lo que está ocurriendo.

El don llega a personas entre la gente, no como un oscuro dicho en lo secreto. El conocimiento de Dios no se tiene para obtener una gratificación personal ni por egoísmo, sino "para provecho" (1 Corintios 12:7).

Podemos hacer ahora dos declaraciones:

- El Señor no actúa fuera de la Palabra. No surge ninguna revelación que vaya en contra de la Palabra. Spurgeon dijo que no hay ninguna verdad nueva, porque si es nueva, no está en la Palabra y, por tanto, no es verdadera. Incluso una palabra de conocimiento o de sabiduría para una persona o la voluntad individual, directa o indirectamente, está relacionada con la Escritura.
- Una palabra de conocimiento siempre está dirigida a la comunión con Dios, incluso cuando tiene que ver con algo mundano. Dios puede poner en nuestra mente lo que hay en su mente con respecto al mundo, buscando cooperación.

DONES EN PRÁCTICA

A menudo oímos que alguien dice: "Tengo una palabra del Señor". Eso puede ser cierto, pero se presta a preguntas. Primero, ¿cuáles son esas nuevas expresiones llamadas "palabras del Señor"? ¿Son palabras de sabiduría, de conocimiento, de profecía, o qué? ¿En qué categoría del Nuevo Testamento encajan?

¿Son tan sólo pensamientos espirituales, que surgen en todas las mentes si seguimos al Señor? No hay mal alguno en que alguien se levante en la iglesia para compartir algo que ha recibido o para interpretar alguna imagen que parezca estar pasando por su mente. Si es conveniente, se puede dar una oportunidad a algunos miembros aprobados para ministrar de esta forma. Sin embargo, calificarlos con la autoridad de origen divino, si son más bien un pensamiento pasajero, es algo muy distinto. Si decimos que tenemos una palabra del Señor, asegurémonos de que así sea. Si debemos juzgar la profecía, ¿cuánto más una mera "palabra del Señor"? La verdad es que muchas declaraciones no necesitan ser probadas, ya que no desviarán a nadie. Son demasiado ligeras, aunque puedan sonar majestuosas mediante frases como: "Yo, el Señor, te digo".

Con todo lo que hemos aprendido hasta aquí sobre los dones, debemos tener en mente que ninguna declaración profética es más importante que el ministerio de la Palabra de Dios misma. La profecía no debe desplazar la predicación. La gente no puede vivir por inspiración sino sólo por el pan de Dios: la Palabra.

Si alguien discrepa y quiere que una iglesia sea principalmente profética, pídale que le explique por qué además de estos dones y manifestaciones, Dios también le ha dado a la iglesia apóstoles, evangelistas, pastores y maestros para "perfeccionar a los santos para la obra del ministerio, para la edificación del cuerpo de Cristo" (Efesios 4:12). Los profetas no usurpan el lugar de los apóstoles, evangelistas, pastores y maestros. Los dones del Espíritu son complementarios con la Palabra.

Finalmente, quedan dos preguntas. En primer lugar, ¿cómo sabe una persona si tiene o no "una palabra de conocimiento"? Veremos con más detalles los mecanismos de los dones proféticos después, pero podemos destacar aquí que los impulsos de Dios se pueden experimentar en nuestro espíritu, mente o cuerpo. A veces puede que no tengamos dicha "experiencia" como tal; es decir, quizá decimos una palabra de conocimiento o de sabiduría sin darnos cuenta de ello, al igual que Caifás se dijo que profetizó sin saberlo (Juan 11:49-51). Dios puede usar un comentario sin importancia con alguien que lo necesita. Durante una conversación, un pastor se rió y le dijo a otro: "Conocemos muchas maneras de arreglárnoslas sin el Espíritu Santo". Eso afectó por completo toda la perspectiva de su amigo.

En segundo lugar, ¿se puede enseñar este don? Nadie puede aprender un don. Sin embargo, la instrucción puede ser útil. Enseñar acerca de los dones es necesario para recuperar un lugar adecuado para ellos en la Iglesia y para animar a personas reticentes que han descuidado el don que Dios les dio, en particular los dones de habla. Algunos necesitan valorar su don y entender cómo funciona. No es algo imposible que a quienes les han "enseñado un don" reciban lo genuino; eso sólo ocurre mediante el Espíritu. El Espíritu Santo responde a las almas que le buscan y están dispuestas. De lo contrario, cualquier técnica aprendida se queda en lo que es, una obra de la carne, no una manifestación del Espíritu de Dios. Nadie puede enseñar una manifestación, aunque todos podemos aprender sobre ello.

EL MINISTERIO PROFÉTICO

Finalmente, pasamos a algunas expresiones modernas y nos planteamos su validez, frases como "la iglesia profética" y "el ministerio profético". No es que no sea bíblico, y todo ministerio debería ser profético, pero deberíamos preguntarnos si sería más bíblico si habláramos de "la iglesia de la Palabra de Dios" o "el ministerio de la Palabra". Esa es siempre la concepción de la Iglesia en el Nuevo Testamento, "columna y base de la verdad". En Hechos, la expansión de la Iglesia se describe diciendo que "la Palabra de Dios crecía y se multiplicaba". Hemos dicho que la profecía no debería usurpar la enseñanza. Cuando una iglesia flota sobre las profecías, tiene que estar anclada a la roca de la Palabra de Dios. "¡Predique la Palabra!".

Anteriormente aludimos brevemente a una palabra de sabiduría o de conocimiento que llega mediante la exposición de la Palabra de Dios. El conocimiento, que Jesús mismo tanto valoró y describió diciendo "que saca de su tesoro cosas nuevas y cosas viejas", lo trae el maestro o el predicador de la Palabra (Mateo 13:52). Puede no parecer sobrenatural, pero la Palabra siempre lo es; sin embargo, eso no significa que sea sensacional. Dios a menudo trae la palabra de conocimiento precisa para llevarnos en nuestra situación mediante lo que parece un ministerio ordinario. La Palabra de Dios es activa. La voz del Espíritu a menudo no se reconoce porque la voz del púlpito se escucha de manera crítica en vez de hacerlo con un corazón abierto. ¿A quién es más probable que Dios le dé una palabra de conocimiento que a un hombre que espera en el ministerio de la Palabra?

EL CONOCIMIENTO Y EL MINISTERIO PÚBLICO

Se anuncia a algunos hombres y mujeres como personas con un "ministerio profético"; es decir, se especializan en los dones proféticos, especialmente en una palabra de conocimiento. El siguiente comentario está relacionado también con el tema en sí del profeta y profetizar.

El tipo de trabajo basado en la palabra de conocimiento es algo innovador, aunque el hecho de ser nuevo no significa que haya que rechazarlo. La pregunta básica es cómo deberían actuar los profetas, lo cual se traduce en una pregunta de sabiduría. Es simplemente cuestión del método. Para el resto de nosotros, debemos juzgar, retener lo bueno, y dejar a un lado todo lo demás.

Por lo general, los profetas que se basan en una palabra de conocimiento hacen un énfasis público en su obra. La práctica más frecuente es llamar a individuos a que pasen al frente delante de la congregación para profetizar sobre ellos. No hay casos en el Nuevo Testamento donde se haga esto, ni de forma ocasional ni como la característica principal del ministerio de alguien, aunque tampoco se encuentran en el Nuevo Testamento otras prácticas aceptadas de la iglesia. El único criterio son los asuntos comunes de respeto y sabiduría.

Hay suposiciones por las que quizá podríamos preguntar. ¿Debería un ministerio profético anunciarse? ¿Está el Espíritu Santo obligado a asistir cada vez? ¿Puede garantizarse que Él hará todo lo que se espera de Él según se ha anunciado? La respuesta es, como hemos visto, que no hay un don rotundo, sino que hay manifestaciones según la voluntad de Dios. Ningún don es una habilidad rotunda independiente que funciona únicamente a su antojo, como tocar el piano, lo cual se podría anunciar de antemano.

Hay una pregunta que podríamos hacer. ¿Deberíamos exponer a individuos en una congregación a un escrutinio personal, con o sin el Espíritu, a menos que sea mediante la guía directa de Dios? Donde se esté perpetrando algún daño público, un pecado que afecte a la congregación, un pecado de Acán por decirlo de alguna manera, Dios puede que quiera que sea expuesto.

Sin embargo, si se nos han encomendado los secretos de vidas humanas, ¿es para que sea de conocimiento público? Si Dios nos confía un secreto, ¿no debería ser para dar consejos personales solamente a ese individuo? Contarle a toda una congregación que el matrimonio cristiano de alguien se está rompiendo, o que una persona tiene esta o aquella debilidad, o incluso que es buena para algo, no beneficia a nadie. Podría ser incluso una manera de dar material para la murmuración o incluso para dejar a alguien en mala posición.

Si una revelación describiera alguna vez la falta de una persona, entonces las Escrituras nos dicen lo que debemos hacer. "Si alguno fuere sorprendido en alguna falta, vosotros que sois espirituales, restauradle con espíritu de mansedumbre, considerándote a ti mismo, no sea que tú también seas tentado" (Gálatas 6:1). No se nos dice que se lo digamos a toda la congregación; nada podría hacer mejor la obra del diablo como acusador de los hermanos y dividir así una iglesia. Los procedimientos cristianos están claramente establecidos, tanto por Cristo como por el mandamiento apostólico. El amor cubre multitud de pecados. El verdadero propósito de una revelación personal tal sería lo que dice 1 Juan 5:16: orar por su pecado, o como nos exhorta Gálatas 6:2: "Sobrellevad los unos las cargas de los otros".

Surge otra pregunta: La expresión "ministerio profético" ¿pertenece sólo a los que actúan en una sesión de palabras de conocimiento? ¿No es el ministerio de la Palabra también un "ministerio profético", viendo que la Palabra misma es siempre profética? Los grandes profetas a veces han sido grandes predicadores.

Si sabemos algo acerca de la naturaleza humana, un hombre del que se espera que actúe proféticamente se sentirá bajo la presión de no fallar, aunque de hecho sólo puede hacer lo que el Espíritu Santo le permita que haga. Balaam fue un ejemplo en las Escrituras de un profeta que se esperaba que actuara conforme a un plan. (Hubo otros). Se vio envuelto en serias dificultades.

Existe la posibilidad de que, al intentar cumplir con las expectativas congregacionales, una persona haga revelaciones que surgieron de la imaginación, y no del Espíritu. Desearíamos que nunca fuera así, pero muchos han sido desencantados después de unas declaraciones emocionantes "del Señor", algunos en ocasiones muy prominentes y destacadas. Pero no dejemos que esto nos desvíe del hecho de que los siervos de Dios tienen revelaciones del Espíritu.

No quiero pronunciar juicio, sino sacar pensamientos que quizá necesiten tiempo y estudio para que sean afirmados. Desgraciadamente, se han oído palabras de conocimiento que son tan personales y con tan poco que ver con la iglesia, la Palabra o incluso la obra de Dios, que se ha mezclado todo, justificándolo de algún modo como si fuera "una carismática predicción de la suerte". Sin embargo, si se maneja correctamente podría tener muchísimo valor.

De nuevo, con respecto a las profecías y las palabras de conocimiento desacertadas, la falibilidad humana se producirá.

Eso no invalida un ministerio, a menos que se convierta en algo frecuente. Sólo la Palabra de Dios es infalible. Incluso Ágabo, nombrado en las Escrituras como un profeta cristiano, no fue del todo preciso en sus declaraciones. Dijo que los judíos atarían a Pablo en Jerusalén y le entregarían a los gentiles (Hechos 21:10-11), y no le ocurrió ninguna de esas dos cosas. Otros profetas en Hechos fueron de igual manera imprecisos. Es posible equivocarse, pero las imprecisiones alocadas y totales y los grandes pronunciamientos hechos a mitad de camino en todo el mundo que han demostrado no tener sentido alguno han llevado el don a un descrédito en donde ahora se le tacha de mera verbosidad, y se cuestiona si las personas involucradas son profetas o no.

Unas cuantas páginas atrás aprendimos que la sabiduría y el conocimiento son complementarios. Una palabra de conocimiento necesita, al menos a veces, que una palabra de sabiduría la complemente. Puede ser saludable cuando la condición espiritual de una iglesia se describe en el Espíritu, pero los que ejercitan ese tipo de ministerio debían considerar cómo Cristo juzgó a las siete iglesias de Asia en Apocalipsis. Siempre incluyó una nota positiva de consejo y sabiduría espiritual.

EL CONOCIMIENTO
Y LA TERCERA PARTE

La Escritura tiene mucho que decir acerca de todos los asuntos proféticos, y este es otro asunto de actualidad: el conocimiento profético y una tercera parte. En el orden del pacto del Antiguo Testamento, un sacerdote o profeta era el canal mediante el cual se conocía la voluntad de Dios. La mente del Señor se conocía mediante el Urim y el Tumim o se llevaba la gente común mediante la clase ungida y de élite. Este pacto ha pasado. La gloria del nuevo pacto es que todos somos sacerdotes, todos estamos ungidos, y todos tenemos acceso a Dios por nosotros mismos para conocer su mente y su voluntad.

Puede que la confirmación llegue mediante una palabra de conocimiento, pero no es más que eso. La guía es directa. Dios le dijo a Cornelio que enviara a Pedro, pero también se lo dijo a Pedro, o Pedro no hubiera tenido nada que ver con eso. "La comunión íntima de Jehová es con los que le temen" (Salmos 25:14).

Ninguna tercera parte, ningún profeta o sacerdote, ningún pastor o incluso apóstol es necesario que esté entre Dios y los creyentes. Nadie tiene derecho a enseñorearse de otros creyentes en el nombre del Señor, como si tuviera una comunicación privada de Dios acerca de otras personas. Ciertamente puede que a otros les sea mostrada cuál es la voluntad de Dios para nosotros, como les ocurrió a los hombres en Antioquía acerca de Pablo y Silas, pero nunca ocurre sin que el Señor también nos lo muestre a nosotros, como lo hizo también con Pablo y Silas (Hechos 13:1-2). Lo que hace cada uno es por elección propia. La responsabilidad no descansa sobre los hombros de otro. Pablo, por ejemplo, siempre mantuvo su propio consejo con Dios, independientemente de lo que otros dijeran, ejemplificado especialmente antes de que fuera arrestado. Otros le dijeron no sólo lo que ocurriría, que fue más o menos correcto, sino también lo que él debía hacer, lo cual era su interpretación de su propia profecía, y era incorrecto. Dios nos da sabiduría, no instrucción para la acción. Hacer lo que sentimos que está bien delante de Dios es nuestro glorioso privilegio y posición en Cristo, algo que nadie debe robarnos sutilmente. Debemos discernir; con frecuencia el don de discernimiento es necesario en el funcionamiento de otros dones.

Veremos con más detalles los dones proféticos cuando veamos la profecía.

CAPÍTULO 9

FE

La fe lo arriesga todo en Dios, pero Dios nunca nos falla. Recuerdo una ocasión en la que estábamos montando una de nuestras carpas grandes. El terreno era blando, y si se producía alguna tormenta grande, se saldrían todos los postes. Entonces vi que se aproximaba una tormenta. Para mí contenía la lasciva mirada del rostro del diablo, y me puse en pie y le reprendí a él y a las nubes negras que avanzaban hacia nosotros. Si la carpa se caía, sería peligroso para las grandes multitudes congregadas en su interior, pero les dije a los hombres: "Adelante; predicaré en ella esta noche". Hablé con convicción en mi corazón, la fe de Dios. Le dije en voz alta al diablo: "Si destruyes esta carpa, conseguiré una mayor". (¡Conseguí una mayor de todas formas!). Alcé mi voz y le ordené a la tormenta que nos dejara en paz, y luego vi cómo se dividía, pasando por el norte y por el sur del área donde se encontraba nuestra carpa. El terreno permaneció seco y a salvo.

La fe es el eje de nuestra relación con Dios. La Biblia entera es una ilustración de esto. Sin embargo, no hay ningún tema que pida más explicación en las Escrituras que la fe y el don de fe. Particularmente nosotros queremos ayudar en este aspecto.

Lo que Jesús dijo quizá sea lo primero que la gente cita, que con fe suficiente podemos mover montañas (Mateo 17:20;

21:21). Sin embargo, nadie lo ha hecho jamás. No cabe duda de que muchos lo han intentado, por lo general con pocas esperanzas de éxito y quizá sin idea de dónde mover la montaña.

Ningún apóstol lo hizo, ni tampoco Jesús mismo. Dios planeó los paisajes en la Creación, y no creo que quisiera que nosotros cambiáramos el escenario. La ilustración más frecuente sobre la fe en el Nuevo Testamento son las sanidades, pero no debemos tomar esto como el uso principal del don de fe. ¿Por qué habló Jesús entonces de mover montañas mediante la fe?

Para los que quieren entender la Biblia, aquí tienen algo muy importante. Lea siempre pasajes completos, nunca sólo un versículo. No saque los textos fuera de su contexto en las Escrituras, como este acerca de mover montañas. Mateo 17:20 trata sobre la oración en contra de los demonios, y Mateo 21:21 tiene que ver con la oposición y los enemigos. Mover montañas se tiene que entender en conexión con esto.

Ahora bien, acerca de hacer lo imposible; aquí se han cometido graves errores. Para llegar al corazón del asunto, entraremos en el huerto de Getsemaní con un humilde asombro. El Hijo de Dios está orando por lo que es posible, y lo que Él dice penetra hasta el mismo corazón del asunto. Jesús dijo: "Padre mío, si es posible, pase de mí esta copa; pero no sea como yo quiero, sino como tú" (Mateo 26:39). Entendemos aquí que sólo son posibles las cosas que forman parte de la voluntad de Dios. Un discípulo que escuchó a Jesús en el huerto escribió después: "si pedimos alguna cosa conforme a su voluntad, él nos oye" (1 Juan 5:14). Las oraciones de Cristo muestran que lo que es posible está limitado por los mismos demonios que Jesús vino a vencer. Por ejemplo, no fue posible que Dios nos salvara del mal y salvara a la vez a su Hijo. De igual forma, nuestra lucha contra el mal a menudo nos pone ante una situación similar. Ser aquello para lo que Dios nos envió, sus hijos dando testimonio en un mundo ajeno, significa que tendremos que sufrir maldades.

Recientemente se han cancelado algunas de nuestras campañas de evangelismo. Íbamos a confrontar los males, pero esos males fueron los que produjeron la retirada de visas y permisos. No se ha hecho la voluntad de Dios. Por eso debemos orar: "Hágase tu voluntad, como en el cielo, así también en la tierra". Nuestras vidas han estado bajo una seria amenaza, pero ese peligro sólo se podría eliminar cuando el evangelio entre en las vidas de nuestros oponentes. ¿Qué se puede hacer en tales circunstancias? Esto crea un dilema, y tenemos que dejar que Dios lo resuelva. Es parte del proceso, o la lucha, contra el diablo. He dicho por todas partes que aparentemente el sufrimiento y el ministerio de sanidad son inseparables. Sin embargo, moveremos montañas si seguimos caminando y creyendo.

DE FE EN FE

Se mencionan al menos cuatro formas de fe en las Escrituras:

Conforme a la medida de fe que Dios repartió a cada uno.

—Romanos 12:3

Porque por gracia sois salvos por medio de la fe...don de Dios.

—Efesios 2:8

Mas el fruto del Espíritu es...fe.

—Gálatas 5:22

Dijeron los apóstoles al Señor: Auméntanos la fe.

—Lucas 17:5

A otro, [le es dada] fe por el mismo Espíritu.

—1 Corintios 12:9

Podemos describir estas cuatro clases de fe como sigue:

- Fe común, que tienen todos los hombres
- Fe salvadora
- Fe, el fruto del Espíritu (fe que aumenta)
- El don de fe

Quizá para los eruditos esto sea simplificar en exceso las cosas, pero nuestro análisis nos ayudará a entender a qué nos referimos con el don de fe.

LA PARADOJA

Hay muchos libros en el mercado para ejemplificar y edificar la fe. Sin embargo, el mejor de todos es la Biblia: el libro de la fe. Es el manual que nos muestra cómo opera la fe, y también nos da la fe que necesitamos para operar. "Así que la fe es por el oír, y el oír, por la palabra de Dios" (Romanos 10:17).

Aquí se produce la paradoja. También leemos: "pero no les aprovechó el oír la palabra, por no ir acompañada de fe en los que la oyeron" (Hebreos 4:2). Necesitamos fe para leer la Palabra, pero necesitamos la Palabra para obtener fe. Sin embargo, este pequeño problema no es insoluble. La fe fluye a los corazones de aquellos que se abren a ella. Que el cínico siga siendo cínico, pero la ley espiritual es que la fe produce fe, como dice Romanos 1:17: "...por fe y para fe".

Este es el principio que explicó Jesús: "Porque a cualquiera que tiene, se le dará, y tendrá más; pero al que no tiene, aun lo que tiene le será quitado" (Mateo 13:12). El espíritu de incredulidad amarga la tierra y mata la semilla de la Palabra.

Podemos avanzar un paso más. Aunque la fe es un regalo, somos responsables si no lo poseemos. Depende de nosotros creer o no creer, es una decisión personal. La incredulidad no es intelectual, sino emocional; es cuestión de una actitud del corazón. No hay nada que pueda desacreditar a Dios o demostrar que está mal confiar en Él, pero "no es de todos la fe"; es decir, hay personas que intencionalmente no quieren creer y son individuos "perversos y malos" (2 Tesalonicenses 3:2), porque pueden creer, "conforme a la medida de fe que Dios repartió a cada uno" (Romanos 12:3). Es una prueba de carácter, no de una capacidad de razonamiento. La incredulidad es pecado, razón por la que "el que no cree, ya ha sido condenado" (Juan 3:18). La fe salva a los pecadores, aunque la naturaleza de los pecadores es rebelarse contra la fe. "¡Tened fe!", mandó Jesús, y elogia a los que lo hacen.

La fe es de Dios, su regalo para nosotros al nacer, como el ver o el oír. Es una facultad o una mano que estiramos y tomamos lo que Dios tiene para nosotros. Si destruimos la facultad o dejamos la mano cerrada, no podemos tomar nada, y somos perdedores culpables. El mundo nos condiciona. Salimos en la mañana, trabajamos todo el día, llegamos en la noche, leemos el periódico y vemos la televisión; y en todo ese tiempo ¿cuánto tiempo hemos estado expuestos a cosas que animarán nuestra fe en Dios? Normalmente nada, ni una sola palabra. Por el contrario, hemos estado casi inmersos en un mar de duda y pecado. El mundo es un vasto sistema que nos lava el cerebro para destruir nuestra fe en Dios. Nos mutila espiritualmente; amputa nuestra mano de fe. Somos "desarraigados" de la naturaleza sencilla que Dios nos da.

Una advertencia: la fe no es un tema, como la jardinería o la fotografía, sólo para algunos interesados. O creemos o perecemos. La fe es una obligación humana y responsabilidad universal. Esto se ve claro en la parábola de la fiesta de bodas en Mateo 22:12. A todos los invitados les dieron vestidos para la boda, refiriéndose a la fe. Un hombre llegó, aparentemente pensando que podía vestir mejor que los demás, y llevaba su propia ropa, posiblemente vestidos hechos a mano; y fue expulsado.

El código de vestimenta en el Reino de Dios es la fe. "Pero sin fe es imposible agradar a Dios" (Hebreos 11:6). Ese individuo había llegado a la fiesta con un espíritu de orgullo y superioridad, al no querer vestir la ropa de fe que Dios le había dado. El Reino de Dios no es una meritocracia. Los permisos de entrada, visas y pasaportes sólo se les conceden a los que creen. Las calificaciones académicas son irrelevantes. El cielo no estará monopolizado por los graduados teológicos ni la gente que "nunca robó un banco", sino sólo por personas que muestren la sencilla placa de la fe.

FE EN AUMENTO

Cualquier forma de fe que tengamos, fe natural, fe para salvación, fe como fruto o el don de fe, retiene su calidad infantil. Para creer no hay que ser listo. La fe mueve las montañas que crea la duda. No es el resultado del pensamiento inteligente, sino de poner "los ojos en Jesús, el autor y consumador de la fe" (Hebreos 12:2). Recibimos "la fe de nuestro glorioso Señor Jesucristo", como dice Santiago 2:1.

¿Qué es fe? No es algo que se pueda cuantificar. No existe algo como la mitad de la fe, el noventa por ciento de la fe, ni nada parecido. El poeta Wordsworth lo describió como una "intuición apasionada", "la persuasión y la creencia han madurado hasta convertirse en fe".[1] Esto es a lo que Jesús se refería cuando dijo: "si tuviereis fe como un grano de mostaza" (Mateo 17:20), podría mover montañas. Sin embargo, leemos acerca de la "proporción" de fe (Romanos 12:6), es decir, proporcionada a la demanda hecha sobre ella. Jesús habló acerca de la poca y la mucha fe, y preguntó: "¿Cómo no tenéis fe?" (Marcos 4:40). No tener fe era lo único que siempre sorprendía a Jesús (Mateo 8:10; Marcos 4:40). El hecho vital que debemos entender es que la fe puede aumentar. Una forma de ese aumento llega mediante el don de fe.

Todo aumento de fe, como pidieron los discípulos en Lucas 17:5, lo da el Espíritu Santo mediante la Palabra de Dios. Es imposible que la fe crezca sólo mediante oración o adoración.

Debemos pedir fe, pero también debemos dar los pasos per-
tinentes para que nuestra oración sea respondida, es decir,
oyendo o leyendo la Palabra. Cuanto menos entendimiento
tengamos de la Palabra, menos fe tendremos. Podemos tener
tan poca cantidad de la Palabra debajo de nuestros pies que no
estemos firmes en la fe, y tan sólo podemos hacer equilibrio
de puntillas. Quizá también intentemos hacer que crezca un
manzano sobre un paño húmedo igual que cultivamos la fe
mediante un libro de bolsillo que nos habla de la experiencia
de otra persona.

La única manera idónea es mediante la enseñanza de la
Palabra. Así, una iglesia puede ser fuerte y sus miembros
pueden evitar dudas y no obtener el desagrado del Señor. Sin
fe es imposible agradar a Dios. Es el único medio por el cual
puede producirse una manifestación genuina del Espíritu. Oír
las maravillosas respuestas de otras personas a la oración,
sanidades o experiencias es necesario y bueno, porque Dios
nos manda hablar y testificar, pero a menudo nuestras dudas
nos dicen que los milagros de otras personas fueron solamente para ellos y no para nosotros. Ellos realmente no crean
el tipo de fe que Cristo quiere. Vemos que en Juan 2:23-24,
donde la fe era una fe basada en los milagros, no es la mejor
fe. Es sólo fe en los milagros, no fe en Dios, y cuando faltan
los milagros, la fe puede evaporarse.

Los Evangelios narran en más de una ocasión cómo Jesús
llama a la gente "hombres de poca fe" (en griego: *oligopistos*)
(Mateo 6:30). Somos lo que sea nuestra fe. Resume y establece nuestra estatura ante los ojos de Dios. Las distinciones de
clase no se reconocen en el Reino de Dios.

Los creyentes son los aristócratas del cielo. Hay sólo una
clase: la gente de fe. La fe es el escudo de armas del cristiano
y el pedigrí de nobleza espiritual. Pablo dijo que Dios no ha
escogido a muchos nobles, y Santiago dice que ha escogido a
los "ricos en fe y herederos del reino que ha prometido a los
que le aman" (1 Corintios 1:26; Santiago 2:5).

Existió una vez una mujer desconocida y sin nombre, no con muchos recursos. Ella percibió que Eliseo era el hombre de Dios. La incredulidad le hubiera impedido ver esto. Preparó una habitación para Eliseo y le hospedó. La Biblia la llama "una mujer importante" (2 Reyes 4:8). No quería ser mencionada ante el rey o el capitán del ejército, porque estaba bien firme y segura en su fe, y en eso estaba su grandeza. Se le menciona en el capítulo del honor, Hebreos 11, entre aquellos que "alcanzaron buen testimonio mediante la fe" (v. 39). Las personas de fe se preocupan poco de aquellos a los que el mundo rinde honores, como dijo Jesús: "¿Cómo podéis vosotros creer, pues recibís gloria los unos de los otros?" (Juan 5:44).

LA FE DEFINIDA

Desgraciadamente, la fe se ha convertido en una abstracción religiosa. Todas las palabras de fe en las Escrituras proceden de una raíz que significa fidelidad, fiabilidad en las relaciones, actuar según confianza y honestidad de otro. La fe es aceptar la credibilidad de Dios: "fiel es el que prometió" (Hebreos 10:23).

Tome nota de lo siguiente: la verdadera fe no es que las cosas ocurran, sino una confianza personal en Dios. Fe significa dejarle a Dios las cosas y retirarnos confiadamente.

La máxima central de la Biblia es esta: "Confía en el Señor", y a eso debería seguirle la actitud de: "aunque él me matare, en él esperaré" (Job 13:15).

Jesús esperaba esa clase de confianza cuando hizo la declaración más destacable y paradójica: "y matarán a algunos de vosotros; y seréis aborrecidos de todos por causa de mi nombre. Pero ni un cabello de vuestra cabeza perecerá" (Lucas 21:16-18).

Aquí encontrará algunas señales valiosas de una verdadera fe:

- La fe no es meramente ser ortodoxo, o ser positivo en cuanto a la doctrina, porque podemos ser muy correctos pero no confiar en Dios ni lo más mínimo.
- Intentar hacer un trato con Dios, diciendo: "Creeré en ti Dios, si respondes esta oración", demuestra una gran ignorancia de todo el asunto. Eso no es confiar.
- Dios no siempre hace lo que pensamos que debería hacer. De hecho, esa es la razón por la que debemos confiar en Él. Si Él respondiera siempre a cada oración, no necesitaríamos fe.
- Preguntamos: "¿Por qué?", pero ¿quiénes somos nosotros para demandar saber por qué Dios hace o no hace algo como una condición para que confiemos? ¿Qué clase de confianza es esa? Es tan condicional que deja de ser fe.
- Dios no acepta condiciones para nuestra confianza. ¿Debe Dios adaptarse al razonamiento de nuestras mentes diminutas para que creamos en Él?
- Si no creemos, los que perdemos somos nosotros, no Él.
- La fe no se puede medir excepto por la tarea emprendida en fe.

Hasta ahora este capítulo ha tratado de la fe en general. Esto ha sido totalmente imprescindible para poder despejar el terreno a fin de poder hablar acerca de una fe mayor, o del don de fe. La adquisición de fe es un tema importante en la Biblia. Su enseñanza se aplica tanto al don de fe como a cualquier otra de sus formas. Hebreos 2 enumera a los ancianos que obtuvieron buen testimonio mediante una cosa: fe. Les llama nuestros testigos, o espectadores, en nuestra carrera de la fe.

DEFINICIÓN DEL DON DE FE

Toda fe es un don, una obra de Dios (Juan 6:29). Pablo alude a lo que Jesús dijo acerca de que la fe movería montañas y lo une al don del Espíritu en 1 Corintios 13:2: "y si tuviese toda la fe, de tal manera que trasladase los montes...". Antes dijimos que ni siquiera Jesús movió montañas por el poder de la fe, pero leemos: "Por la fe entendemos haber sido constituido el universo por la palabra de Dios, de modo que lo que se ve fue hecho de lo que no se veía" (Hebreos 11:3). La fe es la realidad invisible.

Ese tipo de fe de poder se trata en las Escrituras como de extraordinario. El don es una manifestación del Espíritu, como vimos, y este tipo de fe tiene todas las características del poder sobrenatural de Dios. Ese es el don: fe dada mediante un acto del Espíritu. No sirve de nada exhortar a las congregaciones a ejercitar la fe en ese nivel. No pueden tener una fe que mueva montañas si sólo están experimentando. Al igual que esa anciana galesa que lo intentó hacer con la montaña que impedía ver el paisaje desde su ventana. Se levantó a la mañana siguiente, vio que aún seguía allí, y comentó: "¡Eso pensaba!". La fe no es el resultado de intentarlo, esforzarse y concentrarse. Es descanso, no trabajo.

Prediqué en Entertainment Centre of Perth, Australia, un lugar repleto de ocho mil personas esperando ver un milagro. En fe dije que verían uno. Me senté en la plataforma y oré: "Señor, ¿dónde está el milagro clave esta noche?". El Espíritu Santo susurró en mi alma: "Mira a tu izquierda; esa señora en la silla de ruedas será sanada esta noche". Empecé a notar una seguridad dentro de mí de que sería sanada: ese fue el don de fe.

Al levantarme, les dije a las personas lo que el Espíritu Santo había puesto en mi corazón. Me dirigí a la señora, con todo el mundo escuchándolo, y le pregunté: "Señora, ¿usted lo cree?". Ella tenía miedo y metió la cabeza entre sus brazos. En mi corazón le consultaba al Señor, diciéndole: "Señor, esta mujer ni siquiera lo cree". El Señor respondió: "No importa. Hoy no es su fe, sino la tuya lo que cuenta". Respondí: "Gracias, Señor".

Ya había llegado el equipo de la televisión nacional. Prediqué el mensaje de salvación, y luego le dije a la audiencia: "Y ahora ha llegado el momento. Voy a orar por esa señora para que sea sanada". Caminé hacia ella y comencé a orar. Luego dije: "Levántate en el nombre de Jesús". La señora me miró como si yo estuviera loco. ¿Caminar? ¡Imposible! Intentó ponerse de pie, pero era muy inestable, pero yo creí en Dios y le animé. "En el nombre de Jesús, ¡camina!". De repente, el poder de Dios recorrió sus huesos. Saltó hacia adelante, y después corrió, mientras ocho mil personas irrumpían en alabanza y admiración por Dios. El equipo de televisión captó todo el episodio con su cámara.

Esa señora había padecido fragilidad ósea y supuestamente no podría volver a caminar con normalidad nunca. Pero lo que para los hombres es imposible, es posible para Dios. Me encontré con ella dos años después, y seguía perfectamente sana. Lo que proviene de la fe dura para siempre.

EL DON DE FE EN LA IGLESIA LOCAL

Al ver los logros de hombres y mujeres como Moisés y Elías, o George Müller y Smith Wigglesworth, es posible que nos sintamos muy pequeños.

Sin embargo ellos no eran especiales por sí mismos. "Elías era hombre sujeto a pasiones semejantes a las nuestras" (en griego: *homoiopathes:* "mismos sentimientos") (Santiago 5:17). Ellos sencillamente se criaron en sus épocas para conseguir cosas que obviamente precisaban el osado don de fe que Dios les concedió. Su valentía en Dios desafió al mundo.

Ahora llegamos al corazón de la pregunta. ¿Qué es el don de fe? Para comenzar de una forma práctica lo haremos con una definición.

El don de fe es la manifestación del Espíritu Santo impartiendo esa fe especial necesaria para una obra especial que Dios pone ante nosotros. La obra puede ser grande o pequeña, pero la fe es un don para todos a los que les hace falta para hacer lo que tienen que hacer.

Encontramos constantemente los nombres ilustres de ciertas personas de fe que conmovieron naciones y sacudieron el mundo. ¿Pero por qué sólo ellos? ¿Son realmente unos cuantos privilegiados? La verdad es que cualquiera que haga la voluntad de Dios, ya sea a pequeña o gran escala, disfrutará de este mismo recurso. Si tenemos a nuestra disposición las lenguas y la profecía en la iglesia de nuestra ciudad o aldea, ¿por qué nos afligimos con un sentimiento de inferioridad que supone que otros dones son sólo para líderes eminentes? Si hay un don disponible, entonces todos están disponibles, según la voluntad de Dios.

DONDE ESTÁ LA IGLESIA

Todos los dones, incluyendo la manifestación de fe, son para la iglesia local. A la iglesia de Corinto, Pablo testificó: "nada os falta en ningún don" (1 Corintios 1:7). Es cierto, nadie en Corinto movió jamás montañas, o desarraigó árboles por la fe y los plantó en el mar, pero el don de fe era suyo según sus oportunidades y los problemas locales. Los dones espirituales no son el equipamiento exclusivo de los líderes mundiales o de los que son prominentes en lo que llamamos "la iglesia en general".

En este momento, tendremos que hacer un paréntesis y considerar dos hechos. Primero, la palabra *iglesia* simplemente significa una asamblea o congregación (en griego: *ekklesia*) y se usa mucho tanto en el Antiguo como en el Nuevo Testamento en griego. No significa una membresía oficial y organizada, porque un concepto así era algo desconocido en el Nuevo Testamento. Segundo, en el Nuevo Testamento no existe la idea de la iglesia católica o universal. El Cuerpo de Cristo es siempre local.

Al comienzo, a veces había muchas iglesias o congregaciones en las casas, en una ciudad. Si todas se reunían, eso también se llamaba la iglesia, por ej., una asamblea. Hablamos de la "iglesia anglicana", pero cada congregación local en una ciudad es la iglesia. La iglesia metodista es el nombre que reciben los metodistas en todo el mundo, el cual es un término apropiado, pero la verdadera *ekklesia* está en cualquier lugar donde se reúnan metodistas nacidos de nuevo.

No hay nada en las Escrituras que obligue a todos los cristianos en una ciudad a pertenecer a una sola iglesia. Habla de la iglesia en Éfeso, o Filipo, pero no existe ninguna base firme para enseñar que sólo podemos tener una iglesia en una ciudad, aldea o zona como Hackney o Brooklyn. Si queremos hacerlo así, es nuestra decisión, y Dios no interfiere en lo que nosotros organizamos. Él nos da la sabiduría necesaria para que acomodemos nuestra comunión cristiana según comodidades prácticas, ya sea independiente o denominacional. El patrón aún estaba en desarrollo cuando se concluyó el Nuevo Testamento.

Dios nos bendice en todo tipo de situaciones. Cuando nuestras cruzadas evangelísticas están respaldadas por todas las iglesias cristianas de una ciudad, esas congregaciones son la Iglesia. Un día, cuando todos los creyentes sean arrebatados para reunirse con Cristo para siempre, entonces esa reunión con Cristo será la Iglesia universal, todos uno en Cristo.

DONES PARA LA IGLESIA LOCAL

Este paréntesis acerca de la iglesia local era importante. Nos dice dónde se pueden manifestar los dones del Espíritu.

Cuando leemos acerca del quíntuple ministerio de hombres que Cristo da a la iglesia, se supone generalmente que son para la Iglesia mundial o para todo un grupo de iglesias. Pero no existía ninguna Iglesia universal o grupo de iglesias cuando Pablo estaba escribiendo. Cuando él habla de los dones para la Iglesia, es el ideal de Cristo para cada asamblea individual (Efesios 4:11), aunque lo ideal no siempre se alcanza.

Esa es la Palabra de Dios, independientemente de cuánto tengamos que ajustar nuestro pensamiento tradicional. La idea es edificar a las personas para que alcancen la máxima estatura localmente, bendecidos con toda bendición espiritual y todos los dones, como lo estaba la iglesia de los corintios. Aunque la iglesia es simplemente una asamblea, es también una asamblea de personas fieles y regulares. Todas las Epístolas pastorales suponen que hay un número de miembros reconocidos que se reúnen constantemente, formando una asamblea estable. Las personas que andan de iglesia en iglesia todo el tiempo diciendo ser miembros de la Iglesia mundial quedarían en entredicho en las iglesias de Pablo, ya que no se podría formar ninguna iglesia si todos los miembros fueran así de inconstantes. Cada asamblea es una entidad espiritual reconocida por Dios por propio derecho y está preparada para los dones independientemente de si está vinculada o no a otras iglesias.

SEGÚN LA TAREA

Según nuestro llamado y esfera de servicio Dios nos da fe. Tenemos fe para cada tarea, sea lo que sea que Dios quiera que emprendamos. No leemos que Smith Wigglesworth dividiera el mar como Moisés, o que Moisés sanara a los enfermos como Wigglesworth. No leemos que Müller hiciera caer fuego del cielo o retara al monarca en su trono como Elías, pero Elías no alimentó a dos mil huérfanos en fe. Cada uno de acuerdo a su lugar.

Si hay montañas que deben ser movidas, habrá fe para hacerlo, y no será hasta entonces. Hay líderes que dirigen ministerios que están literalmente afectando a naciones. Ellos están haciendo lo que están llamados a hacer, y ejercitan la fe para eso. No todos ven sanidades poderosas, ese no es su don, pero evangelizan en medio mundo. Su don de fe es evidente. Sin embargo, cuando trabajamos en un rincón remoto donde nadie nos ve, el mismo don seguirá operando.

FE Y OBEDIENCIA

El don de fe hace que todo sea posible. Incluso la fe común produce personas notables, aunque no todos los miembros de iglesia son ejemplos destacados de su poder impulsor. Algunos están aún en edad de crecimiento, donde declaran que harán cualquier cosa por Dios, pero sólo si no llueve. Pablo y Silas en Filipos, aquejados de una espalda dolorida por el horrible látigo, tuvieron una reunión de celebración en una oscura celda, y después dirigieron una reunión bautismal antes de recuperarse del terrible maltrato. Y eso no es todo, porque leemos que cuando se fueron: "Entonces, saliendo de la cárcel...los consolaron" (Hechos 16:40). Pablo y Silas, golpeados y heridos, alentaron a los hermanos que dejaron allí.

Ese es el tipo de posibilidades que el don de fe nos abre. Esto es bastante distinto a no ir al servicio de adoración del domingo para no empeorar del resfriado que agarré por la lluvia me cayó encima el sábado durante el partido de fútbol, o peor aún, para ponerme al día con el atraso de trabajo que tengo porque no trabajé lo suficiente durante la semana por ver ese programa de televisión tan interesante, o porque estaba cansado. "Porque yo honraré a los que me honran" (1 Samuel 2:30). Créalo, y cambiarán nuestros hábitos, ¡y nuestra salud!

Ahora podemos aprender algo de las dos palabras *fe* y *obediencia*. La palabra griega para "incredulidad" (*apistia*) y "ser desobediente" (*apeitheo*) pertenecen a la misma raíz.

Para obedecer a Dios se necesita fe, pero la fe es dada cuando usted obedece. Obediencia es fe, y fe significa hacer lo que Dios dice. No hay excusa para no hacerlo, porque podemos hacerlo, por fe. Dios nos ofrece el recurso del don de fe. Los prodigios son posibles. Gente común puede extender su potencial, y la Historia es testigo de eso. Jesús desafió a sus oyentes: "¿qué hacéis de más?" (Mateo 5:47). Si recibimos la fe del Espíritu, podemos hacer lo imposible.

Esa es la característica del cristianismo. La marca de la obra de Dios en nosotros es que Él nos envía a mundos que nadie más ha conquistado jamás. Estudie la historia de Pedro caminando sobre el agua. Adentrados unos cinco kilómetros en el mar de Galilea, los discípulos vieron a Jesús caminando hacia ellos por el agua. Gritaron con un terror supersticioso, pensando que Él era un fantasma. Jesús les dijo: "Soy yo". Ahora Pedro conocía a Jesús; conocía a la única Persona en todo el universo que podría decirle que hiciera lo imposible.

Esta fue la ácida prueba de su identidad. Pedro cuestionó la aparición, diciendo: "Señor, si eres tú, manda que yo vaya a ti sobre las aguas" (Mateo 14:28). Jesús sí le desafió, y Pedro caminó sobre las aguas hacia Cristo. Esa fue una manifestación del don de fe. Jesús es quien llama a los hombres y las mujeres a ser mayores de lo que piensan que son. Si usted está pensando en seguir a Jesús, debería saber que Él es así. Él no le llama para que sostenga un lirio o recoja botones de oro. Los que tienen dificultad para hablar predican; pescadores se convierten en pescadores de hombres; prostitutas se convierten en amantes de Dios; los cojos andan. Eso demuestra que es Jesús, el verdadero Dios, quien le envía a realizar aquello que usted normalmente nunca consideraría.

Por supuesto, hacer lo que Él manda también identifica al verdadero creyente y revela el don de fe. "Contigo desbarataré ejércitos" (Salmos 18:29). "Todo lo puedo en Cristo que me fortalece" (Filipenses 4:13). Nadie tiene fe para mover montañas hasta que sea necesario mover montañas. Pero hay fe para hacer cualquier cosa que Dios nos pida hacer: cuando lo hagamos. El tamaño de la fe no es el lenguaje apropiado. El tamaño necesario de la herramienta de fe se nos entregará conforme al tamaño de la tarea.

LA FÓRMULA FE

Hablar y hacer una "confesión" positiva en fe es obviamente una práctica excelente. El lenguaje positivo produce actitudes positivas. Sin embargo, no debemos convertir esto en una doctrina, porque no está en la Biblia. El secreto de conseguir que Dios haga cosas no reside meramente en decir lo correcto, dar con la fórmula o hablar en positivo. Es alarmante sugerir que Dios se verá forzado a actuar si hablamos con la técnica adecuada, que decirlo hace que Dios actúe. Si así ha parecido (y siempre hay testimonios para todo), entonces esas personas también tenían fe en su corazón, que fue la verdadera causa. La fe activa lo milagroso. Esa es la dinámica. El desafío de David a Goliat se ha usado como ejemplo para ilustrar cómo se produce la victoria mediante la confesión positiva. Lo que no se menciona es que Goliat también hizo una confesión positiva, ¡y perdió! Ninguna cantidad de grito positivo engañará a Dios si no estamos actuando en obediencia y confianza en Él y no creemos "en nuestro corazón", como dijo Jesús.

Hay muchos ejemplos bíblicos que no encajan con esa fórmula de que el "milagro está en su boca". David, de hecho, confesó cosas negativas: "Al fin seré muerto algún día por la mano de Saúl" (1 Samuel 27:1), y no le ocurrió, ¡como usted ya sabe!

Sin embargo, nuestro tema no es meramente hablar de la fórmula fe sino mostrar que es la fe lo que actúa, independientemente de la forma que tenga. Los que proclaman sus descubrimientos e innovaciones las respaldan con muchos testimonios. No es de extrañar, pero no es la técnica ni las enseñanzas lo que tiene éxito, sino la fe en Dios que lo sustenta. No podemos hacer que Dios actúe cuando presionamos el botón correcto y decimos la frase correcta, pero Dios sí honra la fe, aún cuando viene untada de peculiares ideas. Como seres articulados que somos, debemos articular nuestra fe, pero independientemente de cuáles sean las palabras que salgan de nuestra boca, o la confusión que tengamos en la cabeza, Dios ve sólo lo que hay en nuestro corazón.

Fe, poderosa fe, ve la promesa
y es lo único que mira;
se ríe de los imposibles,
y grita: "¡Será hecho!".[2]

CAPÍTULO 10

SANIDAD, PARTE 1

El don de sanidad es el que suscita un mayor interés, y por eso debemos prestarle una cuidadosa atención. Abarca muchas visiones divergentes, muchas de ellas no bíblicas. Algunos quieren desaprobarlo, y otros tienen perspectivas extremas diciendo que nunca deberíamos estar enfermos o incluso morir. El tema es un campo de minas, pero trazaremos un camino mediante la Palabra de Dios, primero acerca de la sanidad en general, y después acerca de los dones de sanidades.

POR QUÉ DIOS SANA

La sanidad, como explicaremos aquí, comenzó con Jesús. Siempre había habido supersticiones, por supuesto, oraciones a los dioses, aguas milagrosas como leemos en el capítulo 5 de Juan, y cosas semejantes, como ocurre en el mundo en la actualidad. Quienes recibieron la mordedura de las serpientes fueron sanados al creer y mirar a la serpiente de bronce que hizo Moisés, a la que Jesús mismo hizo alusión en Juan 3:14. Sin embargo, el ministerio de sanidad de Cristo fue totalmente nuevo y extraordinario y, por eso, el ministerio de Cristo sigue siendo así hoy día a través de sus iglesias que creen.

Lo que Jesús hizo nos da algunas verdades fundamentales.

Jesús sanó sin condiciones y sin presionar a nadie a que se convirtiera. Por supuesto, buscaba a los perdidos de su época, y lo sigue haciendo en nuestros tiempos, pero los sanaba independientemente de si creían que Él era el Hijo de Dios o no. Su compasión era sin vacilaciones y universal. Cuando un soldado extranjero dijo que su siervo estaba enfermo, Jesús inmediatamente dijo: "Yo iré y le sanaré" (Mateo 8:7). Su obra entre los enfermos fue una demostración de la verdad de la gracia divina.

Jesús actuó en el nombre de Dios Padre y demostró así la verdad de que la salud es la bendición normal de Dios, como el sol y la lluvia para el justo y el impío. Él sanó de su propia voluntad, por amor, no por efecto, porque los enfermos estaban enfermos.

Cristo no sólo amaba el alma de la gente, sino a la gente, y por eso se interesaba por sus necesidades físicas. Dios amó al mundo (en griego: *cosmos*, el globo habitado), a todas sus criaturas, de tal modo que ni un pajarillo cae de un tejado sin que el Padre lo sepa, como dijo Jesús. Al sanar a los afligidos, Jesús demostró que estaba haciendo la obra del Padre y demostrando la actitud verdadera de Dios hacia todo lo que respira.

El ministerio de Jesús fue algo más que curaciones físicas. Él dijo, de todas las maneras posibles, que el hombre completo necesitaba ayuda: física, psicológica y espiritual. Quiso hacer algo más que solamente sanar, diciendo que no era útil para un hombre estar bien físicamente si después se iba al infierno. Se entristecía cuando la gente se alejaba después de haber sido fácilmente contentada. "Trabajad, no por la comida que perece, sino por la comida que a vida eterna permanece", les dijo. (Véase Juan 6:26-27). Quería que ellos leyeran sus maravillas como señales, declarando la tremenda verdad de un gran corazón de amor que latía por ellos: que ellos necesitaban a Dios. A menudo las personas aceptaban el reparto de una cura pero se alejaban, y se quedaban fuera de los beneficios completos del Reino de Dios.

Jesús fue más que un mero reformador social. Su método era intensamente personal y se interesaba por la personalidad entera. El punto de la sanidad de la mujer con el flujo de sangre no es tanto la sanidad en sí misma, sino su interés personal por ella. Rodeado por una multitud de sus coetáneos, Él calmó los temores de esa mujer y le aseguró su salvación. Ella había tomado la sanidad de su manto, pero Él no pudo dejarla ir así. Quería que fuera algo personal, para que todos supieran que fue un regalo de amor de Él hacia ella.

Cristo buscaba crear una relación de alabanza, agradecimiento y adoración entre los enfermos y su Padre. Cuando sanó al ciego (Juan 9), Jesús fue a encontrarle después y le preguntó: "¿Crees tú en el Hijo de Dios?". El relato termina con esto: "Y él dijo: Creo, Señor; y le adoró" (v. 38). Jesús mandó a sus discípulos que sanaran a los enfermos, y después, aún más, que proclamaran las buenas nuevas, el evangelio, que "se ha acercado a vosotros el reino de Dios" (Lucas 10:9). Sanó al leproso (Marcos 1:41-45) y le envió a ofrecer un sacrificio de agradecimiento como testimonio. También sanó a diez leprosos, pero solamente uno, un samaritano, regresó para darle las gracias (Lucas 17:12-19). Jesús dijo: "Y los nueve, ¿dónde están? ¿No hubo quien volviese y diese gloria a Dios sino este extranjero?" (vv. 17-18). Él quería que los que fueron sanados tuvieran más, que establecieran una relación de adoración con Dios.

Incluso al principio Moisés le dijo al faraón: "Jehová el Dios de Israel dice así: Deja ir a mi pueblo a celebrarme fiesta en el desierto" (Éxodo 5:1). Faraón no lo cuestionó. Israel fue liberado para alabar a Dios en la tierra, y su canto de alabanza está escrita una y otra vez en las Escrituras.

Jesús a menudo liberó a las personas antes de que ellas se volvieran a Dios, incluso aunque no lo hicieran nueve de cada diez veces, un porcentaje justo quizá en nuestras reuniones evangelísticas. La sanidad puede ser un fin en sí misma, si eso es todo lo que queremos. Pero desde el ángulo de Dios, es abrir nuestro corazón a más amor.

Este es un importante resumen que hay que aprender bien. Conocer y amar a Dios es más importante que la sanidad. Muchos regresan sin sanarse a pesar de la oración y la fe, pero la sanidad no lo es todo. La enfermedad no es el mal final, ni tampoco son las curaciones el bien supremo.

Es absurdo perder la fe cuando no se produce la sanidad. Dios hace muchas más cosas que sanar, y Él no falla. Hay beneficios infinitamente mayores para los que Cristo trabajó y murió. La sanidad, de hecho, sólo adquiere significado, importancia y valor cuando abre un alma al amor de Dios. Entonces se convierte en una señal que la persona ha leído.

SANADORES QUE SUFREN

Hay un extraño trasfondo en la sanidad. "Y por su llaga fuimos nosotros curados", este versículo de Isaías 53:5 que conocemos tan bien, pero que tiene una dimensión descuidada. Los que acuden a Cristo para sanar sabrán algo acerca de su llaga. Él envía a los que están listos para sufrir. Jesús envió a sus discípulos a sanar a los enfermos, y al mismo tiempo les advirtió que su llamado era también a sufrir y ser perseguidos. La sanidad y llevar la cruz van de la mano. Quizá incluso sufran enfermedades, como aparentemente le ocurrió a Pablo, como le dijo a los corintios. Al menos cualquier experiencia de primera mano genera identificación con los afligidos. La sanidad y el sufrimiento están destinados a ir de la mano. Cualquiera que es sanado es alguien que sufre.

¿Quiere usted un ministerio de sanidad? Entonces, junto a la gloria, prepárese para las lágrimas, quebranto de corazón, decepción, frustración y persecución. El precio por el bienestar de los demás fue el quebranto de Cristo. Los que mejor comparten su gracia compartirán algo del corazón de Cristo. También está la actitud totalmente irracional del mundo. Los que oran por los enfermos serán atacados. El mundo hará que sufran los que llevan alivio divino para el sufrimiento. Hay hombres que escriben libros muy inteligentes en contra de la sanidad divina y que nunca mueven un dedo para aliviar el sufrimiento de nadie.

EL PROBLEMA DE LOS QUE NO SON SANADOS

Si quiere el don de sanidad, no cabe duda de que se encontrará con la pregunta del sufrimiento. ¿Qué dice cuando la oración por el enfermo parece no tener respuesta? De hecho, esta pregunta está atada a lo que hemos estado diciendo: que Jesús sana porque sufrió. Tengo que explicar esto. Recuerde que lo que Jesús era, lo es: es el mismo ayer, hoy y por los siglos. Lo que Jesús era en la cruz, lo es en el trono: el Cordero inmolado desde la fundación del mundo. Él nunca cambia y es el Dios eterno. Dios sana porque sufre.

Si Dios sufre, ¡qué mundo de verdad abre esto! Es como si Él tomara la responsabilidad por todo el mal en el mundo. Él lo acepta en su propia experiencia infinita. Él lleva nuestros lamentos. Él cuida de nosotros. Él absorbió la tragedia de la Caída en su propio ser. Él llevó las chirriantes discordias del pecado y la miseria y las escribió en el pentagrama de la sinfonía eterna de amor, el sonido eterno del cielo, el tono menor de la música eterna de su ser. Pero esa misma verdad nos da la esperanza más poderosa de su sanidad. Donde Él puede, alivia a los oprimidos y libra a los afligidos.

Sin embargo, ningún cristiano debería sentarse y aceptar la enfermedad de un modo fatalista, ni la suya ni la de ninguna otra persona, como si fuera la incomprensible voluntad de Dios, porque nuestro Dios no es incomprensible. Tenemos lucha contra la enfermedad, ya que es una marca del mal, y aunque no podemos hacer de ello una venta al por mayor y curar a todo el mundo, eso no es razón para que la gente no debiera ser sanada.

LAS SANIDADES PERTENECEN AL REINO

Después está un asunto en el que debemos hacer una cuidadosa distinción. Los milagros sí autentifican el evangelio, pero esa no es la razón de los milagros. De hecho, es un grave error suponer que Dios sana a los enfermos sólo para demostrar o establecer algo. Si ese fuera el objetivo, entonces la ausencia de sanidad tendría el efecto contrario y desacreditaría el cristianismo. Pero en realidad, que los enfermos sigan enfermos no desacredita nada.

Una forma de este error se deriva de la escuela de pensamiento que dice que las sanidades fueron sólo algo temporal para los comienzos de la Iglesia a fin de establecerla. Realmente es una sugerencia impactante y escandalosa. ¿Es Dios así? ¿Sana sólo a los enfermos no pensando en ellos sino en sus intereses privados? ¿Realmente Dios usó a los afligidos como una buena oportunidad para hacer unos cuantos milagros hasta que el cristianismo se consolidara, como si fueran encendedores, y luego dejó de mostrar interés práctico en ellos para siempre? ¿Eso es amor? ¿O crueldad?

Hemos dicho ya que la alusión de Pablo a los dones carismata en 1 Corintios 12 es parte de su doctrina de la Iglesia; es decir, los dones son un elemento básico de la Iglesia. En ningún lugar vemos la más ligera sugerencia de que lo que se edificó en la Iglesia ahora haya sido retirado.

No cabe duda de que fue parte de la verdad original. La Iglesia primitiva predicaba un Cristo que sanaba, y así es como le proclamaron los evangelistas en Mateo, Marcos, Lucas y Juan. ¿Qué derecho tiene nadie a predicar a un Cristo que no sana, si predican el Cristo de los cuatro Evangelios?

Si Dios no tenía intención de que esta misericordia se extendiera hasta nuestros días, verdaderamente no es algo que veamos leyendo la Escritura. Al menos no hay ninguna declaración que lo deje claro. Por el contrario, cada frase supone que Cristo nunca cambia y continúa la obra que comenzó.

Jesús envió a los discípulos a proclamar el Reino de Dios. Los milagros de sanidad eran las evidencias del poder de ese Reino. ¿Dónde está el Reino sin esa evidencia? Durante siglos a la Iglesia le han faltado esas señales de poder genuinas. En cambio, transfirió la idea del Reino a la autoridad temporal de la Iglesia, convirtiendo el Reino en un imperio que limitaba reyes y reinos mediante el papa de Roma. Eso siguió al libro de San Agustín *La ciudad de Dios*.

Si negamos los milagros, como muchos han hecho y hacen, ya sean liberales o incluso evangélicos, cambiamos el carácter del evangelio que predicamos. Un evangelio sin milagros se reduce a una mera religión espiritual, ineficaz en la tierra. Si hacemos eso, entonces de algún modo nos quedamos con la necesidad de hacer relevante tal enseñanza celestial, porque de lo contrario dejaría de serlo para la gente que anda con zapatos por la tierra. El verdadero evangelio no necesita a nadie para demostrar que es relevante: simplemente lo es. El panadero hasta ahora no ha tenido que argumentar nunca que su tienda es "relevante". El evangelio es el pan de vida, que aporta vida y sanidad a la mente, el cuerpo y el alma; predíquelo, y todo el mundo verá que es relevante.

El Reino de Dios ha sido introducido en la tierra, y la sanidad lo demuestra; si no continúa así, ¿cómo sabemos que es el mismo evangelio? El evangelio da testimonio de sí mismo por las señales que siguen. Sin la sanidad está despojado de un elemento poderoso de su propia autenticidad. La sanidad no se puede despegar; no es un mero artilugio o un accesorio. Es algo integral del evangelio.

¿Realmente predicamos a Cristo? ¿Sí? Entonces Mateo demuestra que adondequiera que iba Jesús, cuando se movía de un lugar a otro, siempre sanaba. Era un hábito común de Cristo. Pedro también dijo que la sanidad es lo que Jesús hacía. ¡Ese es Jesús!

EL DON

Ahora llegamos a "los dones de sanidades". El don de sanidad no se menciona en la Biblia. Es un término útil pero desgraciadamente se lo han apropiado los sanadores espiritistas, médiums, la Nueva Era y otros grupos. No obstante, los cristianos lo usaban mucho antes de que comenzara la "epidemia de sanidad" moderna (como alguien la llamó).

Pablo siempre usa la expresión plural "dones de sanidades". Aparece tres veces en 1 Corintios 12:9, 28, 30. Estos dones en plural son de una persona a otra; es decir, muchas sanidades mediante un individuo, que actúa como administrador, para que las sanidades lleguen a los necesitados y afligidos. Si ponemos este don en su contexto, deberíamos leer: "A otro le es dada la manifestación de los dones de sanidades", o en términos más comunes, "el don de los dones de sanidades". Este no es un mandato para sanar a todos sin excepción, sino a aquellos a los que el Espíritu Santo indica.

PALABRAS DE SANIDAD

Veamos con atención las palabras para "sanidad" que encontramos originalmente en el Nuevo Testamento. Aquí en 1 Corintios 12:9 es "cura física" (en griego: *iama*, de *iaomai*). No se usa para ninguna otra cosa, excepto de forma metafórica un par de veces. Es la palabra común para recuperaciones médicas. Lucas, "el doctor amado", usa la palabra raíz *iaomai* mucho: diecisiete veces.

Otras dos palabras griegas, *sozo* y *diasozo*, que aparecen noventa y siete veces, se traducen como "sanar" catorce veces. Su mejor equivalente es "restablecerse, ponerse bien", ya sea espiritualmente o físicamente, como en Marcos 6:56: "y todos los que le tocaban quedaban sanos". Los griegos usaban *sozo* cuando escribían a sus amigos preguntándoles por su salud.

Es un hecho fundamental que, como seres humanos, no somos sólo carne sino también espíritu. Las dos cosas están unidas, y saber qué cosas pertenecen al cuerpo y cuáles al espíritu a menudo es imposible. La enseñanza de la Biblia sobre este vínculo no es un tema secundario, sino que está en el centro de la revelación bíblica, incluyendo todo el asunto de la salvación. Cualquier teología que intente dividir los beneficios de la salvación entre cuerpo y alma está condenada a ser artificial.

Así es como los primeros padres cristianos lo veían. Ireneo, discípulo de Policarpo, que conoció al apóstol Juan, declaró en *Against the Heresies* [Contra las herejías] que el cuerpo se puede salvar. Justino Mártir, que murió en el año 165 d. C., también declaró que Dios salva al hombre, no a parte del hombre, no sólo su alma sino también el cuerpo.

Se usa otro término en Marcos 16:18: "Sobre los enfermos pondrán sus manos, y sanarán". La frase "sanarán" aquí es literalmente "ponerse bien" (en griego: *kalos echo*), un proceso de recuperación.

En Lucas 17:11-19 se usan cuatro palabras distintas para la sanidad de los diez leprosos: misericordia, limpieza, cura y sanidad (en griego: *eleeo*: tener misericordia; *katharizo*: fue limpiado; *iaomai*: fue curado; *sozo*: ha sanado). Estas son también palabras de salvación, pero sin duda se usan aquí para la liberación física.

El término más frecuente para sanidad en el Nuevo Testamento es "terapia" (en griego: *therapeia, therapeuo*), que aparece cuarenta y cinco veces. Tiene que ver con el proceso o forma de cura.

Se ha dicho que no hay curas graduales en el Nuevo Testamento. De hecho, ninguna de las palabras griegas citadas arriba sugieren una recuperación instantánea. Por ejemplo, se indica un proceso gradual en el caso de los diez leprosos. Fueron sanados "mientras iban". Iban de Galilea a Jerusalén, lo cual les llevaría dos o tres días. Lo que sabemos de las curas del Antiguo Testamento es que eran recuperaciones graduales. Sabemos que algunas curas fueron inmediatas, pero sólo porque se nos dice explícitamente. En el Evangelio de Marcos, el término "inmediatamente" es una expresión favorita para otras acciones además de la sanidad. Pedro era un tipo de hombre "inmediato" y se cree que es la fuente del Evangelio de Marcos. La sanidad inmediata le impresionaba. Las recuperaciones inmediatas se recuerdan mucho más. Ese es el caso también en la actualidad.

El Antiguo Testamento no tiene una palabra hebrea equivalente para la palabra *salud*. No estar enfermo era la condición natural. La enfermedad se veía como si Dios retirase la vida natural. Esto proviene de Génesis 2:17: "mas del árbol de la ciencia del bien y del mal no comerás; porque el día que de él comieres, ciertamente morirás".

El pecado produjo una pérdida de vitalidad y el comienzo de la muerte. Toda recuperación se tomaba como perdón. El favor restaurado de Dios restauraba la energía de vida de Dios, lo cual sostenía normalmente a todos, salvando a la gente de la muerte. Las enfermedades y plagas representaban la maldición de Dios. Agotaban las fuerzas de la vida humana, guiando al silencio y la inactividad en la tumba, donde se termina la alabanza a Dios.

Esta era la enseñanza general antes de Cristo. Esto se ve bien en el Salmo 103:1-5. "Bendice, alma mía, a Jehová... quien perdona todas tus iniquidades, el que sana todas tus dolencias; El que rescata del hoyo tu vida" (vv. 2-4). Sigue contrastando "el hoyo" con un regreso al vigor de la juventud: "De modo que te rejuvenezcas como el águila" (v. 5). La sanidad y el perdón invariablemente aparecen juntos en el Antiguo Testamento. El Salmo 32:1-5 es típico.

El rey Asa, en 2 Crónicas 16:12, acudió a los doctores en vez de buscar a Dios. Esto se ha malinterpretado garrafalmente. No es una condenación a los doctores. Se ha tomado como la base para decir que los creyentes no deberían ir al médico. La Escritura no habla en contra de los médicos. La verdadera explicación es que el rey Asa había pecado y creía que por eso estaba enfermo. Sin embargo, en vez de arrepentirse y buscar primero el perdón para ser sanado, como sabía muy bien que debía hacer, pidió a los doctores que le curasen, para burlarse de Dios, como ocurrió, y para ponerse bien sin necesidad de arrepentirse o de pedir perdón.

MÁS LUZ

En el Nuevo Testamento el Señor nos da aún más luz. Él cambia o matiza la idea de que si una persona sufre, debe de ser personalmente culpable y merece el juicio (aunque todos lo somos). Fue esa idea la que causó mucha perplejidad a Job y sus amigos y a los escritores de muchos salmos, como el Salmo 37 y el Salmo 73. Él sigue manteniendo ante nosotros el hecho de que el pecado y el sufrimiento están unidos y que el infierno espera a los pecadores, pero también reconoce que el inocente sufre.

Jesús muestra una peculiar preocupación por las víctimas de las maldades de otras personas: la lucha de padres y madres, la angustia de los hijos, los desconsolados, los aterrados, los endemoniados, los marginados: todos aquellos que no han hecho nada para merecer tal miseria. Los enfermos acudieron a Jesús como un río interminable. Tocaron su corazón, y Él derramó lágrimas por ellos, y finalmente su sangre. Él defendió la causa de todos los sufridores. Ofender a uno de sus pequeñitos (todos somos sus pequeñitos, por cierto) dijo Él, causaría sobre la cabeza del ofensor tal tormento que hundirse en el mar con una piedra de molino atada a su cuello le sería más agradable.

Para entender la enfermedad, tenemos que aprender que hay una alteración universal del orden de Dios a la que todos contribuimos. El pecado personal nos hace más vulnerables a las condiciones imperantes del mal, de tal forma que una enfermedad bien podría estar unida a nuestro propio fallo. En tiempos de Cristo las tristes masas de personas creían que las aflicciones les marcaban como impíos. Eso aumentaba su angustia. Jesús les demostró que Él perdonaba y se interesaba por ellos. La culpa podía así retirarse de sus conciencias para darles la paz del cielo en su alma.

Cuando Él dijo: "Yo he venido para que tengan vida", ellos lo entendieron, bastante mejor que muchas personas en la actualidad, entendiéndolo como vida para el cuerpo y el alma. Él le dijo a un paralítico que le perdonaba, y dijo a sus discípulos: "Mi paz [shalom] os dejo", es decir, bienestar y prosperidad. La congregación en la sinagoga de Nazaret (Lucas 4) entendió claramente que se refería a la sanidad cuando Jesús habló citando Isaías 61:1-2, especialmente cuando usó la ilustración concreta de la sanidad de Naamán el leproso.

A veces entender mal la teología produce una mala traducción de la Biblia. Una que debiéramos corregir es Juan 9. Al ver a un hombre ciego, los discípulos comenzaron a filosofar, preguntándose quién habría pecado, si sus padres o él mismo, antes de nacer (¡como si pudiera!). Jesús dijo: "¡Ninguno!". Una mala puntuación del versículo 3 ha disfrazado lo que Jesús hizo. "No es que pecó éste, ni sus padres, sino para que las obras de Dios se manifiesten en él". Esto seguro que provoca que la gente difame a Dios. Jesús usó el imperativo: "¡Que se manifiesten las obras de Dios!". El griego no usa un término informal. No sugiere que el hombre nació ciego para ser sanado. Debería traducirse correctamente así: "Este hombre no ha pecado, ni tampoco sus padres, pero que las obras de Dios se manifiesten en él. Debo hacer las obras del que me envió mientras estoy en el mundo". En otras palabras, la obra de Dios no era cegar a la gente, sino darles la vista. Dios hizo los ojos del barro en la Creación, y Jesús repitió el proceso para este hombre ciego. "Me es necesario hacer las obras del que me envió, entre tanto que el día dura", dijo Cristo (v. 4). Jesús estaba haciendo lo que el Padre hizo, y luego añadió: "Entre tanto que estoy en el mundo, luz soy del mundo…Para juicio he venido yo a este mundo; para que los que no ven, vean" (vv. 5, 39). El capítulo 9 de Juan se escribió para demostrar que Dios no causa sufrimiento a las personas ni las cura sólo para demostrar algo.

CAPÍTULO 11

SANIDAD, PARTE 2

Ahora estamos listos para abordar la frase "dones de sanidades"; es decir, múltiples dones para multitud de enfermedades. Se han dicho muchas cosas intentando adivinarlo, particularmente se ha dicho que significa que una persona puede sanar algo y otra persona puede sanar algo distinto: uno a los ciegos, otro a los sordos, etc.

Algunos han interpretado el don por su experiencia, lo cual siempre es un procedimiento inseguro. Han descubierto que se ha curado una aflicción en particular, o que se han curado con más frecuencia que otras aflicciones, y lo han interpretado como que han "descubierto su don", como ellos dicen. Alguien habló de su don como "especialista en artritis". Alargamiento de piernas, además quizá afirmar tener un "discernimiento" para detectar aquellos que sufren acortamiento de algún miembro, es otra especialidad de sanidad que algunos afirman tener. Dios sí ajusta miembros, por supuesto, pero este "don" es, casualmente, discutible. Medir una pierna es muy difícil, incluso para los profesionales médicos. Un movimiento imperceptible de la cadera, incluso hecho de forma involuntaria, puede dar la impresión de que ha crecido un miembro. Este tipo de sanidad se puede ver más como una técnica que como un milagro. ¡Los espectadores a veces se preguntan de qué pierna se está tirando!

En las Escrituras nadie se especializó en ninguna aflicción. Como la salvación, la sanidad es "para cualquiera que". Un don para una sola aflicción, digamos por ejemplo la sordera, pero no los problemas de corazón, sería una discriminación. Un evangelista nunca ofrecería el perdón de Dios para los ladrones pero no para los adúlteros. Nuestra fe debe descansar en Dios, no en la sanidad; tampoco deberíamos limitarla a lo que hemos visto que Dios sana. Si sólo vemos una enfermedad curada y sólo creemos que la sanidad es para eso, es lo único que veremos. Es el momento de regresar a la Palabra.

Jesús sanaba "toda enfermedad y toda dolencia en el pueblo" (Mateo 4:23), y Pedro hacía lo mismo. Las personas le llevaban "enfermos y atormentados de espíritus inmundos; y todos eran sanados" (Hechos 5:16). Mediante las manos de los apóstoles "se hacían muchas señales y prodigios en el pueblo" (v. 12). Leemos cómo, cuando Pablo estaba en la isla de Malta, "también los otros que en la isla tenían enfermedades, venían, y eran sanados" (Hechos 28:9). Un don de sanidad solamente para una aflicción concreta no tiene ningún precedente bíblico.

¿CREANDO FALSAS ESPERANZAS?

Si ora usted por los enfermos, le acusará de ser cruel, de crear esperanzas y enviar a muchos de vuelta a su casa con su enfermedad. Después de Fire Conference [Conferencia de Fuego] en Frankfurt, algunos clérigos alemanes escribieron en la prensa haciendo este tipo de alegatos. El hecho de que muchas personas fueron sanadas aparentemente no debería haber sucedido, ¡para no haber corrido el riesgo de que otros no se sanaran! Es difícil entender este tipo de mentalidad, el cual postula que es mejor no sanar a nadie que sanar sólo a unos cientos. Conozco a muchos clérigos alemanes que caminan sobre este terreno altamente moral, demostrando compasión por los enfermos ¡no orando por ninguno de ellos! Estoy seguro de que están defraudando a una persona: el Señor Jesucristo mismo.

Llevaron a una señora a la plataforma en Frankfurt a la que habían dado unos días de vida. Se estaba muriendo de cáncer. Delante de ocho mil personas Dios me dio el milagro clave que había prometido y le levantó. Si su cura costó que otros perdieran su esperanza (lo cual no es cierto), debemos dejar ese asunto en manos de Dios.

Si alguien cree que no debiéramos crear falsas esperanzas en las personas por si no son sanadas, mejor que aconsejen a los afligidos que nunca abran sus Biblias. La Palabra de Dios es, sin lugar a dudas, el máximo ofensor a la hora de crear falsas esperanzas. De hecho yo mismo, así como muchos otros de mis colegas, nunca hemos impuesto manos sobre nadie sin la garantía de la Biblia, y principalmente hemos sido inspirados directamente por la Palabra de Dios para hacerlo.

Por supuesto, algunos niegan que la Biblia enseñe sanidad, así como algunos niegan que diga que Jesús es el Hijo de Dios. No hay doctrina cristiana en las Escrituras que no niegue algún grupo. Sin embargo, me doy cuenta de que es necesaria una buena cantidad de exposición sofisticada y complicada de la Palabra para no predicar la sanidad divina. Es una verdad directa. La regla de oro de la interpretación bíblica es que normalmente la explicación más simple es la más probable, aún en pasajes difíciles. Superficialmente, la sanidad es una verdad de la Biblia. Los pasajes sobre la sanidad no son difíciles, salvo cuando se convierten en controversia: la estrategia común de aquellos que no creen lo que la Biblia realmente dice.

Podemos ver un ejemplo de esto en la sanidad de la Sra. Jean Neil de Rugby, Inglaterra. Provocó una airada reacción en una o dos personas cuyas teorías favoritas fueron desafiadas. Esta mujer había padecido problemas físicos durante veinticinco años, mejorando a veces pero volviendo a recaer después, como cuando tuvo un accidente de tráfico y se dañó su espina dorsal. Un día tuvo un sueño que experimentó de forma tan real que se acordaba de cada detalle. Se vio a sí misma en un gran edificio y un hombre que acudía primero a otra mujer en silla de ruedas y luego se dirigía hacia ella.

Durante casi dos años había vivido más o menos en una silla de ruedas. Andaba cojeando unos cuantos pasos, tambaleándose hacia un lado y hacia otro, ya que tenía una pierna dislocada de la cadera. Llevaba siempre un corsé ortopédico especial para acomodar la distorsión. Los medicamentos habían afectado la coordinación del color en sus ojos; había tenido ataques al corazón, lo cual le provocó una angina de pecho; y su espina dorsal ya se la habían soldado en el quirófano y le habían quitado el coxis. Sufría de unos dolores muy fuertes y a veces gritaba cuando se movía. Le habían tratado ya varios especialistas en hospitales. En ese entonces tenía que decidir si someterse o no a otra crítica y cara operación en su espina. El cirujano dijo que podía quedar peor o darle no más de un grado de alivio. Jean también tenía bronquitis, asma y una hernia de hiato.

Un día, poco después de su sueño, les llevaron a ella y a su marido a una reunión en Birmingham (Inglaterra), en el National Exhibition Centre. Miró a su alrededor y reconoció en lugar de su sueño. Había unas once mil personas presentes, y escuchó mi mensaje de salvación. Después procedí a ministrar a los enfermos e impuse mis manos primero sobre un paciente en silla de ruedas. Después Dios me habló y me dirigió a través de ese vasto lugar para ministrar a una mujer en el pasillo lateral: la señora Neil. Oré, le dije que se pusiera en pie (lo cual hizo de manera incierta) y luego de repente, como ella describió después, una gran fuerza recorrió todo su cuerpo. En dos minutos había dejado su reclusión a la silla de ruedas para siempre y se puso a correr literalmente por aquel lugar, saltando como si nunca hubiera tenido nada. Cada enfermedad de su cuerpo se desvaneció al instante.

La Sra. Neil ha recorrido desde entonces miles de kilómetros dando testimonio de la bondad de Dios. Comenzó a correr y a nadar, y hoy es una mujer saludable que no siente ni un solo dolor. La grandeza de este milagro se ve en que aunque parte de su espina había sido fusionada quirúrgicamente, y la operación aún se puede ver en las radiografías, el especialista que le atendía no ha podido encontrar discapacidad en sus movimientos. Ha sido restablecida toda su función.

Una de las objeciones que surgió por esta cura fue que habíamos publicado su historia. Se dijo que si Dios hacia el milagro, nosotros no debíamos proclamarlo para no dar falsas esperanzas a los que sufren aflicciones similares. Bien, la Biblia misma nos anima a que demos testimonio: "Díganlo los redimidos de Jehová" (Salmos 107:2). La Escritura está compuesta principalmente de testimonios de la grandeza de las obras de Dios, y la intención es también clara: alentarnos a creer que el Dios de ayer hará las mismas cosas hoy. Tenemos la base más firme en incontables pasajes de que "la fidelidad de Jehová es para siempre" (Salmos 117:2).

CRÍTICA DE CRISTO

No ministrar sanidad es desobedecer a Cristo. Objetar que no todos se sanan es criticar a Jesús, quien no ordenó sanar. Él mismo liberó a algunos pero pasó de largo ante otros, y hace lo mismo hoy mediante su Iglesia. Los críticos pasan algo por alto. La sanidad es sólo una parte o aspecto de la responsabilidad de llevar nuestras peticiones a Dios. No todas las oraciones son respondidas. No hay diferencia entre pedir una cosa y pedir otra. Si la gente no ora por los enfermos por miedo a que no sanen, ¿van a ser coherentes y no van a orar por alguien en cualquier otra situación por miedo a que no ocurra nada? ¿Deberíamos entonces no pedirle nada a Dios para no crear falsas esperanzas en otros? Si usted no cree en nada, entonces nunca se decepcionará.

En las condiciones occidentales los milagros son milagros gracias a los vientos prevalecientes de la fulminante incredulidad. Naciones enteras son como Nazaret, donde Jesús no pudo hacer grandes milagros.

Cuando los enfermos son sanados en mis reuniones, oigo a gente decir: "Jesús es maravilloso". Cuando los enfermos no son sanados en mis reuniones, oigo que otros dicen: "Bonnke no es bueno", y estoy de acuerdo con ellos. Si algo no funciona, puede ser por causa mía o de ellos, pero Jesús nunca falla.

EL DON Y LOS DONES

Ahora debemos regresar a la frase "dones de sanidades". Haremos primero una pregunta, y eso nos llevará a toda la explicación del don. ¿Significa que hay tan sólo ciertas sanidades preparadas para pacientes? No. Primero, recordemos que Dios no muestra parcialidad (Hechos 10: 34). Santiago, criado junto a Jesús como parte de la familia, quedó particularmente impresionado por la preocupación indiscriminada de Cristo, y dijo: "que vuestra fe...sea sin acepción de personas...pero si hacéis acepción de personas, cometéis pecado, y quedáis convictos por la ley como transgresores" (Santiago 2:1, 9). Esto era parte de la "ley real" del Reino (vv. 5, 8): amar a nuestro prójimo como a nosotros mismos. Se llamó la "ley real" porque el Rey mismo actúa bajo ese principio.

¿Quién recibirá entonces su sanidad? Santiago nos ayuda. "¿No ha elegido Dios a los pobres de este mundo, para que sean ricos en fe y herederos del reino?" (v. 5). Cristo destacó el hecho a Juan el Bautista: "a los pobres es anunciado el evangelio" (Mateo 11:5). En Hechos 3:1-8 Pedro impartió un don de sanidad, diciéndole al cojo: "No tengo plata ni oro, pero lo que tengo te doy; en el nombre de Jesucristo de Nazaret, levántate y anda" (v. 6).

LOS PRIVADOS DEL DERECHO A VOTO

Jesús tenía un profundo sentimiento hacia los pobres, pero ellos no eran los únicos necesitados. Ciertamente Zaqueo y otros recaudadores de impuestos eran ricos. Cuando Jesús predicó en la sinagoga de Nazaret, pintó un cuadro de liberación física para las personas necesitadas por ser extranjeras. Se refería a las viudas no judías fuera del territorio de Israel a quien Dios había enviado al profeta Elías. Jesús entonces fue a la misma zona gentil, Sidón, a otra mujer no judía y llevó sanidad a su casa. Sidón tenía su propio dios de sanidad local, Eshmon y su templo, pero no había podido hacer nada por esta mujer cuya hija tenía un espíritu inmundo (Marcos 7:24-30). Ella oyó que Jesús estaba allí, y decidió verle. Los discípulos intentaron deshacerse de ella, e incluso Jesús la probó, pero ella insistió hasta que finalmente Él respondió.

El comentario de Cristo es famoso: "Deja primero que se sacien los hijos, porque no está bien tomar el pan de los hijos y echarlo a los perrillos" (v. 27). Describe a personas que tienen derechos y otras que no. Los hijos eran Israel, y tenían "derechos". A ellos les pertenecían las promesas y el pacto de Dios. Los "perros" eran los que estaban fuera de la mancomunidad de Israel.

Para los hijos de la casa el pan es un derecho, su derecho de nacimiento. Para los que estaban fuera de la casa es un regalo, algo que se les "tira" como un favor. Jesús dijo que la sanidad era el pan de los hijos de Israel. La mujer se dio cuenta rápidamente de que lo que no era suyo por derecho podía serlo como un regalo, e ingeniosamente lo resumió así: "pero aun los perrillos, debajo de la mesa, comen de las migajas de los hijos". Para su trasfondo y semipaganismo demostró haber entendido algo de la bondad universal de Dios, lo cual es comparativamente raro incluso dos mil años después.

Los primeros evangelistas martilleaban a sus oyentes, diciendo que si querían ser sanados, primero debían ser salvos del pecado. Tenían y no tenían razón al mismo tiempo. Si las personas querían estar bajo la promesa de sanidad, debían ser salvas; pero podían ser sanadas mediante los dones de sanidades si no eran hijos de Dios nacidos de nuevo, si Dios quería, y si ellos podían tomar la sanidad con la mano de la fe. Dependía de la misericordia de Dios.

A veces ha dado la impresión de que quienes no son salvos son sanados y los creyentes no. Esto podría ser cierto, y Jesús habló sobre ello. Dijo que la gente vendría del este y del oeste y se sentarían con el padre Abraham, mientras que los hijos del Reino serían echados fuera. Los creyentes pueden mostrar falta de fe. Los pastores explican la ausencia de sanidades en su ministerio en términos que no edifican expectativas.

Un sermón sobre "Seis razones por las que los enfermos no son sanados", no provocará una fila de enfermos expectantes al frente del altar. La enseñanza negativa, el pecado o el rango de desobediencia a la voluntad de Dios demandan primero arrepentimiento. Mientras tanto, los no cristianos con un punto de vista sencillo se benefician de los dones de sanidades. Una cosa es posible, y es que Dios en su bondad hace milagros para estimular la fe: eso es enseñanza bíblica. Así, Él puede que use los dones de sanidades para ayudar a los creyentes que de algún modo quizá se han quedado estancados en una situación de falta de fe.

LA PALABRA Y LA SANIDAD

Ahora mire la relación entre la Palabra y la sanidad. Aunque Jesús habló sobre la sanidad como pan, también habló de la Palabra de Dios como pan. ¡La sanidad es la Palabra de Dios en acción! Él nos enseñó a orar: "El pan nuestro de cada día dánosle hoy". También dijo: "Trabajad, no por la comida que perece, sino por la comida que a vida eterna permanece" (Juan 6:27): esa es la Palabra de Dios. Necesitamos ese pan diario. Es la Palabra de vida que da vida, salud y sanidad. "Porque tu dicho me ha vivificado" (Salmos 119:50). "Envió su palabra, y los sanó" (Salmos 107:20). Para los que viven diariamente del pan de vida, el pan de sanidad no es un regalo, sino la salud impartida diariamente mediante su alimento espiritual.

En mis campañas yo no predico acerca de la sanidad; predico la Palabra de Dios, y ella libera una fe viva. Entonces es fácil para el Espíritu Santo moverse en medio de una multitud y tocar a las personas que tienen un corazón abierto. "Mas buscad primeramente el reino de Dios...y todas estas cosas os serán añadidas" (Mateo 6:33).

Si vivimos por la Palabra, encontraremos vida en ella. Dios dijo: "No sólo de pan vivirá el hombre, sino de toda palabra que sale de la boca de Dios" (Mateo 4:4). La Palabra de vida revierte la retirada de vida. "Toda palabra" no es sólo un bocado diario sino una buena comida. Las multitudes a las que Cristo alimentó con pan corriente no pagaron nada, no pasaron los canastos de la ofrenda. Jesús había dicho: "Dadles vosotros de comer", y eso es exactamente lo que hicieron los discípulos. El pan se multiplicó milagrosamente en sus manos mientras se desplazaban repartiendo a la gente. La Iglesia tiene un mandato: "Dadles vosotros de comer": la Palabra de Dios, porque en esa Palabra hay salud y vida.

Un creyente puede enfermarse debido al pecado, como leímos en 1 Corintios 11. El pecado bloquea el fluir de vida, el apetito por el pan de vida decae, y algunos sufren de anorexia espiritual: "mas envió mortandad sobre ellos" (Salmos 106:15). Si los ancianos de la iglesia atienden a alguna persona así, su oración de fe salva al enfermo (Santiago 5:14-16). Los que han pecado y languidecen, como si les hubieran apartado de los derechos del Reino de Dios, pueden ser sanados y perdonados. Esa sanidad es un regalo para ellos a fin de restaurarles todos los privilegios del Reino.

EL ATAQUE CONTRA LA SANIDAD

Todos los que oran por los enfermos, ya sea en privado o públicamente, recibirán tanto desánimo como ayuda. Los no creyentes intentan encontrar una explicación para las sanidades. Tienen algunas maneras simplistas a su alrededor, y una vez tras otra surgen los mismos razonamientos. O bien los pacientes no estaban enfermos, o tuvieron un error de diagnóstico, o por el contrario tenían sólo una enfermedad psicosomática.

Aceptemos el hecho de que en un universo como el nuestro es ridículo decir que Dios no pueda sanar a los enfermos. ¿Cómo puede alguien saber que Él no puede? Nuestro conocimiento es muy limitado: "Mi propia teoría" dice el científico ateo J. B. S. Haldane, "es que el universo no es sólo más raro de lo que pensamos, sino más raro de lo que somos capaces de pensar".[1] Tendríamos que saber todo acerca de él para saber lo que no puede suceder. No podemos adoptar una postura de infalibilidad, pero hay individuos que hacen suya la tarea de informar a la humanidad acerca de sus dogmas. Sin embargo, Dios lo sabe todo, y para Él los milagros son bastante posibles.

Hay un estado de ánimo curioso entre los no creyentes. Cuando se produce un milagro, dicen que Dios no puede haberlo hecho porque rompe las leyes científicas. Creen en la "mente sobre la materia", y en los procesos psicológicos. ¿Puede la mente sobre la materia romper las leyes científicas y Dios no? ¿Podemos creer en la omnipotencia psicológica pero no en la omnipotencia divina? Dios puede hacer todo lo que yo creo, salvo fallar.

Algunas de las sanidades que se ven comúnmente como resultado de la oración son muy difíciles de igualar por otros medios, incluyendo la psiquiatría y la hipnosis, que por cierto son bastante inestables. No hay nada conocido en la historia médica que se compare a algunos de los increíbles sucesos que se producen en nuestras cruzadas y en iglesias por todo el mundo, incluyendo la sanidad de trastornos congénitos, los que nacieron ciegos, cojos, sordos, con enfermedades y los que han sufrido cruelmente debido a los accidentes.

Una cosa sé: nadie ha encontrado un frase positiva en las Escrituras contra la sanidad divina. En cambio, los críticos han tenido que recurrir a la historia de la Iglesia para decir que los milagros se terminaron con los apóstoles. Hay cristianos que dicen que la Biblia es su única autoridad, y a la vez para demostrar su doctrina de que Jesús ya no sana, acuden a la historia de la Iglesia.

El problema universal del sufrimiento se resolverá por completo según Apocalipsis 21:4: "Enjugará Dios toda lágrima de los ojos de ellos; y ya no habrá muerte, ni habrá más llanto, ni clamor, ni dolor; porque las primeras cosas pasaron". No estamos viviendo aún en el milenio, o en un mundo ideal, porque ese es el gran final hacia el que Dios está haciendo obrar sus propósitos. Mientras tanto, toda la creación gime esperando la era venidera, como leemos en Romanos capítulo 8.

Sin embargo, explosiones de gloria de ese día venidero iluminan el cielo como los rayos. El Espíritu Santo está trabajando con la Iglesia como una vez trabajó con Jesús. Cada sanidad es como un rayo láser que corta y atraviesa la oscuridad de este mundo, hasta que llegue el amanecer y Cristo reine. Hasta entonces, ¿qué? Peleamos la buena batalla de la fe, con la ayuda de la misericordia de Dios y el don de los dones de sanidades.

CAPÍTULO 12

MILAGROS

No debemos suponer que "el hacer milagros" es más milagroso que cualquiera de los otros ocho dones de 1 Corintios 12. Todos ellos son manifestaciones del Espíritu. Por supuesto, los críticos racionalizadores descartan la idea de que alguno de ellos sea sobrenatural, y los ven como talentos naturales. Lo que el "talento" de hacer milagros representa pide un difícil juego de malabares. Si se descarta lo milagroso, este capítulo se convierte en un misterio impenetrable. Los esfuerzos de los eruditos racionalistas para producir un cristianismo no sobrenatural ha producido algo que se parece muy poco a la palpitante energía y vida del evangelio que llevaron los apóstoles al mundo pagano hace dos mil años.

Para entrar en este tema, siento que sería muy útil pensar primero en el reto y las emocionantes referencias al poder milagroso de Dios actuando en todo lugar donde fue el evangelio. El Nuevo Testamento es un libro de milagros, y el cristianismo es una fe de milagros. El "hacer milagros" se menciona tres veces en 1 Corintios 12, en los versículos 10, 28 y 29.

Jesús es el "capitán de nuestra fe". Él se lamentó por Capernaúm, porque no se había arrepentido, a pesar de ver sus "poderosas obras", usando el término tres veces (Mateo 11:20-23). Mateo 7:22 se refiere a muchos "milagros". Las noticias de sus "poderosas obras" asombraron a los habitantes de Nazaret.

Pedro recordó a los judíos que Cristo había sido "aprobado por Dios entre vosotros con las maravillas [*dunamis*], prodigios [*teras*] y señales [*semeion*]" (Hechos 2:22). Los milagros bajo la mano de Felipe asombraron a Simón el mago en Samaria (Hechos 8:6). Ocurrió en todo lugar, como en Galacia, donde se produjeron milagros, y los judíos cristianos dispersos habían "gustaron…los poderes [milagros] del siglo venidero" (Hebreos 6:5). "Testificando Dios juntamente con ellos, con señales y prodigios y diversos milagros y repartimientos del Espíritu Santo" (Hebreos 2:4).

La congregación de Israel del Antiguo Testamento, la "iglesia en el desierto", surgió por un milagro profético y se mantuvo sobrenaturalmente. Incluso entonces, con todas las maravillas del Éxodo, es sólo un retrato de la Iglesia de Jesucristo, creada, como fue, del costado herido del Redentor, y nacida de Dios para recibir el mismo Espíritu de los profetas de antaño. Así como Israel fue guiada por la columna de fuego y la nube, la Iglesia se mueve en el Espíritu.

¿QUÉ SON LOS MILAGROS?

Independientemente de lo que puedan ser los milagros, primero debemos entender la palabra *milagro*. La Biblia se refiere a ello más correctamente como "obras poderosas" (*energemata dunameon*). Es una palabra clave, que aparece unas 120 veces más o menos en el Nuevo Testamento.[1] La fe cristiana es un milagro, y cualquier representación de ella sin el poder del Espíritu Santo es un cuerpo muerto.

En muchos casos leemos acerca de "obras poderosas" sin más detalles. Los discípulos nunca fueron enviados sin el poder divino adecuado, ni siquiera cuando Jesús estaba en la tierra (Mateo 10:1). Antes de dejarles para ascender en gloria, Jesús les dijo que no se fueran de Jerusalén hasta que recibieran poder (*dunamis*) de lo alto (Lucas 24:49), cosa que hicieron (Hechos 2:4). Desde ese momento siempre fueron con la total seguridad de que se movían en el poder de Dios. Pablo dijo. "Y sé que cuando vaya a vosotros, llegaré con abundancia de la bendición del evangelio de Cristo" (Romanos 15:29). Generalmente, las "obras poderosas" eran sanidades y liberaciones. "Y la gente, unánime, escuchaba atentamente las cosas que decía Felipe, oyendo y viendo las señales que hacía. Porque de muchos que tenían espíritus inmundos, salían éstos dando grandes voces; y muchos paralíticos y cojos eran sanados… [Simón] viendo las señales y grandes milagros que se hacían, estaba atónito" (Hechos 8:6-7, 13).

Las otras dos palabras bíblicas a considerar son autoridad (*exousia*) y poder (*dunamis*). La autoridad cristiana descansa en el poder. La autoridad de la policía, por ejemplo, no sería nada si no estuviera respaldada por todo el poder del estado. Cristo demostró que tenía la autoridad (*exousia*) en la tierra para perdonar pecados, pero detrás de eso estaba el poder de la redención y su obra en la cruz, como cantamos: "Hay poder, poder, maravilloso poder, en la sangre del Cordero".[2] Veremos que esto tiene un vínculo muy importante con el don de hacer milagros.

La frase "el hacer milagros" en 1 Corintios 12:10 es literalmente el "funcionamiento de poderes" (*energema dunamis*). Cubre toda variedad de señales y prodigios, es plural de múltiples milagros, y no especifica un tipo de milagro en particular.

En el Antiguo Testamento, los milagros eran principalmente milagros naturales, como las plagas de Egipto, el cruce del mar Rojo, los milagros de Elías y Eliseo, y el mover de la sombra del reloj solar de Isaías. En el Nuevo Testamento, sólo Jesús hizo tales cosas, como convertir el agua en vino, alimentar a miles con la merienda de un niño, calmar la amenaza de la tormenta y cosas semejantes. No se nos dice que los apóstoles mismos hicieran tales cosas. Las principales señales a las que se refiere "obras poderosas" es la sanidad de los enfermos y los exorcismos.

Ahondaremos un poco más. La palabra en español *milagro* parece comunicar más para la persona promedio que lo que dice la Biblia. Muchos toman "milagro" con el significado de pura magia de un cuento de hadas, cuadrar el círculo o hacer que dos más dos sean cinco, eventos que no tienen sentido. Obtenemos la palabra en español *milagro* de la palabra latina *miraculum*, que significa maravillarse. Tiene que ver más con la magia de la mitología que con el cristianismo. Con demasiada frecuencia, las personas piensan en un milagro como ese tipo de cosas, poniendo la Biblia al nivel de la mitología.

Todo lo que Dios ha hecho en la creación o pueda hacer en su soberana omnipotencia, la promesa del bautismo del Espíritu no copia mitos, sino lo que la Escritura retrata. La famosa historia de H. G. Well, "The Man Who Could Work Miracles" (El hombre que podía hacer milagros), describe cómo hizo primero que una vela flotara boca abajo, y la llama apuntara hacia abajo, y luego siguió haciendo cosas para destruir la tierra con su "fe". El cristianismo no tiene nada en común con la fantasía de los cuentos de hadas. Todo lo que Cristo hizo y todo lo que los dones nos permiten hacer está en línea con el propósito divino y moral, reflejando la sabiduría de Dios.

Había "señales y prodigios" producidos por la "actuación de los poderes", prodigios más allá de la capacidad humana, expresado en Romanos 15:19 como "con potencia de señales y prodigios, en el poder del Espíritu de Dios".

MAYORES OBRAS

Ahora bien, este don de "obras de poder" tiene que estar vinculado a la promesa de Cristo en Juan 14:12-16: "De cierto, de cierto os digo: El que en mí cree, las obras que yo hago, él las hará también; y aun mayores hará, porque yo voy al Padre... Y yo rogaré al Padre, y os dará otro Consolador".

Jesús prometió estas obras mayores; sin embargo, hasta donde sabemos, los discípulos sólo hicieron sanidades normales, y ninguno de ellos superó el ministerio de sanidad de Cristo. Ninguno de ellos realizó una obra mayúscula como la resurrección de Lázaro después de cuatro días de su muerte. ¿Cuáles eran esas "obras mayores"? Para responder tendremos que tomar un pequeño desvío.

"Mayores cosas" y obras poderosas ciertamente incluían las sanidades. Las sanidades de Jesús se llamaban "obras". Sin embargo, Pablo clasifica los "dones de sanidades" por separado. La lista de dones no tenía la intención de hacer una separación estricta de diferentes funciones, ya que se solapan, pero él tenía en mente de manera muy clara algunas diferencias entre las sanidades milagrosas y los "milagros".

¿Podría ser la resurrección de los muertos? Posiblemente, ya que eso no es sanidad. Sin embargo, debe de ser también algo más, ya que no se dice que los corintios resucitaran a nadie de los muertos, aunque se decía de ellos: "nada os falta en ningún don" (1 Corintios 1:7), y muchos de ellos habían muerto (1 Corintios 11:30).

Incluiría maravillas creativas como hacer ojos nuevos u oídos, o la reparación de huesos dañados en un accidente u osteoartritis. Los dones se solapan, y lo que podríamos llamar una sanidad en una ocasión podría clasificarse de milagro en otra. Hay algunas situaciones curiosas, milagrosas en el sentido de ser científicamente imposibles. Las curas ocurren donde no parece haber ningún cambio físico pero se restablece inexplicablemente la función. Un ojo, quizá, aún parece estar dañado, y sin embargo tiene una clara visión; manos que parecen estar torcidas por la artritis pueden doblar bien y sin dolor; la gente que no podría ser capaz de caminar, camina.

Para más ayuda, vayamos a lo que Jesús prometió sobre "mayores obras". Él mismo realizó las mayores curas posibles. Su magnitud nunca fue superada por la de los apóstoles. Sin embargo, fue Cristo mismo el que dijo que sus propios discípulos superarían la grandeza de sus obras, haciendo "mayores obras". Es bastante obvio que tendría que ser un tipo distinto de poder divino más allá de lo que nunca se vio en su ministerio. La promesa de Jesús demostró que esas mayores obras las haría el Espíritu Santo (Juan 14:12-17).

Ahora bien, observe que Él repitió la misma promesa en Hechos 1:4-5, 8. En esa ocasión habló de otras obras, que no eran sanidades. En el versículo 8 Jesús prometió poder a los discípulos, la misma palabra (*dunamis*) usada en 1 Corintios 12. ¿Pero poder para qué? Fue para más que sanidad. Fue para una tarea especial, la del evangelismo mundial. "Y me seréis testigos... hasta lo último de la tierra" (Hechos 1:8).

Hubo otra muestra de poder divino, que nunca se había visto antes de Cristo y que sería una señal profética de los últimos tiempos: "quienes conducen a muchos a la justicia" (Daniel 12:3, NTV). No había avivamientos en el Antiguo Testamento, ya que no había sido enviado aún el Espíritu Santo. Como mucho sólo reformas que se producían por mandato real.

Esa obra de testimonio mundial necesitaba la obra completa de Dios a través de sus discípulos, suficiente para suplir cada demanda y pelear por todo el mundo en oposición. Fue una obra que Jesús no hizo por sí mismo, sino que se la encomendó a los que le siguen. Llevar liberación a millones, sin esperanza por las ataduras del pecado, y cambiar la manera de pensar de todo el mundo son cosas mayores que lo que se vio en el ministerio terrenal de Cristo. La conversión cristiana es mayor que cualquier sanidad. La salvación es la mayor obra de Dios, la perfección de su poder.

Cuando Pablo llegó por primera vez a Corinto, llevando a cabo la tarea de dar testimonio, dijo que llegaba "con debilidad, y mucho temor y temblor" (1 Corintios 2:3). Algunos creen que sufría de una infección recurrente como la malaria, de una debilidad que contrajo en sus viajes o de las palizas recibidas y las dificultades. Sin embargo, describió su predicación como algo que hacía "con demostración del Espíritu y de poder" (v. 4). El efecto fue que una iglesia cristiana de creyentes lavados por sangre existió en medio de la pobreza espiritual de una ciudad idólatra.

El poder de Dios hizo posible que Pablo continuara a pesar de la debilidad de su cuerpo. Admitió tener un "aguijón en la carne" (2 Corintios 12:7) pero triunfó sobre él por la poderosa gracia que Dios le había dado: "fortalecidos con todo poder, conforme a la potencia de su gloria, para toda paciencia y longanimidad, con gozo" (Colosenses 1:11). Él se ve a sí mismo como un ejemplo del poder de Dios actuando en él de esa manera "como moribundos, mas he aquí vivimos... Y me ha dicho: Bástate mi gracia; porque mi poder [dunamis] se perfecciona en la debilidad" (2 Corintios 6:9; 12:9).

Aquí está esa perfección de poder que Jesús denominó como "mayores". Pablo lo llama "la supereminente grandeza de su poder" (Efesios 1:19), poder divino manifestado en el sentido más perfecto y superlativo. Habla de ello diciendo que está en "vasos de barro", en una carne frágil, esos hombres y mujeres perseguidos y ridiculizados por un siglo duro y cruel (2 Corintios 4:7). Los corintios le obligaron a alardear de las grandes cosas y "señales de un apóstol" (lo cual Pablo dijo que era algo estúpido). Habló del poder de Dios como lo que le sostenía bajo las presiones más fuertes y le capacitaba para llevar el evangelio a todo lugar (2 Corintios 11). "Si es necesario gloriarse, me gloriaré en lo que es de mi debilidad... porque cuando soy débil, entonces soy fuerte" (2 Corintios 11:30; 12:10).

El poder evidenciado en un hombre, el apóstol Pablo, se ha visto desde entonces a escala mundial. La persistencia de su fe y la sorprendente resistencia de los seguidores de Jesús han sido aceptadas por todos. Al contemplar los comienzos cristianos y después la consiguiente oposición contra los desarmados e indefensos seguidores de Jesús, siglo tras siglo incluso hasta nuestros días, debemos admitir que debe de haber un poder extraordinario detrás de todo esto. También tenemos el milagro de la Iglesia, una composición de todo tipo de milagros. La "supereminente grandeza" del poder divino se ha visto más en las heroicas hazañas de los creyentes y en la expansión de la Iglesia en contra de toda resistencia que en cualquier sanidad física.

Jesús habló de "el que cree en mí" diciendo que haría obras mayores. Pero había una obra mayor que realizó la Iglesia al completo. Primero, sacó el Reino de Dios fuera de los límites de Israel y después a mucha más gente en todo el mundo a la que Cristo, en la carne, podría haber hablado en la pequeña tierra de Israel. Jesús habló de su propia unción por el Espíritu, a la que continuamente aludía como las obras del Padre, pero particularmente lo relacionó con Isaías 61:1: a "predicar buenas nuevas [el evangelio] a los abatidos". Esa obra se está haciendo a una escala físicamente imposible para Cristo.

¿Con qué propósito envió el Padre al Espíritu Santo? Sin lugar a duda, fue para hacer posible la predicación del evangelio a toda criatura sobre la tierra. Pablo lo describe como para llevar a las naciones a la obediencia del evangelio. La fuerte pasión y obra de Cristo fue "buscar y salvar lo que se había perdido" (Lucas 19:10). Jesús no fue nunca tan sólo un hacedor de maravillas. Principalmente era, y es, un Salvador. Fue esa obra la que le llevó a una cruz romana. Ese fue el propósito final de su vida terrenal. No fue para algún bien social, tan sólo para alimentar a las multitudes, sino para la redención de la humanidad. Eso era lo principal en su mente. Cualquier charla sobre "mayores obras" tiene que estar alineada con su propia "gran obra": salvar a los perdidos. La salvación es la mayor obra y la mayor maravilla que Dios haya realizado jamás.

Pablo habló mucho más del poder salvífico de Dios que de cualquier milagro físico. Vio la cruz produciendo los prodigios más grandes de todos, hombres y mujeres a los que "dio vida…cuando estabais muertos en vuestros delitos y pecados" (Efesios 2:1). "Y ni mi palabra ni mi predicación fue con palabras persuasivas de humana sabiduría, sino con demostración del Espíritu y de poder" (1 Corintios 2.4). ¿Con qué propósito? "Para que vuestra fe no esté fundada en la sabiduría de los hombres, sino en el poder de Dios" (v. 5). Un milagro de sanidad sólo confirmaba la mayor obra: el evangelio. Al escribir a los tesalonicenses, Pablo hace este comentario: "pues nuestro evangelio no llegó a vosotros en palabras solamente, sino también en poder, en el Espíritu Santo y en plena certidumbre" (1 Tesalonicenses 1:5). Después sigue diciendo: "Y vosotros vinisteis a ser imitadores de nosotros y del Señor, recibiendo la palabra en medio de gran tribulación, con gozo del Espíritu Santo" (v. 6).

Ya hemos destacado el hecho de que todos los profetas inspirados y más poderosos consiguieron poco a la hora de obtener un arrepentimiento nacional. El único éxito fue quizá el que tuvo el profeta Jonás en Nínive, una ciudad no judía. Sus palabras causaron temor en ellos y les hizo cambiar su rumbo. Pero Isaías fue enviado con este fin: "Engruesa el corazón de este pueblo, y agrava sus oídos, y ciega sus ojos" (Isaías 6:10). Lo único que los profetas pronunciaron fue juicio, con pocos atisbos de esperanza. Fueron enviados para "darles la vuelta, darles la vuelta". "Y envié a vosotros todos mis siervos los profetas, desde temprano y sin cesar...Pero no oyeron ni inclinaron su oído para convertirse de su maldad" (Jeremías 44:4-5).

Pero en cuanto Pedro, el primer predicador de la era del derramamiento del Espíritu prometido desde hacía tanto tiempo, abrió sus labios, el impacto fue de una magnitud que nadie había visto jamás en la tierra. La predicación de Jesús no tuvo tal impacto. De hecho, Él habló de la falta de arrepentimiento de Capernaúm a pesar de los milagros que había hecho allí. Pero para los que creyeron en Él, a estos les abrió una nueva posibilidad de cosas mayores. Le entregó a Pedro las llaves del Reino, es decir, que Pedro sería el primero en abrir la puerta del Reino mediante las llaves, y esas llaves eran la Palabra de la cruz y el poder del Espíritu. El glorioso "día de apertura" de la era del Espíritu llegó el día de Pentecostés. Inmediatamente tres mil personas entraron en el Reino de Dios, dejando de lado las antiguas inhibiciones religiosas.

Hay varias repeticiones, en una u otra forma, de la gran comisión (véase, por ejemplo, Mateo 28:16-20; Marcos 16:15-20; Lucas 24:48-49; Hechos 1:8). En todas ellas se habla de la idea de un poder sobrenatural, principalmente para la obra del evangelismo. Nunca antes hubo pensamiento alguno en el Nuevo Testamento que no fuera de una fuerza de avivamiento que ayudara en la predicación del evangelio, si había presentes inconversos que lo oyeran, claro. La gran obra de Dios es la salvación, y nada en todas las Escrituras sobrepasa el valor depositado en ella, y se refieren a ella constantemente. La salvación de Dios es grande porque Él es grande.

Las palabras "actuación de poderes" es plural. Sugiere una variedad de operaciones. El evangelismo incluía sanidades, como leemos: "ayudándoles el Señor y confirmando la palabra con las señales que la seguían" (Marcos 16:20). La obra de la redención del mundo necesitaba muchos dones, y el don de milagros incluía sanidades, resistencia, y el poder de Dios para cambiar los corazones de hombres y mujeres. Cada conversión es una obra de poder, un milagro de milagros. La obra de Jesús tocó algunas vidas, pero los que son enviados alcanzan masas multiplicadas, y ven milagro tras milagro entre los más remotos y depravados en el mundo. Los perdidos son hallados y salvados.

EL MILAGRO INEXPLICABLE

Algunos milagros parecen tener más de un don actuando en ellos. Por ejemplo, permítame hablarle de la Sra. Heidi Tufte de Noruega. Ofrecí un banquete en Oslo, y la Sra. Tufte asistió. Mientras hablaba, el Señor me dijo: "Reprende la parálisis". Interrumpí lo que estaba diciendo y dije a las personas que el Espíritu Santo me estaba diciendo que reprendiese la parálisis. Lo hice en pocas palabras y en el nombre de Jesús.

Lo que yo no había visto era que había una señora al final de ese gran salón en una silla de ruedas: la Sra. Tufte. En el instante en el que reprendí la parálisis, algo recorrió su cuerpo, y comenzó a "removerse dentro de ella de día y de noche". Como una semana después se despertó una mañana con unas extrañas sensaciones, cosa que le asustó bastante; la vida estaba fluyendo a través de sus miembros anteriormente sin vida.

Ella saltó de la cama y comenzó a llorar. Su marido quería ayudarle, ya que sabía su estado de parálisis, pero no fue necesario. "¡Estoy sana!", exclamó. Llenos de gozo, se abrazaron y se pusieron de rodillas para darle las gracias y la gloria a Dios.

Las noticias se difundieron por todo Noruega como un fuego incontrolado, y la Sra. Tufte recibió ramos de flores de personas que se alegraban con ella desde otros lados de la tierra. Hasta la fecha lleva una vida normal, perfectamente sanada.

La incredulidad puede ser ingeniosa en sus argumentos, pero este tipo de milagro predispone a algunas de las llamadas explicaciones inventadas para evitar dar la gloria a Dios. Esta sanidad no fue por sugerencia mía, ya que no estaba presente y nunca había hablado con ella. Tampoco fue autosugestión, porque ella estaba dormida cuando la vida sanadora comenzó a recorrer su cuerpo: le despertó. Descarta la idea de que fuera meramente una recesión natural; de hecho, su parálisis era una falla genética. No fue coincidencia, porque el hecho de que la sanidad ocurriera una semana después de mi oración, después de toda una vida de enfermedad, queda más allá de la más remota coincidencia. No fue resultado de un diagnóstico erróneo ni de la mente sobre la materia.

Los dones que funcionan en una cura tan destacada serían discernimiento, fe y milagros, así como la autoridad, que es otro don que Pablo no enumera.

Hay otro asunto relacionado con "hacer obras poderosas". De vez en cuando alguien sugiere que el Espíritu de Dios es un vasto complejo de poder. "Y reposará sobre él el Espíritu de Jehová; espíritu de sabiduría y de inteligencia, espíritu de consejo y de poder, espíritu de conocimiento y de temor de Jehová" (Isaías 11:2). El Espíritu Santo es todos esos Espíritus en un Espíritu.

Pablo usa un lenguaje similar en 1 Corintios 12: muchas funciones, un solo Espíritu. Después Apocalipsis 5:6 habla de "los siete Espíritus de Dios enviados a toda la tierra", donde siete es el número de la perfección divina.

Debemos tener siempre en mente que el Espíritu Santo es Dios trabajando en la tierra en vidas humanas. Sus manifestaciones son variadas, porque, en la obra de la salvación, se necesita toda forma de maravillas. Jesús habló del Espíritu que le ungía con una quíntuple tarea de liberación (Lucas 4:18). En pocas palabras, no hay ni una sola situación entre los pecadores en donde el Espíritu de Dios no pueda manifestarse en alguna forma apropiada. Su suficiencia alcanza a sus siervos en la frontera de cada nueva situación y tarea.

En África, en el equipo de Christ for all Nations hemos visto cosas que sólo el poder más grande del cielo y de la tierra podría producir, quizá mayores que las que nunca antes se hayan visto, pero no tan grandes como las que se verán. Hemos visto kilómetros y kilómetros de superficie cuadrada de personas juntas (musulmanes, animistas, cristianos nominales) tocadas por el Señor; miles y miles de personas rindiéndose a Él, siendo sanadas, bautizadas en el Espíritu, dejando sus fetiches, ídolos, bienes robados y emblemas de brujería, y convirtiéndose en vigorosos testigos de Cristo. Presidentes de estado se convierten, y parlamentarios se unen al clamor: "¡Jesús salva!". Todo esto es un milagro: "el hacer milagros", no de un tipo, sino cualquier milagro que sea necesario para paliar la crisis del hombre sin Dios. Es el milagro de almas redimidas por la predicación de la Palabra.

Comparado con esas escenas tan tremendas, ¿qué son señales como un hacha que flota en el agua, fuego del cielo o caminar sobre el agua? Dios no es un sensacionalista. Él tiene en mente principalmente una preocupación: el bienestar y destino de las personas. Ese interés tiene que ser la medida de toda grandeza y poder.

CAPÍTULO 13

PROFECÍA

La profecía está tomando hoy un lugar prominente en la escena carismática por encima de cualquier otro don del Espíritu. Por tanto, necesitamos ponerlo frente al espejo de la Palabra. Estamos en buena compañía: la profecía era el don que Pablo quería que tuviera toda la iglesia en Corinto. "Seguid el amor; y procurad los dones espirituales, pero sobre todo que profeticéis... Porque podéis profetizar todos uno por uno" (1 Corintios 14:1, 31).

En este deseo estaba pensando él especialmente en dones que operan en servicios de adoración. Obviamente, la profecía, las lenguas y la interpretación serán para beneficio de todos principalmente cuando se producen en medio de una congregación.

Todo el capítulo 14 de 1 Corintios supone que Pablo está pensando en los dones cuando la gente se congrega. Algunos versículos lo dicen, como por ejemplo: "Si... entra algún incrédulo o indocto" (v. 24); "Cuando os reunís" (v. 26); "en la iglesia" (v. 28); "a otro que estuviere sentado" (v. 30); y "en todas las iglesias de los santos" (v. 33). Su gran pensamiento es la edificación de la iglesia, especialmente mediante los dones de habla. Cita dones juntos en varias listas, sin ningún orden concreto, pero siempre incluye el don de lenguas, el cual, junto al de interpretación, adquiere el carácter de profecía.

De nuevo, deberíamos notar exactamente lo que dice: "Pero a cada uno le es dada la manifestación del Espíritu para provecho. Porque a éste es dada por el Espíritu palabra de sabiduría...a otro, profecía" (1 Corintios 12:7-10). No distorsionamos lo que Pablo quiso decir si lo llamamos "una palabra de profecía".

Una profecía es una manifestación, pero de nuevo hemos de tener cuidado de distinguir entre profecía en sus varias formas. Si nos referimos al "don de profecía", debiéramos saber con exactitud lo que significa. Este capítulo corintio simplemente dice: "a otro [es dado] profecía", y el nombre es singular. Es una manifestación del Espíritu de profecía. Ahora bien, eso no constituye un don en el sentido más estricto; es decir, la habilidad para profetizar siempre que alguien quiera: hacer profecías a discreción. Ese poder no se ha entregado. No es una presentación personal para nadie. Todos los *caristmata* siguen estando en control del Espíritu. Sin embargo, veremos en qué sentido existe un don de profecía.

Tenemos esta útil información: "Y los espíritus de los profetas están sujetos a los profetas" (1 Corintios 14:32), pero claro que sólo podemos profetizar mediante y en sujeción al Espíritu Santo. Sin embargo, se nos da algo, y la palabra en griego *didomi* se usa aquí para demostrar que, en un sentido real, es algo que se nos da; es decir, cada proclamación. Ese dar, sin embargo, se debe entender en el sentido de todo el contexto de 1 Corintios y no como un don completo en nuestro sentido actual.

Lo podemos expresar de esta manera: con todos los dones vocales, la voluntad de Dios y la voluntad del hombre se juntan en armonía. Aunque la profecía no es decir con mucha palabrería lo que entra en nuestra mente cada vez adornándolo y precediéndolo de "Yo, el Señor, te digo", también es cierto que el Señor anima al profeta valiente que actúa con fe e iniciativa. El principio aquí es que el profeta es el siervo del Espíritu Santo. El Espíritu no es el siervo de ningún profeta, sino que el Espíritu trabaja con el profeta. El Espíritu lo hace porque la gente está atada por el tiempo y las circunstancias. Pablo, en este pasaje de la Escritura, habla mucho de la profecía. Dice que todos debiéramos orar para poder profetizar y añade: "Así que, quisiera que todos vosotros hablaseis en lenguas, pero más que profetizaseis" (1 Corintios 14:5). Las iglesias de Jesús son instituciones proféticas. Existen por la obra del Espíritu Santo, que es "el espíritu de los profetas". Toda actividad de la iglesia debería realizarse mediante el Espíritu y en el Espíritu. El Espíritu de profecía debería caracterizar a cada iglesia y sus reuniones. Eso no significa que deba haber una muestra espectacular continua, sino que el Espíritu profético debería cargar los corazones de todos los presentes. El erudito James Dunn lo dice descarnadamente: "Sin profecía, la comunidad no puede existir como Cuerpo de Cristo; el Señor la ha abandonado".[1]

LA FALSA PROFECÍA

El tema de la profecía es antiguo y vasto. Se necesita discriminación y juicio. Lo verdadero y lo falso no siempre es fácil de discernir. Eso era así desde mucho antes de la era cristiana, y ciertamente lo fue en la época apostólica, y lo ha sido desde entonces. Siempre ha habido la tendencia a hacer de la profecía algo común, y algunos siempre la han menospreciado. Ezequiel se quejaba de que la gente le escuchaba no con mucha más atención que alguien que escucha una canción agradable. Incluso los apóstoles mostraron ciertas dudas, al insistir en probar que fueran genuinas. "No apaguéis al Espíritu. No menospreciéis las profecías. Examinadlo todo; retened lo bueno. Absteneos de toda especie de mal" (1 Tesalonicenses 5:19-21).

Es una afirmación tremenda decir que uno habla en el nombre del Señor. No deberíamos creerlo tan sólo porque alguien lo afirme. Deberíamos comprobar las credenciales de todos los que digan ser profetas y, aun así, examinar sus profecías. Las Escrituras desaprueban la escucha no crítica. Jesús dijo: "Mirad, pues, cómo oís" (Lucas 8:18).

La naturaleza humana aprueba lo que le gusta oír: "los dichos suaves", como en los últimos días de los reyes de Judea, cuyos profetas siempre hacían predicciones optimistas (pero erróneas). Los cristianos a veces han aceptado profecías simplemente porque confirmaban sus dogmas teológicos u organizacionales, y así las profecías se prejuzgaban en vez de juzgarse. Escudriñar honestamente las Escrituras es la única manera. No debemos ignorar esta sencilla regla: "para que en boca de dos o tres testigos conste toda palabra" (Mateo 18:16). La profecía se ha usado mal para sofocar opiniones disidentes, como cuando Jeremías fue arrojado al pozo por discrepar con el resto de los susodichos profetas. No podemos probar las profecías por votación, o por la opinión mayoritaria. *Vox populi* (la voz del pueblo) es raramente *vox Dei* (la voz de Dios).

El largo historial de desastre ejemplifica y confirma las advertencias de Cristo y los apóstoles acerca de tratar con cautela las declaraciones proféticas. Siempre debemos comprobarlas a la luz de la Palabra de Dios. Siempre somos responsables de lo que hacemos, incluso si estamos obedeciendo la profecía de otra persona. Eva descubrió que el hecho de ser engañada no hizo que lo malo se convirtiera en bueno. Los resultados de las falsas profecías tienen un efecto bumerán sobre el que engaña.

Muchos que profetizaban se movían alrededor de las iglesias primitivas. Muchos creyentes eran analfabetos, las iglesias eran jóvenes y había poco material cristiano escrito o experiencia que les guiara. Se necesitaba enseñanza, y los profetas por tanto eran bienvenidos. Llegaban anunciando su propia inspiración, y no sorprendente que les dieran buen crédito. Para esos grupos esparcidos de primeros creyentes con necesidad de enseñanza, los pobres no estaban en condiciones de escoger.

Todos los líderes apostólicos se toparon con este problema. Juan, por ejemplo, puso una prueba: a menos que los profetas enseñaran que Cristo había venido en carne, no deberían tenerles en cuenta ni hospedarles. Esta regla en concreto era necesaria localmente, porque estaba tomando fuerza la idea de que Dios nunca podía someterse a una crucifixión y que fue sólo un fantasma de Cristo lo que podía ser crucificado, pero nunca Dios. Él solamente parecía ser real (llamado docetismo). Ese fue uno de los errores que se estaba filtrando en los vientos religiosos imperantes. Hay evidencias de que esta enseñanza afectó a los corintios, cuyas afirmaciones de ser "espirituales" significaban que estaban familiarizados con niveles más profundos de vida. Creían que ahora incluso su carne era diferente y que ya habían pasado por la resurrección. Pablo trató este peligroso disparate en el capítulo 15 al hablar de la resurrección del cuerpo. Enseñanzas como esa, difundidas mediante afirmaciones proféticas, provocaron mucha ansiedad en los líderes apostólicos.

Incluso en tiempos de Moisés hubo que poner pruebas (Deuteronomio 13), y Jeremías también desafió a los falsos profetas. Es cierto que los profetas de Israel eran únicos, pero todas las naciones tenían "profetas", o personas consideradas inspiradas, especialmente los oráculos, como los de Delfos, Dodona, Delosi y los guardianes de los Libros Sibilinos. En los templos de estos diferentes dioses había mujeres sentadas en trípodes para pronunciar sus oráculos que a menudo farfullaban en un trance oculto o éxtasis. Los sacerdotes decían poder interpretar las normalmente ambiguas profecías.[2]

Hay un relato de esto en 1 Reyes 22:15. Micaías recibió la petición del rey de profetizar con respecto a la propuesta de atacar Siria. Al principio le dijo al rey lo que él quería oír, pero fue ambiguo: "Sube, y serás prosperado, y Jehová la entregará en mano del rey". El rey Acab pensó que caería en sus manos, pero de hecho cayó en manos del rey de Siria.

Los profetas eran relativamente comunes. Las escuelas de los profetas eran un elemento vital en Israel, y sin lugar a duda, gran parte de lo que se preservó y se escribió como parte de las Escrituras se lo debemos a ellos. Pero después del exilio babilónico, el papel del profeta se hizo menos evidente e incluso sospechoso. Los profetas que "hablaban cosas bonitas" habían decepcionado a Israel, y el resultado fue una catástrofe nacional. Nadie estaba ansioso por "llevar un manto velloso para mentir", como dijo Zacarías, después del exilio judío (Zacarías 13:4). Estaban "avergonzados" de llevar el manto profético. El llamado de Juan el Bautista fue tan real que llevaba la típica vestimenta profética.

El abuso de los dones espirituales ha sido una importante calamidad en la Iglesia. Si lo que leemos acerca de los montanistas del segundo siglo es cierto (aunque sólo tenemos escritos de sus enemigos), hicieron afirmaciones irresponsables y extravagantes de declaraciones del Espíritu Santo y falsas predicciones de que el Reino de Dios se establecería en Frigia. Esto llevó a una tradición en la Iglesia que veía mal las manifestaciones espirituales y la emoción. Se consideraba "entusiasmo" fanático. Esta fue quizá una de las decisiones de la Iglesia más tristes y perjudiciales de todos los tiempos. Los obispos, por supuesto, temían que si el Espíritu hablaba a través de hombres y mujeres, su autoridad podría devaluarse, y los posibles excesos de los montanistas les dieron la excusa que necesitaban para suprimir lo que se estaba produciendo.

La Historia hace desfilar ante nosotros una desgarradora serie de pseudoprofetas, o incluso enseñanzas inspiradas por demonios, que han dañado a la Iglesia lo indecible. Sería imposible pensar en algo que necesitara ser tratado con más precaución. La falsa profecía ha llenado el mundo de error y sectas no ortodoxas, e incluso ha creado religiones mundiales. A pesar de lo fuerte que es la tendencia profética en la Iglesia actual, edificar sobre ella sin comprobarla constantemente con la plomada de la Palabra de Dios dejaría un edificio inestable. Una iglesia guiada por profetas tarde o temprano se desviará. La máxima es: "¿No consultará el pueblo a su Dios?". La respuesta es sí, pero... "¡A la ley y al testimonio! Si no dijeren conforme a esto, es porque no les ha amanecido" (Isaías 8:19-20).

"Y si os dijeren: Preguntad a los encantadores y a los adivinos, que susurran hablando, responded: ¿No consultará el pueblo a su Dios?" (v. 19). El pueblo busca a los muertos en nombre de los vivos: ¿por qué no consultan a Dios? El largo historial de impostores, charlatanes, ocultistas, líderes de sectas y falsos y éxtasis no significa que no haya una verdadera inspiración divina. Por el contrario, demuestra que debe existir lo real; las monedas falsas sólo pueden copiar lo genuino. El diablo no descuidará una estrategia así. Su trabajo es, incluso desde el principio en Edén, ofrecer una profecía falsa, dejando a la pareja con incertidumbre acerca de la voz de Dios. Enviará a sus propios agentes inspirados para desestabilizar a los que oyen la Palabra de Dios. Estas son las aves que devoran la semilla del sembrador (Mateo 13:4).

LA VERDADERA PROFECÍA

La Biblia traza un camino a través del enredo de declaraciones proféticas y nos muestras las verdaderas. Toda la Biblia es una profecía. Avanza hacia un clímax.

El Antiguo Testamento consta de tres secciones: la Ley, los Profetas y los Escritos. Los Profetas incluyen libros históricos. Ellos son parte de la revelación puesta al descubierto del objetivo final de Dios. Las intenciones de Dios comenzaron a indicarse en Génesis 1:27-28: "Y creó Dios al hombre...varón y hembra los creó. Y los bendijo Dios". En Génesis 3:15 Dios dijo a la serpiente que engañó a Eva: "Y pondré enemistad entre ti y la mujer, y entre tu simiente y la simiente suya; ésta te herirá en la cabeza, y tú le herirás en el calcañar". Esto apuntaba muy lejos, a Cristo y su triunfo final.

El llamado de Abraham señalaba a unos planes divinos muy lejanos de bendecir a las familias de la tierra. Abraham "vio" el día de Cristo, y vio más allá a la ciudad eterna de Dios (Génesis 12:1-2; Juan 8:56; Hebreos 11:10). Toda profecía, incluyendo el don de profecía, debería moverse en esa misma dirección tan importante para enfocar las esperanzas, la fe y dirigirnos a todos hacia la comprensión de la redención eterna y el Reino.

Debemos ser conscientes de que las profecías pueden ser triviales, incluso si se dan con tonos rotundos y dramáticos. Pueden ser temas al margen, que no estén relacionados con los intereses más amplios del Reino y con lo que Dios está contemplando. La profecía que no sale del vientre del plan de redención de Dios no vale para nada. Está en altura y valor de la lectura de la mano y el horóscopo. Alguien dijo: "Si una profecía no es de Dios, es demasiado ligera como para ser probada, y si es de Dios, no debiera probarse". Esto es una lógica viciada. Tenemos que saber si es o no es de Dios, porque de eso se trata la prueba.

La profecía es una manifestación de la presencia de Dios y, por tanto, sitúa a los oyentes ante Dios. Desafía nuestra dirección y pone presión sobre nosotros para que nos movamos sólo en consonancia con los movimientos de Dios.

Una de las mejores descripciones de un verdadero profeta proviene de un personaje extraño y ajeno, Balaam, en Números 24:4. Dice que es alguien que "oyó los dichos de Dios, el que vio la visión del Omnipotente; caído, pero abiertos los ojos". "La visión del Omnipotente" se refiere a la visión de Dios para la humanidad, y Balaam se dio cuenta de que no podía decir nada que no estuviera alineado con el futuro de Dios para Israel.

El gran libro profético del Nuevo Testamento es Apocalipsis. Aporta un panorama único del gran plan divino, juntando elementos de todas las profecías previas. Comienza: "La revelación de Jesucristo, que Dios le dio, para manifestar a sus siervos las cosas que deben suceder pronto" (Apocalipsis 1:1).

Si el espíritu de cualquier profecía atraviesa el plan general de la revelación bíblica y los propósitos de Dios en el evangelio, y no está relacionado con ellos en ningún sentido, entonces debemos prestarle poca atención. O bien se trata de algo diabólico, o más probable aún, es producto de la imaginación humana.

EXAMINADLO TODO

Un profeta cuyas palabras se cumplen podría ser más peligroso que uno cuyas palabras no se cumplen. La prueba de un verdadero profeta no es que sus palabras se cumplan. Las fuerzas satánicas también pueden hacer eso. Deuteronomio 13:1-3, 5 nos advierte:

> Cuando se levantare en medio de ti profeta, o soñador de sueños, y te anunciare señal o prodigios, y si se cumpliere la señal o prodigio que él te anunció, diciendo: Vamos en pos de dioses ajenos, que no conociste, y sirvámosles; no darás oído a las palabras de tal profeta, ni al tal soñador de sueños…ha de ser muerto.

La evidencia de que una profecía no es verdad se hace aparente, claro está, cuando no se cumple.

> Y si dijeres en tu corazón: ¿Cómo conoceremos la palabra que Jehová no ha hablado?; si el profeta hablare en nombre de Jehová, y no se cumpliere lo que dijo, ni aconteciere, es palabra que Jehová no ha hablado; con presunción la habló el tal profeta; no tengas temor de él.
>
> —Deuteronomio 18:21-22

Un verdadero hombre de Dios nunca puede hablar de su propia mente y equivocase. Hay una diferencia entre un falso profeta y uno que habla presuntuosamente. Un falso profeta lleva falsa enseñanza. Un profeta que se equivoca simplemente demuestra que es un hombre que habla por sí mismo. Natán habló por sí mismo cuando le dijo a David que debía proceder y construir el templo. Después tuvo que corregir este error, y le declaró a David la mente de Dios, la de no construir. Isaías le dijo a Ezequías que moriría, pero tuvo que regresar casi con un mensaje diferente de que viviría. En varios lugares Pablo oyó profecías que no aceptó, y no fueron infalibles.

Se puede profetizar según la proporción de nuestra fe. Cuando Dios me habló acerca de construir la carpa para el evangelio más grande del mundo, con capacidad para sentar a treinta y cuatro mil personas, me reuní con mis hermanos del comité para discutirlo. Después de discutir el asunto, oramos, y uno de los hombres presentes comenzó a profetizar. Comenzó diciendo: "Así dice el Señor: Miles serán salvos bajo este techo". Después se detuvo y nos dijo: "Perdónenme, esto no es lo que el Espíritu Santo dijo, pero no tuve fe suficiente para decirlo. Permítanme comenzar de nuevo. Así dice el Señor: Millones serán salvos bajo este techo". Qué razón tenía, pero no sería exactamente bajo el techo de la carpa. La carpa tendría que llenarse durante muchos años para albergar las personas no salvas suficientes para llegar a millones de conversiones. Pero una obra estaba empezando bajo ese techo que seguiría bajo la carpa de la gloria de Dios a medida que nos movíamos por el continente africano, en el que realmente fuimos testigos de esos millones de personas que se están salvando.

Hay profetas que abrogan para sí mismos una autoridad especial para imponer sus ideas a los demás; incluso creen que su propia interpretación de las Escrituras la reciben por revelación y que no hay que desafiarla. Un maestro afirmó: "Dios me ha dicho lo que tal o cual versículo significa", aunque obviamente era una interpretación distorsionada. Si debemos a examinarlo todo, no podemos dejar que tales afirmaciones de autoridad pasen inadvertidas. De todas las personas, el profeta debe someterse al juicio de otros. La propia afirmación de un profeta de que habla por la palabra del Señor no es suficiente. Dios ha provisto de autoridad a las iglesias. Jesús nos dijo que tuviéramos cuidado con estos dogmáticos.

Cualquiera que dé una palabra del Señor debería saber lo que significa: que es una afirmación implícita para ser un profeta conforme a las Escrituras. Debieran estar del todo seguros de que Dios ha hablado antes de hablar ellos. Una persona que afirma ser profeta, sin serlo, es una abominación a ojos de Dios.

ASPECTOS PRÁCTICOS DE LA PROFECÍA

Algunas profecías se hacen en primera persona: "Yo, el Señor, te digo…". Esta es una forma impactante. A veces se demuestra que no es el Señor Dios quien habla sino sólo Juan o María. Un hombre puede afirmar que está "basado en el consejo del Señor". Reconozcamos que esta es una distinción exclusiva por encima de otros creyentes, porque todos tenemos la Palabra de Dios, que es el consejo del Señor y en el que todos estamos. A pesar de los dones de sabiduría, palabra de ciencia y profecía, Pablo les dijo a los corintios: "El espiritual juzga todas las cosas; pero él no es juzgado de nadie. Porque ¿quién conoció la mente del Señor? ¿Quién le instruirá? Mas nosotros tenemos la mente de Cristo" (1 Corintios 2:15-16). Por tanto, difícilmente es legítimo que un hombre se sitúe en un nivel superior al resto de los creyentes que "tienen la mente de Cristo".

Está el asunto del lenguaje en la profecía. A menudo el periodo de tiempo de trescientos años en su forma de hablar en inglés se encontraba en las versiones en inglés Autorized o King James de la Biblia. De hecho ya se estaba convirtiendo en su forma de hablar incluso antes de que apareciera por primera vez esa Biblia. Es una tradición, copiada de unos a otros durante décadas, especialmente por personas muy versadas en la versión King James de la Biblia. Sin embargo, no debería restarle valor a lo que se dice. La razón por la que con frecuencia la profecía se envuelve en este estilo es porque pasa por el filtro de nuestras mentes, el cual, en lo tocante a la religión, nos ha llegado de la Palabra de Dios con un estilo isabelino. Es un hábito religioso al hablar que a menudo oímos en la oración, como sucede en el Anglican Common Book of Prayer (Libro de oraciones anglicano). Es el cuadro, y no el marco, lo que importa.

Podemos usar una forma de hablar contemporánea, como sucedía siempre en los tiempos bíblicos. Vestir un cliché espiritual no inspirado con un estilo literario majestuoso con la esperanza de que suene como Isaías en su plena trayectoria, y precedido por "Yo, el Señor, te digo", es un error. Si nuestra palabra es del Espíritu Santo, no necesitamos intentar que así parezca.

EL PROFETA DEL ANTIGUO TESTAMENTO Y EL PROFETA DEL NUEVO TESTAMENTO

El nombre "profeta" cubre toda forma de orador inspirado, incluso el falso. El profeta del Antiguo Testamento no es lo mismo que el profeta del Nuevo Testamento. De hecho, Cristo dijo que los profetas profetizaron hasta Juan el Bautista, indicando que era el fin de una era. Se pueden mencionar algunas diferencias.

El profeta pre-cristiano era el vocero de Dios para los que no tenían un contacto directo con el Señor. Lo que el Señor tenía que decir les era revelado a los profetas y a través de ellos a Israel y a algunos fuera de Israel. Tanto individuos como la nación tenían acceso a la voluntad de Dios mediante el profeta o mediante el sumo sacerdote si tenía el Urim y Tumim. Incluso los edomitas pudieron tener ese acceso (Isaías 21:12).

Los profetas hebreos eran figuras solitarias; el pentecostal o carismático que profetiza no lo es, pero es parte del grupo profético, la Iglesia. Todos los creyentes conocen al Señor y no necesitan que haya nadie entre ellos y Dios. Son el pueblo del nuevo pacto de Dios en una nueva relación y conocen al Señor (Hebreos 8). Nadie necesita inquirir del Señor por otro.

Ya hemos dicho en varias ocasiones que no existe el concepto de superior o inferior sino el de un cuerpo con muchos miembros. Algunos pueden ser líderes, lo cual les da importancia, pero no superioridad. Las personas a las que dirigen están desempeñando su propio papel y, por tanto, no son inferiores sino iguales a ojos de Dios. Vemos la palabra "oficio" en pasajes del Nuevo Testamento en relación con los ancianos y diáconos, pero no existe ahí esa palabra o intención. La idea es siempre la de función y no la de posición. "Sumisos unos a otros, revestíos de humildad" (1 Pedro 5:5). Esto se aplica tanto al profeta como a cualquier otra persona. No hay oficio de profeta al que un creyente pueda ser señalado oficialmente. Los profetas no son juzgados sobre la base de si les han nombrado o no los hombres.

No hay lugar para un intermediario entre los hombres y el Espíritu Santo cuando todos son vivificados y dotados mediante el Espíritu como un "real sacerdocio" (1 Pedro 2:9). "No llaméis Amo a ningún hombre", dijo Jesús. "Sean pastores, y no se enseñoreen de aquellos que se les han confiado" (Véase Mateo 23:9-12). No hay jerarquía, porque todos somos siervos de todos, y en Cristo no hay ni varón ni hembra. El laico no depende de una autoridad de élite, porque todos tenemos poderes carismáticos o apostólicos. El pastor que no delega verá como se deterioran los miembros del cuerpo. Un líder denominacional dijo en cierta ocasión que sólo debían evangelizar los evangelistas con experiencia. ¿Pero cómo puede un hombre adquirir experiencia a menos que evangelice?

Los creyentes bajo el nuevo pacto no deben dejar que terceras personas dirijan sus vidas. "Porque todos los que son guiados por el Espíritu de Dios, éstos son hijos de Dios" (Romanos 8:14). Ese es nuestro privilegio y libertad reales. Afirmar el derecho a la autoridad delegada y delegar autoridad a otros es contrario al principio del Reino y está alineado precisamente con el presente sistema mundial secular. Jesús nunca dirigió las decisiones de la gente, ni siquiera las de sus propios discípulos. Él nos da libertad, y sea cual sea el consejo que tomemos o la persona a la que obedezcamos, somos responsables de lo que hacemos, con profecía o sin ella.

Los profetas de Israel a menudo se dirigían a toda la nación. El profeta del Nuevo Testamento no. De hecho, los profetas hebreos, antes de Cristo, hablaron a la nación como pueblo de Dios, y el profeta cristiano habla a la Iglesia como el pueblo de Dios. Ninguna persona en el Nuevo Testamento después de Juan el Bautista hizo lo que Jeremías o Amós con un mandato de tratar los asuntos de la nación. En la época de los reyes de Israel, algunos profetas como Natán se mantuvieron en algún tipo de posición oficial para este propósito de guiar a la nación. Samuel y los jueces carismáticos actuaron como líderes nacionales, pero no hay nada parecido en la dispensación cristiana.

La voz de Dios a las naciones hoy se produce mediante todo el cuerpo de la Iglesia. Lo que Isaías fue para Israel, lo es toda la Iglesia para Alemania, Inglaterra o América. La existencia de la Iglesia, su forma de vida y sus principios de servicio deberían ser un reto constante para los caminos de las naciones. Hubo momentos en los que se dijo: "No había visión en la tierra". Cuando la Iglesia deja de dar la visión de Dios a una nación, se acerca la calamidad, razón por la cual la Iglesia debe ser carismática. Todos los que guiaron a Israel en la antigüedad eran carismáticos, hasta Salomón. La debilidad de Israel, por consiguiente, fue que tuvieron una dinastía davídica pero no una unción davídica carismática.

Los profetas en la Iglesia apostólica no tenían un oficio fijo, ni tampoco los apóstoles, maestros, evangelistas o pastores. Dios dio personas de ese tipo a la Iglesia los reconocieran o no. Los hombres pueden nombrar, pero sólo Dios puede investir, y Dios presta poca atención a nuestras decisiones o elecciones arbitrarias. Lo que cualquier iglesia debería hacer es asentarse en Hechos 13, es decir, apartar a hombres para la obra a la que Dios les ha llamado. Tener celos de que Dios haya llamado o dotado a un individuo con mucha frecuencia ha frustrado ese llamado. Los que ocupan posiciones de liderazgo a veces han cerrado puertas de oportunidades para los propios escogidos de Dios, como Saúl se opuso a David. Si no se quiere nombrar a un profeta, al menos se le debería reconocer.

Un profeta también debería ser conocido. Esto está implícito en 1 Corintios. El que un extraño invada la adoración, dirigiéndose a todos sin que le hayan invitado, no es solamente descortés sino también algo fuera de orden. Hay algunos que profetizan por correo, en circulares impresas o en revistas cuyos nombres no nos resultan conocidos. Las profecías nos llegan de organizaciones: ¿puede profetizar una organización? A menos que los lectores de esas efusiones sepan quiénes son los profetas y cuáles son sus credenciales, pueden ser descartados. Conocemos a Isaías y a Pablo, ¿pero a estos?

¿CÓMO SE PRODUCE LA DECLARACIÓN PROFÉTICA?

El primer elemento básico es el sentimiento de que el Espíritu nos está moviendo o dirigiendo en esa dirección. El sentimiento del espíritu profético moviéndonos puede notarse incluso antes de saber cuál es la carga del Señor. Los profetas eran llamados a hablar y después recibían el mensaje (Isaías 6; Jeremías 1). Uno no puede hablar si tiene un corazón frío. Alguien que habla en lenguas puede producirnos un sentir instantáneo para interpretar. Algunas personas que profetizan necesitan ese estímulo, o de lo contrario nunca hablan. En ese caso su don es la interpretación. La palabra de Dios puede llegarnos como una carga del Señor que crece gradualmente o como un destello de iluminación brillante. Puede ser en la mente mediante palabras, un pensamiento, un cuadro significativo, una visión, un sueño o una convicción interior o impulso, pero se expresará en palabras. A veces parecerá que el proceso es instantáneo, recibiendo el pensamiento y las palabras a la vez, improvisadamente, como si llegaran desde fuera de uno mismo.

No podemos "generar" la voz de Dios en nuestro interior, ni pensarla. Viene del cielo. Eso es cierto, pero cómo la demos y cuándo es totalmente responsabilidad nuestra. Podemos escribírsela o leérsela a aquellas personas a las que Dios nos muestre. Isaías y Jeremías eran profetas que escribían. Quizá se exprese mejor con ese tipo de cuidado. Incluso leemos que Elías envió una profecía por carta.

El líder de una iglesia o servicio está ahí para procurar un orden decente y también para asegurarse de que no se dé ninguna enseñanza errónea. Abrir una reunión para que participe todo el que quiera es casi una tradición en muchas asambleas, y los riesgos que conlleva son bien sabidos por todos. Algunos líderes no reconocen su responsabilidad, y dejan que suceda cualquier cosa. Ciertas situaciones necesitan una rectificación mediante la gracia del Señor. En el caso de las profecías, al menos, esto es bíblico. En iglesias más grandes se hace necesario examinar de antemano las profecías que pudieran darse, o al menos a los que profetizan. Esto evita que los procedimientos se conviertan en un asunto confuso. Es una práctica recomendada hoy día que las profecías se sometan al pastor para "examinadlo todo; retened lo bueno" (1 Tesalonicenses 5:21). Después se pueden dar en un momento apropiado de la adoración, y si es necesario, hacerlas audibles mediante el uso de un equipo de sonido. De lo contrario, lo que es espontáneo se puede convertir en algo fuera de orden.

Sin embargo, el hablar en lenguas normalmente es algo espontáneo. Pablo se dio cuenta de esto y ofreció algunas pautas para las lenguas y para la profecía. Dijo que una persona podía hablar sólo dos o tres veces como máximo. Él sabía cómo algunas personas tienden a acaparar la adoración. Debemos mejorar en la manifestación del Espíritu y usar la sabiduría en todas las cosas. Algunos pastores insisten en que deben dar permiso para hablar en lenguas. Esto evita que algo se desvíe de lo que está ocurriendo, pero crea el gran riesgo de que el espíritu de los profetas quede enterrado. Para "no apagar el Espíritu" a menudo es necesaria mucha sabiduría y tacto amoroso (1 Tesalonicenses 5:19).

PROFETAS Y PERSONAS QUE PROFETIZAN

Será muy útil para los estudiantes de los dones decir que debemos diferenciar entre profetas y personas que profetizan. Nuestra carencia idiomática en el ámbito de estas cosas hace que sea más fácil decirlo que hacerlo. No hay un criterio en el Nuevo Testamento que nos ayude a diferenciar entre profetas y personas que profetizan.

Presumiblemente, los que profetizan frecuentemente podrían llamarse profetas, pero nos faltan palabras para hacer unas claras distinciones. Pablo llama "profetas" a todos los que profetizan en 1 Corintios 14:29, 32, pero aún en su mente parece que existe una diferencia. Da la impresión de poner en categorías distintas a los que profetizan a menudo y a los que tienen las "señales que siguen" normales de las que habla Joel ("y profetizarán vuestros hijos y vuestras hijas"; Joel 2:28), ya que Pablo pregunta: "¿Son todos profetas?" (1 Corintios 12:29). En Hechos 21:9 leemos que Felipe tenía cuatro hijas que profetizaban: evita llamarles profetisas, aunque esto podría reflejar una época en la que las mujeres no tenían la libertad que tienen hoy.

No sólo las personas que profetizan sino también otros que hablan en lenguas, que sanan y obran milagros y otros que tienen dones ministeriales, tampoco reciben un nombre distintivo. Una profecía transmitida por alguien que lo hace regularmente o por alguien que lo hace sólo de manera ocasional tienen el mismo valor. Una sanidad mediante la imposición de manos de un anciano no significa que él tenga el don de los dones de sanidades, pero es una señal del amor de Dios tanto como lo es una sanidad mediante el sanador más poderoso del mundo.

Dios no distribuye títulos y medallas. Nadie hace nada si no es por el Espíritu Santo. ¿Qué gloria puede recibir el hombre? Lo que yo tengo que ver con las sanidades que se producen en mis cruzadas es la misma que tendría una cafetera eléctrica con un generador nuclear. La Iglesia tienen todas las características porque tiene al Espíritu Santo, pero cada miembro tiene su propio don. Todo es un trabajo orgánico y carismático, pero Dios reparte "a cada uno en particular como él quiere" (1 Corintios 12:11).

CAPÍTULO 14

DISCERNIMIENTO

El don de discernimiento, o de modo más preciso "de discernimiento de espíritus", no es un conocimiento natural de la psicología de las personas, y mucho menos la capacidad de "atravesar con la mirada" a todo el mundo y hacer el sensacional descubrimiento de que todos los seres humanos son imperfectos. Notemos exactamente lo que dice 1 Corintios 12:10: "a otro, discernimiento de espíritus". La palabra griega para discernimiento es *diakrisis* y proviene del verbo *krino*, que significa "juzgar".

El discernimiento de espíritus no es un don para ver lo invisible (un demonio, por ejemplo), sino la capacidad de juzgar lo que se ve, sea bueno o malo. "Pero el alimento sólido es para los que han alcanzado madurez, para los que por el uso tienen los sentidos ejercitados en el discernimiento [*diakrisis*] del bien y del mal" (Hebreos 5:14).

La palabra griega *diakrisis* tiene un significado de distinguir o discernir claramente; una facultad de discernimiento. Discernir significa percibir la diferencia entre. La idea general es la de "separar" una cosa de otra. *Diakrisis* se utiliza tres veces en el Nuevo Testamento: Romanos 14:1; 1 Corintios 12:10 y Hebreos 5:14.

Entonces está claro que el principal significado no es el de ver demonios sino el de juzgar lo que es visible y audible. El don no es vista sino discriminación. Es cierto que la experiencia de "ver" o sentir demonios que puede que estén ocultando su presencia (como hacen normalmente) es común entre los creyentes cristianos, y en un sentido general este don puede incluir tal discernimiento, aunque no necesariamente. Se pueden tener experiencias para las cuales no se enumera ningún don.

Seguidamente deberíamos notar que la palabra está en plural: "discernimientos". Es decir, no es un don general de discriminación, sino que llega como repetidas manifestaciones tal como Dios las otorga, como con todos los dones o revelaciones del Espíritu Santo, tal y cuando se necesitan. Aunque el Espíritu puede usar a cualquiera en cualquier momento, estos juicios se otorgan especialmente a un individuo, y entonces decimos que ese individuo tiene el don.

De hecho, se nos dice que otros deben ejercitar discriminación en cuanto a las profecías (1 Corintios 14:29). Esto no siempre necesita el don de discernimiento, aunque sin este don podríamos cometer un error y condenar lo que debería haber sido aceptado. El don no es meramente reconocer lo que es malvado espiritualmente sino también lo que es bueno. El Espíritu del Señor reposaba sobre David, pero sus hermanos no querían saberlo. ¡Los benditos del Señor no siempre tienen un éxito inmediato con sus amigos y colegas!

Hay reglas mediante las cuales todos pueden juzgar la profecía y otros asuntos. Normalmente, no es necesaria ninguna ayuda sobrenatural para "discernir" cuando una persona tiene un demonio, pues es obvio. El Espíritu de todos los dones está en la Iglesia, y allí sus manifestaciones de un tipo u otro son parte del ministerio continuado de la Iglesia, como sanidades, lenguas y fe. Individuos en particular tienen un marcado ministerio en algún aspecto del Espíritu, y por eso se dice que tienen un don. El discernimiento, o más correctamente, la capacidad de distinguir claramente entre espíritus, tiene que ser muy evidente en todo el cuerpo de la Iglesia.

La palabra que utiliza Pablo significa diferenciar entre espíritus. Vemos lo mismo en 1 Juan 4:1-3, aunque se utiliza una palabra diferente (*dokimazo*: probar, testar): "Amados, no creáis a todo espíritu, sino probad los espíritus si son de Dios" (1 Juan 4:1). Juan continúa: "Todo espíritu que confiesa que Jesucristo ha venido en carne, es de Dios" (v. 2). Esa es su sencilla prueba para una forma de falsa enseñanza. Sé que parece como si pudiera haber muchos espíritus que son de Dios, pero Juan no está diciendo eso. Lo que él dice es que cuando los espíritus parecen estar diciendo que Cristo vino en la carne, quien habla es el (único) Espíritu de Dios: "En esto conoced el Espíritu de Dios" (v. 2). La palabra *espíritu* se utiliza en un sentido amplio de manifestaciones espirituales. Realmente, en este caso Juan tenía en mente principalmente un error que se estaba introduciendo, más adelante conocido como gnosticismo, que decía que el cuerpo de Cristo en la cruz era solamente un fantasma. Juan no menciona ningún don para discernir espíritus, pero proporciona una sencilla prueba que todo el mundo puede aplicar; sin embargo, él insiste en relación con esto: "Pero vosotros tenéis la unción del Santo, y conocéis todas las cosas" (1 Juan 2:20), lo cual sí indica un discernimiento sobrenatural.

El don de discernimiento se sobrepone con una palabra de sabiduría, pero especialmente concierne a los espíritus. Se nos dice en muchos lugares que evaluemos lo que se dice o se hace. Los creyentes no deben tragarse todo lo que oyen, especialmente cosas que aparentan ser del Señor o se declaran como palabras de Dios. La aceptación no crítica de tales supuestas profecías y afirmaciones de conocimiento y revelación sin una comprobación adecuada se considera necedad en la Escritura, pero desgraciadamente es común. Es sorprendente lo ingenuos que somos. Constantemente vemos a personas siendo engañadas, quizá en asuntos marginales, pero con frecuencia en el verdadero error y con resultados horribles, produciendo incontables nuevas sectas y fanatismo que conducen incluso a la tragedia y a la muerte.

En el campo de los dones sobrenaturales, este es vital. Hay moneda falsa que se está distribuyendo como si fuera verdadera, de ahí el comentario sobre "doctrinas de demonios", al igual que imitaciones humanas, que llaman a que los dones estén sujetos al juicio. Es la alarma contra ladrones para los intrusos en el ámbito de los dones sobrenaturales. Algunos han visto cierta secuencia lógica en la lista de Corintios. Sin duda, poner el discernimiento en primer lugar parece sabio.

El don de discernimiento cubre el campo más amplio de intereses espirituales, no sólo un pequeño ámbito de discernimiento del diablo. Ciertamente es necesario en todo, como en la profecía y otra enseñanza sobre la cual con frecuencia se nos advierte en la Escritura. Los demonios realizan el 99 por ciento de su trabajo invisible sin "manifestarse", y tenemos que ser sensibles a las "doctrinas de demonios", que llegan como nueva revelación.

La voz del Espíritu es con frecuencia muy tranquila. La agitación de nuestras propias pasiones y motivos pueden ahogarla. Las tentaciones de Jesús en el desierto fueron notables porque, en cada una de ellas, Él fue tentado a hacer lo que parecía ser bueno para la humanidad, incluso respaldado por la Escritura, pero Él vio la sutileza de Satanás cada vez. Es más importante juzgar las nuevas enseñanzas que buscar demonios en todo el mundo.

PERCIBIR DEMONIOS

Hay varias maneras en que se ha entendido este don. El Dr. Ralph Martin se refiere a él como la capacidad de juzgar profecías y sustitutos demoniacos. D. G. Dunn es un erudito que cree que es una forma de profecía utilizada como prueba contra los abusos de otros dones, no meramente para juzgar profecías como se ordena en 1 Tesalonicenses 5:20-21. Se ha considerado como "la capacidad dada por el Espíritu de distinguir al Espíritu de Dios de un espíritu demoniaco bajo cuya dirección el carismático ejercita un don en particular".[1]

Otro escritor lo considera un don para liberar la vida pastoral de influencias que no vienen de Dios para edificar la Iglesia. Es discernimiento doctrinal, hacer juicios correctos y subjetivos, quizá de un don que opera en toda la comunidad. Todas estas sugerencias bien pueden ser parte de la respuesta, ya que Pablo solamente nombra este don y no lo explica. Una cosa es segura; es decir, es protección contra lo espiritualmente falso.

El don de discernimiento se ha relacionado con tres pruebas de acontecimientos carismáticos en 1 Corintios 12–14:

* Que las lenguas y las profecías nunca dicen que Jesús es anatema (1 Corintios 12:3)
* Que están marcados por el amor (1 Corintios 13:4-7)
* Que edifican la Iglesia (1 Corintios 14:12)

Estos principios de juicio de la Biblia no son pruebas sobrenaturales obviamente, pero el don de discernimiento es sobrenatural y necesita serlo. Hay tantas ideas, voces y enseñanzas que entran en nuestra mente o incluso que son lanzadas por nuestros propios pensamientos, que necesitan el ojo de discernimiento de Dios mismo para distinguir el bien del mal. Nuestro propio corazón puede desviarnos, porque es "engañoso más que todas las cosas", dice Jeremías 17:9. Hay señales y maravillas, profecías y muchos más fenómenos que podrían "engañar, si fuese posible, aun a los escogidos", como Jesús nos advirtió (Marcos 13:22).

El don de discernimiento puede salvarnos del engaño, aunque la Palabra de Dios también tiene esa obra que hacer, ya que "discierne los pensamientos y las intenciones del corazón" (Hebreos 4:12). Muchos engaños tienen éxito porque los creyentes entienden muy poco de la Palabra de Dios. Nuestra propia voluntad, lo retorcido de nuestros corazones y las artimañas del enemigo: todo ello necesita ser sacado a la luz. El Espíritu de Dios puede hacernos sensibles a la cercanía de lo que proviene o no proviene de Dios. "Mis ovejas oyen mi voz" (Juan 10:27). Existe tal cosa como no discernir lo que es santo, y algunos no "[disciernen] el cuerpo del Señor" (1 Corintios 11:29).

Nunca leemos en el Nuevo Testamento de nadie que discierna demonios en las vidas de las personas. Eso no invalida tales experiencias, sin embargo. Desde el principio, Pedro percibió que Ananías y Safira eran mentirosos. Después Simón el Mago, un adivino que practicaba la magia y las artes negras, quiso comprar el poder de Dios, y Pedro dijo: "porque en hiel de amargura y en prisión de maldad veo que estás" (Hechos 8:23). El apóstol no dijo nada sobre demonios. Para enderezar a Simón, pero no expulsó de él ningún demonio, sino que simplemente le dijo que se arrepintiese de su maldad, y pidiera a Dios que le perdonase. Simón pidió a Pedro que orase por él. Estos ejemplos pueden ser clasificados como discernimiento, profecía o una palabra de conocimiento. Todo lo que el Espíritu Santo hace posiblemente no puede categorizarse bajo nueve dones.

Debido a la mención de este don, algunos van por ahí buscando demonios a los que expulsar. Se ha argumentado que debemos tomar la iniciativa en la agresión, encontrar a los demonios y atacarlos. Pablo ciertamente no hacía nada así. Él expulsó a un demonio de adivinación de una muchacha esclava que adivinaba (Hechos 16:18), pero no necesitó ningún discernimiento, ya que la posesión demoniaca rara vez lo necesita. Todo el mundo en la ciudad sabía que ella tenía un espíritu, y durante días Pablo se negó a salir al ataque contra la potestad de las tinieblas; sin embargo, ella le molestaba tanto que él sentía que las personas podrían relacionarla a ella y su espíritu de adivinación con el evangelio y suponer que era una de las enseñanzas de Pablo. Lo que él sí discernió fue que ella no le hacía ningún bien a su obra. Lo mismo sucedió con Jesús, pues los espíritus inmundos le conocían y sabían quién era Él, pero Jesús les ordenaba mantenerse callados. Él no quería ninguna recomendación de parte de ellos. Él no quería que nadie fuese desviado a pensar que los demonios eran sus amigos o que le acompañaban. Él los echaba fuera. Ellos estaban intentando "subirse al carro", como si Él hubiera llegado desde algún mundo general de espíritus.

El Señor mismo, los discípulos y Felipe echaron fuera demonios, pero las personas acudían a ellos o eran llevados a ellos para ese propósito, obviamente porque sabían que estaban poseídos. La presencia de un demonio normalmente es demasiado horrorosa para pasarla por alto, aunque el diablo no siempre llama la atención; por el contrario, las actividades ocultistas y físicas anuncian su presencia demasiado y de modo inconveniente; él prefiere caminar en la oscuridad o enmascararse como ángel de luz. De hecho, quienes han intentado ser poseídos o "tener" un espíritu o un espíritu guía no siempre encuentran que es tan fácil. Normalmente, las potestades de las tinieblas prefieren trabajar de modo clandestino. Incluso quienes tienen un espíritu familiar o un espíritu guía no deliran como el loco gadareno, de quien Jesús expulsó a una legión de espíritus que le hacían pedazos en todas direcciones. Sin embargo, las presencias inmundas con frecuencia se aferran a quienes intentan tratar con esos espíritus de la oscuridad y quienes intentan contactar con los muertos.

El don de discernimiento también es otorgado para otros engaños. En la actualidad hay muchas enseñanzas que tienen apariencia de verdad y parecen buenas, pero no son el evangelio; por ejemplo, la popular enseñanza de que somos santos en potencia, hijos de Dios, y sólo necesitamos entenderlo para vivir por encima de nosotros mismos: *el poder del pensamiento positivo*. Todo ello parece muy correcto y plausible; sin duda, es malo tener un profundo sentimiento de inferioridad, pero la confesión de los pecados y la verdadera salvación son un remedio glorioso y eficaz, dado el conocimiento en el corazón de que uno es hijo de Dios. No hay atajos. Debemos arrepentirnos a los pies de la cruz en humildad de corazón antes de poder levantarnos en novedad de vida. El discernimiento diferenciará entre lo aparentemente bueno y lo verdadero.

DISTRACCIÓN DE LO OCULTO

Es difícil saber por qué lo oculto recibe una atención tan importante por parte de las personas cristianas. En algunas áreas, desde luego, como encuentro en África especialmente, los demonios son una realidad diaria, y yo mismo me encuentro en un importante campo de batalla. Normalmente, el enemigo trabaja en un frente mucho más amplio que ese, sin embargo, y no meramente en un único sector de manifestaciones físicas. Deberíamos aprender de Pablo, como acabamos de señalar. Él no hacía nada con respecto a una persona poseída hasta que la situación lo demandaba. Ir a la caza de demonios es algo para lo cual notablemente no hay ningún ejemplo apostólico; sin embargo, fascina a algunos, para exclusión de abordar los males comunes de depravación e incredulidad que hay en el corazón humano o para predicar el evangelio, la Palabra de Dios, que es la espada del Espíritu y la única arma ofensiva que Pablo menciona en nuestra armadura en Efesios 6.

Smith Wigglesworth siempre predicaba sobre la fe en Dios, pero hay "expertos" actualmente que no enseñan otra cosa sino sobre demonios. Existen incluso escuelas que enseñan en la tradición popular de la demonología en lugar de hacerlo sobre todo el consejo de Dios. Ellos justifican sus escuelas sobre el sospechoso terreno de que la Biblia dice poco sobre echar fuera espíritus malos, y ellos tienen que volver a abordar los defectos de la Escritura y enseñar según la experiencia. Sin embargo, 2 Pedro 1:3-4 dice que las "preciosas y grandísimas promesas" son "todas las cosas que pertenecen a la vida y a la piedad".

Aquí pueden surgir algunas prácticas muy peligrosas. A algunos les gusta ponerse sus guantes de boxeo y, con aire feroz y amenazante ponerse cara a cara frente a Satanás, con violencia, gritos y órdenes, quizá durante horas. Un demonólogo le dijo a una graduada de veinticuatro años que había que sacar el demonio de ella a golpes; y ella se sometió a tal humillación con esperanza pero sin sentir ninguna mejora. Eso nunca debería ser así; no es sano, ni edificante ni bíblico. Algunos exorcismos violentos han causado la muerte e incluso persecución penal. La prensa informó de un caso en Londres y otro en Australia. La orden con palabras debería ser todo lo necesario en la mayoría de los casos, como vemos en los ejemplos de liberaciones en el Nuevo Testamento. El diablo mientras tanto sigue con su verdadero trabajo de engañar a las naciones, y no sólo de ocupar casas u otras actividades físicas.

La obra de Dios sin duda alguna incluye la expulsión de demonios. En nuestras cruzadas del evangelio en África nos encontramos en zonas en las cuales la atmósfera misma está contaminada de demonios, y la brujería abunda. Recientemente, algunos hombres poseídos por demonios estuvieron pronunciando hechizos y danzando alrededor de mi hotel toda la noche. Cuando he comenzado a predicar y a mencionar el nombre de Jesús, con frecuencia multitudes de demonios se manifiestan y molestan la proclamación de la Palabra. Yo no dejo de predicar, porque esa es la estrategia del diablo. Contrariamente a los pocos que manifiestan posesión demoniaca, multitudes quieren escuchar el evangelio. Nosotros tenemos obreros entrenados y preparados para hacer salir a las personas poseídas por demonios y tratar con ellas alejados de la multitud, mientras el mensaje del evangelio sigue adelante. No estamos allí para hacer demostraciones sino para predicar el evangelio.

Algunos afirman tener el don de discernimiento, pero utilizan complicadas pruebas y cuestionarios de muchas páginas, por no mencionar sugerencias temerosas a las personas de mente abierta. Investigar a creyentes llenos del Espíritu con respecto a tales poderes oscuros es seguramente una reflexión sobre las promesas de salvación de Dios. El Espíritu Santo hace de nuestro cuerpo su templo, y Él nunca llegaría a un acuerdo con un diablo para compartir un apartamento tan pequeño o para tolerar a un ocupante ilegal tan repugnante. Si nuestras vidas están escondidas con Cristo en Dios, y tenemos un demonio, ¡entonces significaría que el demonio oculto en nosotros está también oculto en Dios! Eso es impensable.

Si los creyentes tienen algo que se aferra a ellos es la vieja vida, el viejo hombre. En ese caso, la Escritura nos hace responsables de despojarnos "del viejo hombre con sus hechos" y revestirnos de Cristo (Colosenses 3:9; Gálatas 3:27). Ningún cristiano fue nunca exorcizado en tiempos de la Biblia. Ellos eran culpables de muchos pecados y debilidades, pero nunca se puede etiquetar como la morada de un espíritu inmundo. La respuesta a los fallos no era el exorcismo sino ejercitar la piedad, desechando (no expulsando) las obras infructuosas de la oscuridad.

Se ha dicho mucho de las palabras de Cristo a Pedro: "¡Quítate de delante de mí, Satanás!". Pero eso no fue ningún exorcismo, y no hubo señal alguna de que un diablo se manifestarse o le dejase. Después de todo, Jesús acababa de decir que Pedro era "bienaventurado", y que Dios le había revelado la identidad de Jesús. Pedro no podía ser bienaventurado de Dios y tener un demonio al mismo tiempo, pero él pudo decir algo muy humano, lo cual se clavó en el corazón de Jesús como una daga de la vieja tentación en el desierto.

JUZGAR LOS ESPÍRITUS

¿Cuándo deberíamos entonces estar alerta a las potestades demoniacas? La principal área de peligro satánico hacia la Iglesia es dada como "doctrinas de demonios" (1 Timoteo 4:1); es decir, enseñanzas e innovaciones que el enemigo lanza al ring. Provienen de todos los cuarteles, tanto religiosos como seculares; algunas son sutiles mentiras a medias enterradas en expresiones aparentemente espirituales o piadosas. De hecho, algunas pueden ser escrituras, como las que Satanás probó con Jesús en el desierto. Se ha afirmado tener nuevas revelaciones, ¡las cuales ellos dicen que ni siquiera los apóstoles entendieron! La Escritura habla de falsos maestros, falsos profetas, falsos cristos, falsos pastores, falsos hermanos, falsos guías, maravillas engañosas y lobos con pieles de oveja no sólo desde fuera, en el mundo, sino que también se levantan entre los creyentes y hablan "cosas perversas" (Hechos 20:30).

Satanás está detrás de las divisiones: las separaciones en iglesias, pequeños grupos alrededor de algún líder que enfatiza algún dogma favorito de él, personas que dan demasiada importancia a asuntos menores, grupos con problemas que estallan como globos a causa de líderes charlatanes, o quejas insignificantes a las que se les da una importancia desproporcionada. Las flechas de Satanás son errores, que abren una herida en el costado del Cuerpo de Cristo, haciendo sangrar el testimonio, tal como el diablo lo planeó y también como Dios nos advirtió en la Palabra. Sin el don de discernimiento de espíritus, la Iglesia es debilitada y dividida en todas partes.

Incluso fuera de la Iglesia existen importantes engaños, los cuales, a menos que se vigilen, se meterán dentro de la Iglesia misma; y ciertamente así ha sido. La tarea del enemigo es proporcionar interés intelectual para aquellos que no conocen la verdad, que fingen buscarla pero rechazan la puerta del evangelio. El siglo XX estuvo marcado por el final de uno de los mayores movimientos contrarios a Dios, el comunismo marxista, el cual libró guerra en la Iglesia durante tres cuartos de siglo antes de ser reconocido como la vacía maldad que era. El pueblo de Dios en todo lugar sabía que era siniestro, pero era ridiculizado como "el ala correcta". Incluso ahora, no hay duda de que este monstruo político con cabeza de hidra y contrario a Dios seguirá luchando por sobrevivir, tal como lo hace el nazismo.

El pensamiento occidental también ha estado dominado por las teorías seculares e impías. Satanás ha plantado agentes en los sistemas educativos más elevados e incluso en los seminarios teológicos. Conceptos no cristianos o anti cristianos han destruido la columna espiritual de nación tras nación, comenzando con mi propio país, Alemania, en el que la secta del intelectualismo, que duda de la Biblia, fue incubada durante el siglo XVIII con la así denominada Ilustración, la cual dio lugar a las maldades de la revolución y la guerra.

En todas partes los efectos han sido aterradores. El terreno bíblico de la moralidad está siendo destruido. Sin ninguna luz interior, cada década desde entonces ha producido una oleada peor de impiedad, el mal por el mal, destrucción e incluso asesinato meramente por el placer de hacerlo, por parte de gobiernos y también de individuos inspirados por el diablo. Las personas buscarán la quimera de "nuevas iniciativas políticas" porque no pueden discernir que tras gran parte de la conmoción existente en el mundo está el "príncipe de la potestad del aire, el espíritu que ahora opera en los hijos de desobediencia" (Efesios 2:2). Los orígenes de toda conducta son morales y espirituales. El creyente tiene un medio por el cual rechazar estas modas muy populares pero corruptas: el don de discernimiento de espíritus.

Para los apóstoles, el mundo estaba lleno de pensamiento pagano. Pablo habló de "la sabiduría de este mundo", pensando particularmente en los filósofos griegos que nunca encontraron a Dios y que después de seis siglos de precisa actividad intelectual seguían siendo paganos que adoraban un altar con el nombre de "al dios desconocido". Esa falsa sabiduría se tenía en una estima mundana tan alta, al igual que sucede ahora, que se estaba infiltrando en la enseñanza cristiana y la pervertía. Algunos intentaban unir sus ideas religiosas místicas o filosóficas con el cristianismo. Pablo podía citarlas, pero insistía en que eran mutuamente antagonistas.

De hecho, la historia de la doctrina de la Iglesia ha sido en gran parte la historia de intentos de casar la fe cristiana con la filosofía secular humana; todo desde Platón hasta Berkeley y toda otra tendencia de pensamiento. El evangelio ha sido constantemente cortado, cincelado y moldeado para encajar en cualquiera y en todas las ideas que el diablo haya puesto en las cabezas de los seres humanos. La certeza ha huido de miles de iglesias. Al igual que las ciudades antiguas que se edificaban sobre los escombros de anteriores ciudades, las dudas actuales están edificadas sobre las teorías descartadas del pasado.

Esto es lo que Pedro denominaba "herejías destructoras" (2 Pedro 2:1). El libro de Apocalipsis nos dice: "Y vi salir de la boca del dragón, y de la boca de la bestia, y de la boca del falso profeta, tres espíritus inmundos a manera de ranas" (Apocalipsis 16:13). Son una trinidad de engaño. La Biblia no habla solamente de algunos miembros de la iglesia que son desviados; habla de naciones, de todo el mundo, que se dirige al Armagedón.

Es ahí donde se necesita el don de discernimiento de espíritus. Como creyentes, nos encontraremos cada vez más desfasados de la sociedad, no "políticamente correctos", porque el mundo está engañado. El don de discernimiento de espíritus nos guiará cuando atravesemos peligrosos campos de minas. El Espíritu Santo es el Espíritu de verdad, que nos conduce a toda verdad tal como Jesús prometió. El creyente es el portador de la verdad, y la Iglesia es el pilar y el terreno de la verdad.

"Pero el Espíritu dice claramente que en los postreros tiempos algunos apostatarán de la fe, escuchando a espíritus engañadores y a doctrinas de demonios" (1 Timoteo 4:1). Nuestra primera preocupación no es que se muevan mesas, poltergeist o "demonios verdes" imaginarios a los que hay que expulsar tosiendo, sino que es la inundación del error que engloba a la Iglesia y al mundo. El exorcismo ocupa un importante papel en nuestro trabajo para Dios, pero no luchamos contra el engaño demoniaco con el exorcismo; luchamos predicando la Palabra de verdad.

Finalmente, recordemos de nuevo que un don es una manifestación del Espíritu que obra tal y cuando se necesita, al igual que lo hace una palabra de sabiduría, una palabra de conocimiento o una profecía. ¿Cómo llega? De todas las maneras en que llegan otras proclamaciones: mediante visión, sueño, la Palabra de Dios, de modo espontáneo e incluso inconsciente. En resumen, el Espíritu Santo nos guiará a toda verdad, no para hacernos intelectualmente grandes, sino para salvaguardar la mente y el alma del pueblo de Dios. El medio por el cual Él hace eso algunas veces es el siguiente: "a otro, discernimiento de espíritus".

CAPÍTULO 15

LENGUAS E INTERPRETACIÓN

Stanley H. Frodsjam escribió *With Signs Following* [Señales seguirán] en 1946, en el cual citaba historias de personas que hablaban en idiomas que nunca habían oído ni aprendido. Desde luego, los críticos han asegurado que es imposible, y han descartado las lenguas con la explicación de que fueron leyendas de tercera o cuarta mano. Lo eran, ¿verdad? Sobre la misma base se descartan los milagros de la Biblia.

Robert Skinner, como editor de *Pentecostal Evangel* canadiense, ha escrito sobre varios ejemplos de primera mano en la revista *Redemption* en septiembre de 1993. Su padre, que hablaba kiswahili, escuchó a una joven bautizada en el Espíritu hablar kiswahili perfectamente, lenguaje que ella nunca había oído en toda su vida y que tradujo. Su hijo, Gary, a quien conozco personalmente, había regresado a casa desde Uganda aquel año en el instituto bíblico Eastern Pentecostal Bible Collegue. Uno de los alumnos tenía presente a una visitante alemana que era cristiana desde hacía solamente dos semanas. Después del servicio, ella expresó su alegría y dijo que había sido un placer escuchar a alguien orar en ruso, un idioma que ella entendía, y también lo buena que fue la interpretación. Ninguno de los dos oradores hablaba nada de ruso.

Robert Skinner menciona, entre otros incidentes, a veinte estudiantes de idiomas que acudieron de manera escéptica a una reunión pentecostal y escucharon varios idiomas, incluyendo italiano y ruso con fluidez, hablados por personas que no conocían ninguno de esos idiomas.

Durante la mayor parte de este siglo ha sido imposible escribir sobre lenguas excepto como defensa. Para aquellos que puede que se sigan enfrentando a objeciones y críticas, registramos algunas de las cosas que se han dicho en esa larga lucha, como, desde luego, siempre habrá perspectivas contrarias.

De todos los dones, este ha atraído el mayor interés; y la mayor oposición. El descubrimiento de que hablar en lenguas es una experiencia cristiana válida resultó marcar época para la Iglesia. Las lenguas activaron el actual énfasis en el Espíritu Santo en todo el mundo y se convirtieron en el catalizador para un avance evangelístico, que ha eclipsado todo lo anterior, tanto en empuje como en éxito.

Hablar en lenguas con frecuencia recibe el nombre griego de *glossolalia*. Debido a que hay diversas ideas sobre las lenguas, su origen y lo que son, en primer lugar definiremos lo que queremos decir en este libro. Las "lenguas" son lenguajes terrenales o celestiales, hablados solamente por los creyentes, tal como el Espíritu Santo los otorga. Quienes hablan puede que no sepan lo que están diciendo. Al ser de capacitación espiritual, la interpretación debe ser por el mismo medio.

Si hablar en lenguas tiene lugar en la adoración, dirigido a toda la congregación, debe seguir una interpretación. Principalmente por ese motivo, será más fácil considerar los dos dones, lenguas e interpretación en conjunto durante gran parte de este capítulo.

LAS LENGUAS EN LA ESCRITURA

Hay veintiséis referencias a las lenguas en el Nuevo Testamento: una en Marcos 16, cuatro en Hechos y veintiuna en

1 Corintios. Pueden parecer pocas, considerando el peso dado a las lenguas en la actual escena carismática-pentecostal. Sin embargo, las referencias a la profecía con frecuencia incluyen lenguas. El día de Pentecostés, cuando los primeros discípulos hablaron en lenguas y se reunió una gran multitud preguntando qué era todo aquello, Pedro explicó: "Mas esto [hablar en lenguas] es lo dicho por el profeta Joel... vuestros hijos y vuestras hijas profetizarán" (Hechos 2:16-17). Las lenguas eran profecía, y si son entendidas por los oyentes, tal como fue en el día de Pentecostés, son tanta profecía como las lenguas en español serían para oyentes españoles. Lo mismo es cierto, desde luego, cuando las lenguas son seguidas de una interpretación, como es normal en los servicios de adoración: se convierten en profecía.

La glossolalia se menciona solamente en tres libros de todo el Nuevo Testamento (en Marcos, Hechos y 1 Corintios), pero eso no es significativo. Pablo escribió una segunda carta a los corintios y no hizo referencia alguna a las lenguas o a ningún otro don. Él también escribió sobre la Cena del Señor, la ordenanza central de la fe cristiana, en un largo pasaje en 1 Corintios pero nunca lo mencionó ni siquiera de pasada en la segunda carta, y tampoco ninguno de los otros libros se refieren a ella excepto los tres primeros Evangelios. Incluso el Evangelio de Juan no dice nada al respecto, al igual que omite aproximadamente una docena de otros asuntos importantes. Los escritos del Nuevo Testamento fueron impulsados por alguna necesidad u ocasión especial, y normalmente no presentan una teología exhaustiva. Pablo nos da, desde luego, muchas enseñanzas sobre aspectos particulares de la fe, pero no sobre la escala completa de verdad.

TRISTES LECCIONES DE LA HISTORIA

Todos debieran recibir el trasfondo de la actual operación de las lenguas en millones de creyentes. Durante la mayor parte del siglo XX las lenguas fueron rechazadas, incluso prohibidas, a pesar de la advertencia de 1 Corintios 14:39: "y no impidáis el hablar lenguas". Curiosamente, cuando el mismo capítulo dice: "vuestras mujeres callen en las congregaciones" (v. 34), se le otorgó todo su peso y se aplicó en contra de las mujeres, pero se pasó por alto el mandamiento de no impedir el hablar lenguas. Sigue habiendo iglesias que hacen callar a las mujeres y las lenguas, mostrando así una buena falta de respeto por todo el capítulo 14, a excepción del versículo que les encaja sobre las mujeres. Ellos también separan ese único versículo de lo que Pablo dice sobre el mismo tema en otros lugares. En este breve capítulo, sin embargo, no tenemos espacio para detallar la voltereta hacia atrás de tales teólogos.

La "gente de las lenguas", como se les apodó, fueron durante décadas los objetivos tradicionales que necesitaban las exhortaciones al amor de 1 Corintios 13. Nos resulta difícil ver que tales insinuaciones críticas mostrasen mucho amor o que los críticos mismos fuesen brillantes ejemplos de esa virtud. Desde luego, el capítulo 13 es la Palabra de Dios, y todos deberíamos tomarlo en serio. Contiene nueve versículos que subrayan el amor; sin embargo, ¿qué hay de los setenta y cinco versículos en esa misma carta que alientan el uso de los dones? Ciertamente, el capítulo del amor mismo habla de dones, incluyendo las lenguas (1 Corintios 13:1, 8), y fue escrito para mostrar la actitud en la cual debería tener lugar el hablar en lenguas. Además, va seguido inmediatamente por el mandamiento: "procurad los dones espirituales" (1 Corintios 14:1). Desgraciadamente, el título del capítulo destruye la conexión de la idea. ¿Podemos prestar una seria atención al capítulo del amor y pasar por alto el don de lenguas, del que habla el capítulo del amor?

Aquellos que vieron y aceptaron las lenguas a principios del siglo XX fueron algunas de las personas más devotas y piadosas predicadores de la Biblia, productos de hecho del movimiento de santidad mismo. Estaban apasionadamente interesados por el evangelismo del mundo, y después de que aceptaron la bendición pentecostal en el año 1901, un avivamiento salvador de almas estaba en camino, el cual se extendió en todo el siglo.

La historia de la glossolalia desde el principio del primer día del siglo XX está llena de significado espiritual. Ha producido el mayor testimonio de salvación de almas en toda la era cristiana. Sin embargo, el mundo evangélico se sacó de la nada un verdadero temor a las lenguas, y los líderes concentraron su peso contra ellas. Aquello fue trágico y tuvo consecuencias de gran alcance. Dios había enviado avivamiento, pero fue rechazado por millones de cristianos bíblicos. El avivamiento estilo apostólico se abrió camino principalmente sin apoyo evangélico. Cuando George Jeffreys, el primero y mayor de los evangelistas pentecostales británicos, el hombre que mencioné que impuso sus manos sobre mí, recorrió el Reino Unido como una llama de fuego, salieron advertencias contra él casi desde todos los púlpitos de las iglesias. En la segunda ciudad más grande de Inglaterra, Birmingham, diez mil personas recibieron a Cristo, y se recibieron mil testimonios de sanidad; sin embargo, un importante clérigo libre intentó organizar un contraataque.

Esa posición cambió solamente cuando comenzó la era de la renovación carismática a finales de los años cincuenta y sesenta. Las naciones, que podrían haber sido barridas por el avivamiento si el movimiento del Espíritu de esta manera nueva hubiera sido aceptado por los evangélicos, fueron barridas por la guerra. Este triste rechazo de los dones bíblicos fue incomprensible. Una de las principales razones fueron los informes calumniadores y falsos. El enemigo y "el acusador de los hermanos" hizo del temor su principal estrategia. El diablo podía ver el daño que un evangelio de milagros haría a su reino infernal. De hecho, el celo mismo de "la gente de las lenguas" por ganar a otros para Cristo en realidad profundizó la alarma entre los creyentes en la Biblia y también entre los liberales. Los líderes más piadosos fueron desviados por los informes generales, el prejuicio y también por presiones prácticas. Aceptar las lenguas habría situado a uno de los evangélicos más eminentes fuera del campamento y, sin duda, fuera de su iglesia.

En 1904 comenzó el avivamiento galés. Creó casi un hambre desesperada en todo el mundo de tal bendición. En Alemania, los evangélicos organizaron convenciones y esfuerzos de oración. El clamor era: "Señor, hazlo de nuevo". El avivamiento visualizado era una repetición de los despertares de Wesley-Whitefield-Edwards; pero Dios quería hacer algo nuevo, y esperó.

En Alemania, un líder evangélico sin ninguna experiencia carismática comenzó servicios experimentales para el bautismo en el Espíritu, los cuales atrajeron a una multitud variada de buscadores de maravillas, muchos de ellos dudosos religiosos. Se permitió que las cosas se descontrolasen, y dos experimentadas mujeres pentecostales que llegaron desde Noruega para ayudar regresaron a sus hogares indignadas.

El daño tuvo un gran alcance y dio lugar a la infame "Declaración de Berlín", que denunciaba el movimiento de las lenguas como "de abajo", del diablo.[1] Este breve documento era meramente asertivo, y no contenía ni un único argumento, bíblico ni de ningún otro modo. La mayoría de evangélicos alemanes, bajo amenaza de expulsión, tuvieron que acatar la idea que presentaba. Así, la Declaración se arraigó profundamente y dio un amargo fruto.

En la actualidad, gracias a Dios, mientras escribo, personalmente he encontrado una nueva actitud en Alemania y en todos los demás lugares entre los evangélicos hacia el avivamiento carismático-pentecostal. Las hojas de la Declaración de cien años de antigüedad se están poniendo amarillas, y una actitud de amor cristiano está borrando lentamente el malentendido del pasado. Quizá sea el paso definitivo de aquellos trágicos días y de la Declaración.

Creo que también debería decirse que no es sorprendente que muchos dentro del avivamiento levantasen un poco su pie del acelerador espiritual, para evadir la persecución. Había un deseo general de no ofender a la Iglesia tradicional mediante lenguas ostentosas, y con frecuencia se pensaba que era necio mencionar una práctica tan extraña demasiado públicamente. Al final, el movimiento de renovación carismática comenzó a liberarse de estas y otras precauciones inhibidoras.

EL PROBLEMA BÁSICO

Esperamos que lo anterior ayude a una nueva generación a entender el trasfondo de cualquier vacilación con respecto a las lenguas. Hay muchos que no tienen objeción alguna cuando otros hablan en lenguas, pero no tienen interés al respecto para ellos mismos. ¿Es posible ser pentecostal o carismático sin hablar en lenguas? Bien, en el primer día verdaderamente pentecostal todos ellos hablaron en lenguas. Otros dones sobrenaturales están bien: sanidad, echar fuera demonios, profecía, sabiduría, conocimiento y milagros. Existe una diferencia: ninguno de ellos requiere la misma rendición propia. Pueden operar mientras nosotros mantenemos nuestro mejor abrigo bien abrochado con dignidad. Ciertamente podemos sanar a los enfermos y pronunciar sabiduría, conocimiento y profecías de manera bastante majestuosa, pero hablar en lenguas es diferente. Podemos recibir incluso la salvación con corrección, pero las lenguas parecen humillar nuestra dignidad y compostura. Quizá sea ese el motivo de que Dios las dé.

Los cristianos han sido educados con actitudes contrarias a las lenguas y han sido condicionados en contra de su práctica; otros han quedado desilusionados. Quienes utilizan métodos artificiales para inducir las lenguas han causado un considerable daño. Pero el núcleo es el temor, un instinto psicológico de aferrarnos a nosotros mismos, mientras que hablar en lenguas se parece mucho a perder el control, o eso se supone.

Ese es un temor innecesario. Dios nunca toma el control de esa manera y nos roba nuestra voluntad.

Según Hechos 2:4: "y comenzaron a hablar en otras lenguas, según el Espíritu les daba que hablasen". Cuando la voluntad del hombre y la voluntad de Dios se unen en equilibrio, entonces, y solamente entonces, es posible la proclamación. No tenemos que tener temor a que "se apoderen" de nosotros, y nunca deberíamos permitirlo. El bautismo en el Espíritu no debe describirse como ser poseído por el Espíritu Santo, pues no es una posesión del Espíritu. Un demonio puede poseer a las personas, pero no el bendito Espíritu de Dios. Desde luego, deberíamos reconocer que Dios tiene derecho sobre nosotros como sus templos y sus siervos: "Así que, hermanos, os ruego por las misericordias de Dios, que presentéis vuestros cuerpos en sacrificio vivo, santo, agradable a Dios, que es vuestro culto racional" (Romanos 12:1).

Si queremos al Espíritu Santo, entonces deberíamos recordar lo que dice Pedro: "los santos hombres de Dios hablaron siendo inspirados por el Espíritu Santo" (2 Pedro 1:21). Ellos no tenían ninguna duda al respecto, ninguna preocupación por ser "poseídos" o por mantener su control propio y su dignidad. La dignidad no es uno de los frutos del Espíritu de todos modos, ¡pero el gozo sí lo es! Dios nunca arrebata el control; sin embargo, Él sí necesita acercarse a la carne y participar en el asunto de nuestra conversación. En cuanto a la dignidad, si queremos lo que los apóstoles tenían, ellos no se apoyaban demasiado en su dignidad. Se burlaron de ellos y dijeron que estaban bebidos el día de Pentecostés; pero ese es un costo pequeño para un beneficio tan grande.

Nuestro verdadero impedimento es puro instinto: "Yo soy yo, y nadie más va acercarse tanto a mí para que cualquier cosa que yo haga no sea totalmente yo. Ni siquiera Dios". Cerramos nuestras almas y consideramos al Espíritu Santo un intruso. Él quiere hacer de nuestros cuerpos su templo, y ese es el problema: somos muy maniáticos por mantener intacto tan sólo nuestro cuerpo.

El Espíritu de Dios no ha venido a profanar. No es una invasión pues fuimos creados para morada de Él, y el comentario del Dr. Huxley es más cierto de lo que pensamos, que "hay un vacío con forma de Dios en nuestra alma". Solamente Dios puede llenarlo, y ese es el quid de la cuestión. El corazón del ser humano tiene una puerta de oro que nunca será abierta por nadie excepto el Señor de los ejércitos, como la de Jerusalén.

Dios nos quiere no sólo espiritualmente sino también físicamente; esa es la revolución de Pentecostés, y ese es el Rubicón que tantos tienen temor a cruzar a la vez que admiran a aquellos que lo han hecho. Físicamente y en todos los demás aspectos debemos ser uno con Él, nosotros en Él y Él en nosotros, como una esponja dentro del agua. Una tela metida en tinte azul adopta el carácter del elemento en el cual está sumergida, y así es con quienes son bautizados en el Espíritu.

Si, entonces, Él habita en nosotros físicamente, ¿no debería haber una señal física? ¿Qué otra cosa sino hablar en lenguas? ¿No es la lengua como un timón que dirige el barco, tal como dice Santiago? (Véase Santiago 3). Entonces, ¿qué significa cuando no permitimos que Dios utilice nuestra lengua para hablar? Si el don viene de Él, si hablamos en lenguas tal como el Espíritu nos da que hablemos, ¿podría ser algo distinto a maravilloso?

La gloriosa experiencia de ser introducido en el océano de los propósitos de Dios, transportados (como los profetas de Israel) en ese viento recio pentecostal; ¿es eso a lo que tenemos temor? ¿ha dejado rígida nuestra vestimenta el almidón de lo que denominamos civilización y la ha convertido en una armadura de acero, de modo que se ha vuelto difícil revestirnos de Cristo? ¿Dónde están las lágrimas de Él? ¿Dónde está su pasión? ¿Dónde llevamos nuestra cruz? ¿Dónde su total desprendimiento y sumisión a Dios? El mundo admira todo entusiasmo apasionado excepto uno: el amor a Dios. ¿Qué queremos? ¿Queremos nuestra agradable cultura y sofisticación, o el ardiente y palpitante impulso de la naturaleza divina?

No parece haber un amplio reconocimiento de que el bautismo en el Espíritu con la evidencia de hablar en lenguas sea una verdad que engloba todas las demás verdades. Se abre para nosotros una nueva dimensión no sólo en la vida sino también en la teología y en todas las relaciones. La verdad brilla con más fuerza en cada movimiento de la piedra preciosa: Dios en la carne, no sólo "espiritualmente". Joel había dicho que el Espíritu sería derramado sobre toda carne. Dios viene sobre nosotros en nuestra carne al igual que en nuestro espíritu.

Ya sea que hablemos de salvación, perdón o redención, la carne está involucrada; incluso cuando hablamos de Dios, porque "el Verbo se hizo carne" (Juan 1:14). No hay ninguna manera en que la unidad divina con nuestra naturaleza humana pudiera ser ahora mejor demostrada que cuando el Espíritu nos da que hablemos. La presencia de Dios en su pueblo siempre le ha afectado vocalmente. Los teólogos ahora tienen que pensar en términos de lo que sucedió en Pentecostés, o perderán la llave de una biblioteca más grande de verdad. Si el único Hombre perfecto que haya vivido jamás fue una unión divina-humana, y nosotros estamos destinados a ser semejantes a Él, ¿por qué rechazar cualquier evidencia de ello en la época actual? La plenitud de la Trinidad habitó en Él corporalmente.

EL DON DE DIOS

Los pentecostales en sus pequeñas iglesias en locales y en callejones siguieron firmes durante medio siglo de desprecio. Aquellos grupos eclesiales, que ahora ascienden a 220 millones, normalmente escriben las lenguas en sus principios fundamentales como la señal del bautismo en el Espíritu. A pesar de los argumentos que se utilicen, o de si el libro de Hechos tenía intención de enseñar teología o no, el registro es suficiente. La manera que hay en la Biblia de ser lleno del Espíritu y saberlo es bastante clara; siempre se producía con manifestaciones externas, y la única que se menciona invariablemente es las lenguas. Nadie en absoluto en los tiempos apostólicos lo obtuvo de alguna otra manera.

Si a las personas no les gustan las lenguas, ¿cómo proponen saber que tienen el Espíritu Santo? ¿Cómo se demostrará en su personalidad? Ir por ahí sanando a otros no muestra el modo en que nosotros mismos somos bendecidos. Estamos hablando de nuevas criaturas, no de viejas criaturas hechas un poco más vivaces, sino de vida tras la muerte.

Las lenguas son el único don enumerado en cada lista en 1 Corintios 12–14. Las lenguas, las verdaderas lenguas, serían imposibles sin Dios. Son un don del cielo. ¿Debería alguien protegerse y defenderse contra ellas? En un capítulo anterior dijimos que no hay tal cosa como dones mayores y menores; tampoco hay tal cosa como un don de tan poca consecuencia que no tenga que interesarnos. Dios no da dones triviales. Si nosotros no podemos ver su valor, Él sí puede.

Hay quienes enseñan que podemos ser llenos del Espíritu sin lenguas, o incluso que recibimos el Espíritu en el nuevo nacimiento y buscamos los dones después. Eso elimina la necesidad de la "evidencia inicial" pentecostal de las lenguas. Bien, ¿por qué es tan bienvenida tal enseñanza? Nada de lenguas: ¿qué atracción tiene eso? Si a usted no le interesa este don, otro más tendrá que ser eliminado de la lista de Corintios: la interpretación. ¿Somos nosotros superiores a lo que Dios ofrece?

LAS LENGUAS EN OPERACIÓN

La literatura sobre las lenguas llenaría toda una biblioteca. En este libro estamos intentando establecer dirección, entendimiento y algo más. El objetivo es estimular el deseo por los dones dados por Dios, los cuales siempre han demostrado ir mano a mano con la fe y la visión evangelística.

La "gente de las lenguas" se está convirtiendo en un importante factor en la historia, secular y religiosa, sencillamente debido a su anhelo por ver a otros volverse a Dios. Hay un fuego ardiente en su alma, una convicción profunda. No pregunte cómo o por qué; está ahí. Quizá otros también la tengan, pero ciertamente millones de personas no la tendrían en absoluto si el hablar en lenguas no les hubiera presentado al Espíritu que habita en su interior.

Anteriormente nos referimos al hecho de que las nueve manifestaciones, que Pablo describe en la primera lista de 1 Corintios 12, no son todas las que hay. Esa es una lista rápida de dones que afectan particularmente a la adoración cristiana. Otras obras del Espíritu, como echar fuera demonios, tomar serpientes y la inmunidad al veneno, no son parte de la adoración normal.

Pablo clasifica la profecía más alto que los corintios la clasificaban; ellos preferían las manifestaciones más llamativas, especialmente las lenguas. El amor por lo sensacional no es desconocido en ninguna época, y es bastante evidente en la actualidad. Puede que se busque lo milagroso únicamente porque es sensacional. Hablar en lenguas en Corinto le sonaba a Pablo "como metal que resuena, o címbalo que retiñe" (1 Corintios 13:1), para alardear. Este orgulloso logro Pablo lo reduce de repente a la dependencia de alguien que profetiza, diciendo que un hombre que habla en lenguas no debe hablar en absoluto sin que haya interpretación.

INTERPRETACIÓN

La palabra griega utilizada para "interpretación" en 1 Corintios 12:10 es *hermeneia*. Los expertos nos dicen que significa "explicar lo que se ha dicho" en lugar de traducir. En 1 Corintios 14:27-28, es similar; por ej., poner en palabras (en griego: *diermeneuo*).

Nos gustaría ofrecer ayuda y pautas, especialmente porque las lenguas utilizadas públicamente se espera que tengan lugar en el contexto de la adoración. Lo que puede ser expresado de modo conciso por el Espíritu en un lenguaje puede que necesite más explicación en español. No sabemos nada sobre las lenguas de los ángeles, que podrían ser mucho más concisas que nuestros idiomas, y necesitaríamos muchas palabras en idiomas terrenales para interpretarlas. Una breve frase en lenguas, seguida por una interpretación cinco veces más larga, puede tener otra explicación; es decir, un desarrollo profético del mismo tema que continúa en el espíritu de profecía.

La interpretación no necesita producirse en cuanto la persona que ha hablado en lenguas se haya detenido. No es necesario dejar en silencio la reunión a la espera de que el intérprete comience. No hay razón alguna de que la interpretación no pueda darse más adelante. Incluso podría darse en una reunión posterior si el Espíritu lo permite y la misma congregación está presente, aunque eso sería raro.

Se ha dicho que algunas proclamaciones en lenguas son solamente alabanza a Dios y no necesitan interpretación. Pero ¿por qué no interpretar la alabanza? Las lenguas y la interpretación tienen una cualidad de adoración, y la alabanza es edificante. Quienes entendieron los idiomas hablados el día de Pentecostés les oyeron proclamar "las maravillas de Dios" (Hechos 2:11). Es como los Salmos. ¿Por qué no en la actualidad?

Las maravillas de Dios antes de Cristo fueron descritas en los Salmos como los actos milagrosos de Él, como la liberación de Egipto. La adoración no debería tratarse principalmente de postrarse delante de un trono celestial (e inimaginable) en el cielo. La maravilla de Dios fue que "Dios estaba en Cristo reconciliando consigo al mundo" (2 Corintios 5:19). El Calvario siempre ha sido el tema cristiano. Por tanto, cuando se interpretan las lenguas, no es sorprendente que la gran salvación de la cual hablaron los profetas sea el tema de los profetas actuales. La gloria de la cruz y de la obra suprema de Dios escrita con sangre en el Calvario era el tema de alabanza en la gloria cuando Juan vio lo que sucedía allí (Apocalipsis 5).

Decir que Pablo desalienta las lenguas es una de las ocasiones más notables que yo he conocido jamás en que se da la vuelta a la Escritura. El pasaje de 1 Corintios 14 hace afirmaciones sobre las lenguas que ni siquiera se hacen sobre la profecía. "Porque el que habla en lenguas no habla a los hombres, sino a Dios" (v. 2); "por el Espíritu habla misterios (v. 2); "si yo oro en lengua desconocida, mi espíritu ora" (v. 14); "las lenguas son por señal... a los incrédulos" (v. 22). Usted alaba a Dios con su espíritu.

ORDEN EN EL SERVICIO

Las instrucciones a los corintios terminan con los versículos 39 y 40 del capítulo 14: "Así que, hermanos, procurad profetizar, y no impidáis el hablar lenguas; pero hágase todo decentemente y con orden". ¿Qué orden? ¿El nuestro o el de Dios? ¿Nuestros estructurados procedimientos inamovibles? Eso no se indica en absoluto. El orden de Dios puede tener una robustez alpina al respecto y seguir reteniendo un aspecto de grandeza. La adoración puede tener espontaneidad: la vista sorprendente de la montaña. "Cuando os reunís, cada uno de vosotros tiene salmo, tiene doctrina, tiene lengua, tiene revelación, tiene interpretación" (v. 26). Eso es adoración del Espíritu Santo, ríos de agua viva y manantiales en el desierto.

Sin embargo, hablar en lenguas no está limitado a su uso en la iglesia. Pablo desea que todos ellos hablen en lenguas. Obviamente, no todos podían hacer una proclamación cuando estaban reunidos para adorar (vv. 5, 23). No habría tiempo, a menos que continuasen una semana. El deseo de Pablo de que todos hablen en lenguas sólo podría cumplirse si las personas ejercitasen su fluidez en la adoración privada.

Hablar en lenguas es oración (v. 2) y, por tanto, es una manera en la cual "orar en el Espíritu", especialmente cuando no sabemos por lo que orar, como dice Romanos 8:26. Es interesante que esto se aplica no necesariamente a la oración por otra persona sino también por nosotros mismos, porque continúa: "Mas el que escudriña los corazones sabe cuál es la intención del Espíritu, porque conforme a la voluntad de Dios intercede por los santos". Oramos por nosotros mismos cuando oramos en lenguas. Esto explica por qué millones de personas se encuentran "avanzando" cuando el sentimiento parece ser no estar dando en el blanco en la oración, si aprovechan esta manifestación en sus vidas. Sin embargo, Pablo está interesado principalmente en las lenguas en la adoración pública.

En la Iglesia es donde Pablo visualiza la operación de los dones "para edificación, exhortación y consolación" (1 Corintios 14:3), y cualquier profecía debería ser probada por otros. Estas dos instrucciones dejan muy claro que las lenguas, la interpretación y la profecía no son para guía privada, ni para el círculo familiar, ni entre amigos, ni entre esposo y esposa; este tipo de suceso debería tener lugar en la congregación, donde hay otros para juzgarlo.

La experiencia ha demostrado lo importante que es esto. La práctica de usar las lenguas y la interpretación en privado en el hogar, particularmente para obtener dirección, no necesita ser descrito como no aconsejable; ha producido calamidad y destrucción. Es un modo de dividir iglesias. Debe haber otras personas para juzgar, lo cual significa que es necesaria la supervisión incluso en la adoración en la iglesia.

¿QUÉ SON LAS LENGUAS?

Se han explicado las lenguas como algo psicológico, algo "lanzado desde la mente subconsciente bajo estrés mental". Me sorprende que capacidades tan fantásticas sean atribuidas a la mente subconsciente, que las personas puedan pronunciar largas e ininteligibles declaraciones en lenguajes que nunca han oído, e incluso describir en lenguas asuntos completamente fuera de su conocimiento.

The Pentecostal Movement [El movimiento pentecostal] de Nils Bloch (1964), diagnostica el hablar en lenguas como una enfermedad psicológica, y a quienes hablan en lenguas como una subespecie. Su opinión médica es que "la verdadera xenolalia" (lenguajes extranjeros o ajenos) es cierto tipo de lapso mental, en el que frases ajenas olvidadas por mucho tiempo son liberadas a "velocidad motora" cuando el paciente está en un estado de éxtasis o trauma. Él envuelve esas tonterías demasiado inverosímiles con una jerga que suena elevada, hipermnesia o criptomnesia, y considera que esa es una "explicación racional satisfactoria". Nada podría ser menos "satisfactorio" o "racional".

Aquellos de nosotros que hablamos en lenguas diariamente podemos afirmar que no se realiza en un éxtasis o trauma, y que nosotros tenemos el control pleno de nuestro estado mental. Nils Bloch Hoel, sin embargo, no está él mismo seguro de haber explicado las cosas, porque añade que la futura investigación en la psicología puede producir una explicación diferente. Claro que sí: ¿el Espíritu Santo, quizá? ¿Por qué no? Y esa es una explicación que nadie puede desaprobar.

A manera de respuesta podemos mencionar a otro noruego, Thoralf Gilbrant, erudito y editor internacional de *The Complete Biblical Library* [La biblioteca bíblica completa], de dieciséis volúmenes. En 1985, en la Conferencia Mundial Pentecostal, él testificó que su abuela había predicado a tripulaciones italianas de barcos en italiano con soltura, sin saber ni una sola palabra de ese idioma, y él mismo oyó a un hombre mayor de un coro orar en un hermoso inglés británico, no americano. Más adelante, suponiendo que el hombre había vivido allí, entabló una conversación y descubrió que ese hombre no sabía nada de inglés. El hombre del coro no estaba en estado de éxtasis, de trauma ni de nada parecido.

Otros creen que fue un milagro único y muy especial del día de Pentecostés, cuando los 120 hablaron en idiomas reconocibles que nunca habían aprendido, y que las lenguas en Corinto eran bastante diferentes. No sólo no hay evidencia alguna para esa idea, sino que tampoco hay valor alguno en ella a excepción de empujar lo milagroso hacia la historia más remota.

Se ha planteado una objeción en cuanto a que las lenguas se han oído entre quienes no son cristianos. Los mormones pueden producir sus propios casos de lenguas. No hay duda de ello. De hecho, como mencionamos anteriormente, los oráculos en los templos de dioses paganos algunas veces hacían sus pronunciamientos en un galimatías mediante los labios de vírgenes vestales, los cuales los sacerdotes aparentaban interpretar. El diablo, como los magos de Egipto, puede falsificar los milagros de Dios e impartir proclamaciones sobrenaturalmente. Eso era lo que Pablo esperaba en 1 Corintios 12:3: "nadie que hable por el Espíritu de Dios llama anatema a Jesús". Pablo no estaba inventando una posibilidad hipotética; podía suceder, y posiblemente sucedía, pero sería por otro espíritu distinto al de Dios. El ocultismo es sobrenatural, como lo son los dones del Espíritu.

Que Satanás pueda producir fenómenos no significa que todos los fenómenos son satánicos. Jesús habló de tal temor cuando dijo:

> ¿Qué padre de vosotros, si su hijo le pide pan, le dará una piedra? ¿o si pescado, en lugar de pescado, le dará una serpiente?...Pues si vosotros, siendo malos, sabéis dar buenas dádivas a vuestros hijos, ¿cuánto más vuestro Padre celestial dará el Espíritu Santo a los que se lo pidan?
>
> —Lucas 11:11-13

Hablar en lenguas ha sido a veces más desconcertante para la incredulidad y más convincente para quienes no tienen prejuicios que la sanidad y los milagros visibles.

La pregunta de qué es el don de lenguas ahora puede responderse con facilidad. No todo el que habla en lenguas está dotado para su uso en la adoración pública, que era lo que preocupaba a Pablo en 1 Corintios. Si ciertas personas en una iglesia parecen destacar en esta proclamación, así debería ser. "Don" tiene más de un significado. Hablar en lenguas es un don de Dios en sentido general, pero en el ámbito de la iglesia el don ha llegado al hombre o la mujer que frecuentemente siente una inspiración especial a edificar a la congregación de este modo; con un intérprete, cumpliendo la ley "Por boca de dos o de tres testigos se decidirá todo asunto" (2 Corintios 13:1).

LENGUAS QUE NOS AYUDAN

Enumeremos ahora las maneras en que somos ayudados por hablar en lenguas.

- Son una proclamación en oración por necesidades que nosotros mismos no podemos expresar y por las que no sabemos cómo orar. Nos capacitan para sentir la presencia de Dios y saber que Él se está inclinando a escucharnos.
- Los obstáculos demoniacos son vencidos.
- Cuando nuestra mente ya no puede concentrarse, nuestro espíritu ora.
- Podemos orar en lenguas cuando de otro modo tenemos que concentrarnos en alguna tarea mecánica, como conducir un auto.
- Nos edificamos a nosotros mismos.

Dejamos este importante tema en este punto, aunque merece un examen mucho más amplio. El Espíritu de Dios busca toda manera de entrar en nuestras necesitadas vidas y nuestro desesperado mundo. ¡Que estemos abiertos a su colaboración!

CAPÍTULO 16

LENGUAS REPARTIDAS COMO DE FUEGO

Hebreos 1:7 afirma: "El que hace [Dios] a sus ángeles espíritus, y a sus ministros llama de fuego". Una iglesia exitosa es una zarza ardiente. Dios habla desde ella. Nuestra palabra es la palabra de Él, o no es palabra en absoluto. Una iglesia ardiente con Dios, una zarza que arde con fuego santo atraerá mejor a las personas que ninguna cantidad de despliegue público. El eminente teólogo suizo Emil Brunner dijo: "La iglesia existe mediante la misión igual que el fuego existe mediante el arder". Arde mediante la misión.

Queremos tener bosques de zarzas ardientes. Dios está revestido en fuego, y sus siervos son "llamas de fuego". A menos que estemos ardiendo, nunca podremos hacer que nadie se prenda. Martyrius Sadna se quejaba: "Permanecemos laxamente en su presencia como si fuera solamente un juego". ¿Es eso cierto de alguno de nosotros aquí?

Podemos ser muy ordenados, hacer todo con dignidad y decoro... ¡pero sin fuego! En otras palabras, correctos pero fríos. En el monte Carmelo los paganos pusieron todo correctamente sobre el altar listo para el sacrificio, pero el diablo no pudo encender ni una chispa desde el infierno para prenderlo. Elías entonces reconstruyó el altar, piedras, madera, sacrificio, todo según las instrucciones, e invocó fuego del cielo. ¡Y llegó!

FERVOR O FRACASO

El fuego es el logo divino. Nos guste o no, la fe cristiana es ferviente o es un fracaso. Está caracterizada por el fuego: corazones y vidas encendidas, rostros que resplandecen con Dios, encendidos de fervor y entusiasmo. La Escritura tiene más de cien referencias al fuego de Dios.

El fuego también anuncia la presencia del Señor. "Nuestro Dios viene… lo precede un fuego que todo lo destruye" (Salmos 50:3, NVI). Su bandera es el fuego. Cada tribu de Israel tenía su bandera cuando marchaba por el desierto de camino a la tierra prometida, pero a la cabecera iba la columna de fuego: la bandera de Dios y el emblema de la nación.

En tiempos del Nuevo Testamento el mismo emblema estaba cercano. Juan el Bautista declaró la verdad más distintiva acerca de Jesús. Él anunció que Jesús bautizaría en el Espíritu Santo y fuego. Ese feroz bautismo era lo que identificaría al Mesías. Por tanto, incluso antes de que Jesús apareciese físicamente en escena, se dijo a las personas que esperasen fuego. Eso es la fe: ¡fuego!

La Iglesia cristiana es en primer lugar y primordialmente una portadora de fuego, una antorcha ardiente para dar luz a la tierra. Solamente la fe en Dios puede dar al mundo un objetivo primordial. Las pasiones del mundo son avaricia, lujuria y poder, pero sólo la dedicación a Cristo puede fajar el planeta con un propósito vivo. Solamente las pasiones de Jesús pueden encender las montañas. En Inglaterra, la gente celebró el final de la Segunda Guerra Mundial encendiendo balizas sobre los montes altos desde el sur hasta el norte y desde el este hasta el oeste. Cada baliza era encendida a medida que la gente divisaba la siguiente en la línea, una cadena de fuegos de victoria con llamas que se movían con los vientos en los montes. Así funciona para los cristianos: si están encendidos, otros lo captarán. Al igual que el sol, Dios es lo bastante grande para acudir a Él en busca de fuego. Si usted está encendido para Dios, no se preocupe nunca por los vientos de la adversidad. El viento solamente apaga las velas; hace brillar con mayor fuerza los fuegos. La iglesia debe ser esas balizas sobre los montes, y no velas en el sótano.

FUEGO: LA ATRACCIÓN MÁS GRÁFICA

La única religión sin fuego en la Escritura es la falsa religión con su falso fuego. Algunos están obsesionados solamente con la religión. El frenesí no es fuego, ni tampoco lo es el fanatismo, la impulsividad o una mente calenturienta. En el extremo opuesto, los eruditos y la opinión humana forman la base de muchas iglesias. Los eruditos críticos con frecuencia se parecen a los bomberos: aptos para apagar el fuego. Sus intereses son académicos, fríamente vacíos de pasión por el evangelio. Su evangelio no tiene la intensidad de los mensajes de Pablo. Teólogos, maestros y predicadores como esos nunca avivan el corazón de nadie y nunca crean anhelo por Dios o por el evangelio.[1]

Iglesias importantes en tiempos medievales recibían el nombre de su santo patrón. El que una iglesia recibiese el nombre de un santo con frecuencia significaba que estaba en posesión de una reliquia o dos, normalmente un hueso del cuerpo de ese santo. El nombre descansaba en un hombre o mujer muertos. ¡Su fe y sus esperanzas de ayuda descansaban en un hueso! Imagine: bendición mediante huesos, ¡fe mediante reliquias!

Estaba yo pensando en Pedro y Juan en el sepulcro examinando los lienzos del Cristo resucitado. Ni siquiera se les pasó por la mente que podrían exhibir los lienzos manchados de sangre como evidencia de su muerte, como si fueran reliquias santas para ser besadas y tocadas. ¡Ellos tenían mejores cosas que hacer! De hecho, pasaron el tiempo esperando en el aposento alto hasta que cayó el fuego. Pentecostés no es una prueba de muerte sino un trofeo de vida y victoria. La verdadera señal de un Señor vivo es fuego vivo del cielo. Cuando miraban a los discípulos, incluso los enemigos podían decir que ellos habían estado con Jesús. Necesitamos erudición al igual que necesitamos todo tipo de ayuda los unos de los otros, pero es mucho mejor cuando proviene de *personas en llamas,* cuando el Espíritu enciende sus pensamientos.

En un pueblecito de España tenían a un santo: vivo. Las personas estaban preocupadas de que él se fuese, ¡así que le mataron y guardaron sus huesos para asegurarse de que su bendición no les dejase! Las reliquias sólo demuestran muerte. ¡Pedazos de la cruz significaban solamente que Jesús había muerto! Las personas no son atraídas por símbolos de muerte, sino de vida. Las verdaderas "reliquias" de Cristo son personas encendidas, no un pedazo de lienzo ni muertos canonizados, sino personas vivas y bautizadas en el Espíritu Santo. La prueba, señales y evidencia de que Jesús resucitó de la muerte son personas vivas con la vida abundante que Él prometió. Porque Él vive, nosotros también vivimos: mediante el poder de la vida inmortal.

Este año es el centenario del avivamiento galés. En cuestión de meses, unas cien mil personas se convirtieron y se unieron a las capillas. Las capillas eran como hogueras. Poco de ellas queda en la actualidad. Aquellas hogueras están llenas de frías cenizas y rescoldos. Capillas donde hombres fuertes de rodillas se arrepentían con lágrimas ahora se utilizan como salas de bingo o almacenes. La gloria y el fuego se han ido, "Ichabod" está escrito sobre las puertas de las iglesias, las capillas están vacías, pero las cárceles vuelven a estar llenas. El avivamiento eliminó por completo el delito, pero la apostasía ha producido el mayor índice de delincuencia registrado jamás. Dios quiere hornos; Él no quiere congeladores.

TEOLOGÍA DE PENTECOSTÉS

Las lenguas repartidas del fuego del Espíritu Santo son la seguridad de que Él está con nosotros. Dos de las mayores crisis espirituales comenzaron mediante fuego divino: el Éxodo y Pentecostés. Sin embargo, para el nacimiento, la vida, la muerte y resurrección de Cristo no hubo ningún fuego. No era necesario. Quien bautizaba en fuego estaba presente Él mismo: infinitamente mayor que el fuego que simbolizaba su presencia. El fuego, se podría decir, es el logo de Él... ¡y mucho más! Cuando Jesús ascendió a la diestra de Dios, cayó fuego sobre seres humanos normales y corrientes, el cual nos capacita para ser testigos de Jesús, para mostrarle tal como Él es. Cualquier fuego que no le acerque a Él y no genere amor por Él no es el fuego de Él. El Espíritu Santo prometido está dedicado a la tarea de revelarnos las cosas de Cristo. Donde está el fuego, allí está Jesús.

La teología de la ascensión es la teología de Pentecostés. Cuando Cristo ascendió al cielo, lo hizo a un lugar especial: "la diestra de Dios" (Marcos 16:19). La diestra es la mano de poder y autoridad. La Escritura siempre habla de la diestra o brazo derecho. Jesús era la diestra de Dios. De hecho, nunca leemos de la mano izquierda de Dios. La mano izquierda era el lugar de vergüenza y fracaso (véase Mateo 25:33). Solamente una vez leemos sobre los brazos del Señor (Deuteronomio 33:27). En todos los demás casos es siempre el brazo o la mano del Señor. El brazo del Señor es el Señor: el Hijo de Dios. El brazo derecho de un padre era siempre su hijo. Dios quebrantó el brazo del faraón cuando murió su hijo primogénito (Ezequiel 30:21). Salmos 89:13 nos dice que el brazo de Dios es "potente". Cuando el mundo y el diablo lanzaron sus ataques contra Cristo, fue contra la diestra de Dios, la cual nunca podría ser quebrantada.

"El Señor desnudará su santo brazo a la vista de todas las naciones, y todos los confines de la tierra verán la salvación de nuestro Dios" (Isaías 52:10, NVI). Esta profecía se cumplió cuando Cristo vino a la tierra. El anciano Simeón vio al niño Jesús cuando fue llevado al templo por primera vez, y le bendijo diciendo: "Señor... han visto mis ojos tu salvación, la cual has preparado en presencia de todos los pueblos" (Lucas

2:29-31). Jesús es salvación, nuestra salvación, el potente brazo de Dios desnudo para salvarnos. En lugar de destruir enemigos, el que Dios desnude su brazo es salvación. Cuando Cristo resucitó para estar a la diestra de Dios, lo primero que hizo fue enviar el fuego de Pentecostés.

FUEGOS SIMULADOS

Hay fuegos falsos. El fuego verdadero es aquel en el que se oye la voz de Jesús. En la fría Inglaterra, las casas son calentadas mediante hogueras simuladas. La gente solía quemar carbón real en sus hogueras, y las casas tenían chimeneas. Esas chimeneas siguen estando ahí, pero el fuego proviene del gas y no de carbones que arden, no hay ningún rostro delante del fuego, ninguna tostada en la parrilla y ninguna tetera silbando en el hornillo. Algunas casas, como la mayoría de apartamentos en la Europa continental, no tienen fuego por gas y son calentados por radiadores en sistemas de calefacción centrales, con agua caliente que circula. Los radiadores son inexpresivos, nunca resplandecen, nunca brillan: son solamente mucha agua caliente. Jesús, sin embargo, no vino para bautizar en agua, ya sea caliente o fría, sino en fuego, fuego verdadero y no simulado.

La religión de la Iglesia está llena de simbolismo. La presencia de Dios se sugiere mediante la arquitectura, la música, las vestiduras, el tono de voz, los muebles o grupos ruidosos y baterías. Las iglesias bautizan en agua pero no en el Espíritu Santo y fuego. Puede que todos necesitemos algunas ayudas físicas para adorar, pero el impulso mismo debe ser el fuego en nuestro seno. El canto que llega al cielo no proviene de los labios sino del corazón.

La predicación también puede estar muy bien informada, muy lograda, muy bien proclamada y muy profesional, con el gesto apropiado en el momento correcto, la historia correcta, la cadencia de voz correcta, las lágrimas y el suspiro en el momento adecuado, el grito apropiado, el crescendo en la oratoria, sus puntos fuertes, con una señal para que el coro entre en el momento crítico. Ciertamente, nada ha de ser condenado si provoca y produce la alabanza a Dios, pero si no es así, no es una zarza ardiente. Una iglesia puede representar un hermoso y cultivado arbusto, pero debería ser un arbusto encendido que habla de la pasión de Dios.

No fueron reyes, poetas e intelectuales los que llenaron las páginas de la Escritura, sino personas con un corazón ardiente todas ellas: Noé, Abraham, Jacob, José, Moisés, Josué, David, Elías, Eliseo, Daniel, Ezequiel, las muchas María de los Evangelios, y las mujeres a las que Pablo saludó en Romanos 16. Ellos no tenían ningún reparo en cuanto a la emoción. Dios les había encendido, y ellos simplemente ardían y resplandecían. El llamado de Dios no era para clientes perdidos, personas con compostura y sin sentimiento. Ellos eran entusiastas, todos ellos. Israel comenzó con líderes carismáticos y fortalecidos por el Espíritu pero terminó con reyes paganos.

Jesús dijo de Juan el Bautista que era "una lámpara encendida y brillante" (Juan 5:35, NVI). ¡Yo prefiero ser un Juan ardiente y que da vida en lugar de ser un rey! El rey Herodes en su palacio no arrojaba luz sobre el camino del mundo, mientras que Juan el Bautista en la mazmorra del palacio de Herodes sigue brillando en la actualidad. Nerón iluminaba los jardines de su palacio atando a los cristianos con cuero y brea y prendiéndoles fuego. Actualmente a los perros se les pone el nombre de Nerón, y la llama de aquellos mártires es inextinguible.

HOGUERAS

El corazón del ser humano es una hoguera creada para albergar fuego. Hay demasiadas chimeneas frías, muchas de ellas cubos de cenizas, como papeleras llenas de basura. Hace años, cuando las chimeneas estaban hechas de hierro, las amas de casa solían emplear una considerable cantidad de tiempo y de esfuerzo limpiando las chimeneas. En los hambrientos años treinta no tenían carbón ni fuego, pero las limpiaban. ¿Podrían las iglesias ser descritas como de "estilo años treinta": sermones pulidos pero sin fuego?

Dios tomó una zarza normal y corriente y le prendió fuego; la hizo extraordinaria antes de hablar desde ella. Dios normalmente no habla desde zarzas, a pesar de lo hermosas que puedan ser. Hasta que Él visitó aquel desierto, aquella zarza no era de ninguna manera notable. Moisés la había visto antes, pero apenas había reparado en ella; sin embargo, cuando las llamas del cielo fueron encendidas en ella, ya no siguió siendo poco notable. ¡Lo mismo sucede con las iglesias! El mundo no tiene respeto alguno por una iglesia de insípidos sentimientos moralistas, filosofía endeble, pensamientos bonitos e incertidumbres. Si una iglesia al menos arde para Dios, atraerá la atención. Cuando las iglesias son modelos de decencia, decoro, conformidad y corrección, nadie dice: "Iré yo ahora y veré esta grande visión" (Éxodo 3:3). Cuando hay un fuego espiritual, las personas se detienen y miran.

EL FUEGO HACE FAMOSO

Las zarzas no deberían arder, ¡y muchas supuestas iglesias tampoco deberían arder! Si lo hacen, alguien buscará un extintor de incendios. Una iglesia que arde no es normal; es espectacular, y las personas se detienen para mirar. Algunos que se detienen serán como Moisés y oirán la voz de Dios, aunque otros estarán sordos. Sin embargo, es ahí donde Dios separa a las personas del pasado de las personas del futuro. El pasado deletreado como Egipto: esclavitud. El fuego deletreado como libertad, aventura y vida. Las personas no buscan perfección sino fuego, calidez y pasión. Las iglesias pueden parecer opulentas, populares y exitosas, pero pienso en Pedro y Juan. Ellos tuvieron que confesar: "No tengo plata ni oro" (Hechos 3:6). Los dos iban demasiado desaliñados como para atraer admiración, pero pudieron continuar: "pero lo que tengo te doy; en el nombre de Jesucristo de Nazaret, levántate y anda". Ellos no tenían dinero, pero sí tenían a Dios.

El fuego convirtió a la zarza en la zarza más famosa que haya crecido jamás. Solamente Moisés la vio, pero nadie puede olvidarla. El fuego la convirtió en lo que fue, y convirtió a Moisés en quien él fue. Él era entendido en toda la sabiduría de Egipto, pero en cuanto a todo eso habría muerto siendo un don nadie, una polvorienta momia en Egipto; sin embargo, tuvo un encuentro con el Dios del fuego en el desierto, y en la actualidad él importa mucho. De modo similar, los discípulos eran unos desconocidos, trabajadores de la pesca, hasta que las lenguas de fuego descansaron sobre ellos, y poco después habían trastornado el mundo entero. Ellos no se conocían a sí mismos hasta que el fuego los transformó. Su fervor les produjo persecución y mucho abuso verbal, pero ellos son recordados y sus perseguidores se perdieron en el olvido. Si algún predicador espera ser destacado y recordado, debe ser una zarza ardiente.

EL FUEGO PONE FIN A LA DIVISIÓN

Las lenguas repartidas pusieron fin a la división. Incluso cuando estaban siguiendo a Jesús, los discípulos competían entre ellos para ver quién sería el mayor. Después de Pentecostés, sin embargo, leemos que "se mantenían firmes…en la comunión…Todos los creyentes estaban juntos y tenían todo en común…De casa en casa partían el pan y compartían la comida" (Hechos 2:42-46, NVI). Un fuego estaba dividido en muchas llamas, sin embargo todas eran el fuego de Dios. Ellos no necesitaban dos llamas para tener un poder doble. Aquellas llamas repartidas crearon una nueva estirpe de hombres; no clones unos de otros sino una nueva raza, un nuevo pueblo. Una llama representaba todo el fuego de Dios. La llama de Andrés ardía con un color distinto al de la llama de Santiago. Juan seguía siendo Juan, pero se convirtió en una llama llamada Juan. Tomás se convirtió en un Tomás ardiente. ¡Personas de llama! Las personas que han habitado con las llamas eternas no pueden seguir siendo humo que arde lentamente. Los discípulos fueron llamados cuando eran como mechas negras, pero el amor de Cristo los encendió. Velas en una caja, apartados en una esquina, pero sacados y encendidos, ¡ellos iluminaron el mundo!

¿MÁS DE DIOS?

Nuestro verdadero yo, nuestra verdadera personalidad, está muerta hasta que es encendida por el fuego de Dios. Entonces nos convertimos en aquello que Dios quiso que fuésemos, cada uno bendito y lleno de la misma plenitud. Todos somos creados para beber la misma bendición, y sin embargo cada uno de nosotros representa al todo. ¡Oh, esta gloriosa plenitud del Espíritu, gozo, fuego, gloria! Ser bautizado en el Espíritu significa que el Espíritu está en nosotros y que nosotros estamos en el Espíritu. Como una tela sumergida en tinte, el tinte está en la tela. Cuando es sumergida en el color, adopta la naturaleza del tinte.

Las personas hablan de obtener más de Dios, más Espíritu Santo. ¿Más? Si estamos en el océano, estamos mojados y no podemos mojarnos más. Estamos mojados de todo el Pacífico, todo el Atlántico del Espíritu, no humedecidos por una gota del cubo de un niño. El agua que está sobre nosotros se extiende hasta el ámbito sin costas de Dios. Somos uno en el Espíritu con todos aquellos que se bañan en estas aguas. "Todos fuimos bautizados por un solo Espíritu para constituir un solo cuerpo…y a todos se nos dio a beber de un mismo Espíritu" (1 Corintios 12:13, NVI).[2]

FUEGO PARA LA LIBERACIÓN

La primera revelación personal de Dios a cualquier persona fue hecha a Moisés, y fue como fuego. Entonces Moisés recibió la comisión de liberar a su pueblo. "Él hace de las llamas de fuego sus servidores" (Hebreos 1:7, NVI), no para presumir sino para asegurarse la liberación de los cautivos. La palabra desde la zarza era una palabra de liberación de parte del Dios de salvación. Su voz estableció su actitud y su carácter.

La liberación es el negocio más importante de Dios, tal como le conocemos a Él. Fue necesaria una semana para crear los cielos y la tierra, pero al Cristo le tomó toda una vida el producir salvación. Para poner fuego en los corazones de los discípulos, Él abrió los cielos mismos. Con el viento, Él formó un camino por el mar Rojo para la liberación de Israel, y con el mismo tornado del cielo Él llegó al aposento alto para acompañar a sus discípulos en su camino para liberar a millones de las víctimas esclavizadas por el diablo. Su mayor revelación a nosotros acerca de Él mismo es que Él es el libertador. Cualquier otra cosa que Él sea, quizá en otros universos, puede que los ángeles lo sepan, pero Él es demasiado grande para que contemplemos su plenitud. Es suficiente con conocerle tal como Él es hacia este mundo pecador, y es como el Señor de la libertad, el Dios de la emancipación.

Dios nos muestra lo que Él es para convertirnos en lo que Él quiere que seamos. Él no habla de sí mismo para impartir información sino siempre para la transformación. Su Palabra para nosotros nos aviva y nos moldea según su semejanza. Él quiere que seamos como Él: la meta y las recompensas supremas de la existencia. Cuando Él trastornó los cielos y la tierra, fue para nuestra salvación. Él llega a nosotros ahora, nos da un golpecito en el hombro y dice: "Te quiero. Ven y ayúdame a solucionar la confusión que el diablo ha causado". Por todos los medios, salvar a algunos por todos los medios. ¡Salvar! ¡Salvar! ¡Qué gran palabra de la Biblia! Una invitación de la Biblia.

No nos equivoquemos: si el fuego de Dios nos toca, es para hacernos testigos hasta los confines de la tierra. El bautismo en el Espíritu no es un caramelo celestial que un Padre que nos adora nos entrega, un caramelo de azúcar, sino que es músculo espiritual, fibra e impulso para situarnos en los negocios para Dios: el negocio de la salvación de almas. La Iglesia no es un club social sino el carro de fuego de Dios.

La Biblia también es el fuego que nos guía. Dios no proporcionó un libro de texto para eruditos. Por otra parte, el estudio de la Biblia no debe ser un pasatiempo, como aprender un idioma o una lectura agradable en una tranquila tarde de domingo. Siempre se trata de liberación y de situarnos en nuestro negocio principal. Dios está encendido para salvar, el Dios de salvación. Su plan en Pentecostés es que nosotros ardamos igual que Él arde, ardiendo para llevar salvación al mundo. Dios no llega desde el cielo como un estimulante emocional, para calentarnos un poco, darnos algunas buenas reuniones y enviarnos a casa felices. El Espíritu no está interesado por nuestros sentimientos sino por el estado de la humanidad. Puede que seamos afectados emocionalmente por su presencia, quizá capturados, pero eso es incidental. El propósito de que el Espíritu de Dios llegue entre nosotros es para enviarnos.

LIBERALIDAD SIN CALCULADORA

"Ofrenda encendida de olor grato a Jehová" (Levítico 2:9); palabras como esas se producen una vez tras otra en Levítico. Ofrendas encendidas. La pregunta no es sobre lo que le estamos dando a Él, sino cómo. ¿Anhelamos, y trabajamos, y damos por el placer que nos produce? Si nos produce satisfacción, satisfará a Dios. Cuando usted le hace un regalo a su cónyuge, es un gozo. Debemos deleitarnos en Dios, y dar es parte de ese deleite. Un regalo de amor es un regalo vivo.

Dios no quiere ofrendas frías. Isaías 1:13 nos dice: "No me sigan trayendo vanas ofrendas" (NVI). ¿Qué hacía que esas ofrendas fuesen vanas? Bien, es sencillo realmente. Las personas presentaban ofrendas como obligación, para cumplir con la ley religiosa, pero su corazón no estaba en ello. Para ellos era meramente un requisito legal; por tanto, nunca podía producir satisfacción a Dios. Sus ofrendas eran formalidades vacías, mientras que Dios quería regalos de amor, señales de la adoración de sus corazones, su privilegio y su gozo.

Dios nunca ha demandado regalos. ¿Qué valor tendrían para Él, dados bajo coacción? Él deja todo el asunto en nuestras manos. Esa es nuestra tarea, hacer lo que queremos, y lo que agrada a Dios: una ofrenda hecha al Señor mediante fuego.

Pablo dice que ofrecernos a nosotros mismos es nuestro "culto racional" (Romanos 12:1); en otras palabras, una reacción natural, apropiada y espontánea. Al ver quiénes somos y lo que Dios ha hecho con nosotros, el impulso humano normal es una respuesta anhelante, el tipo de regalo que uno le daría a su cónyuge a quien ama sinceramente. Los regalos forzados no producirán ningún agrado a Dios; solamente lo que proviene de un corazón rebosante puede producir eso.

Me sorprende cuando alguien intenta demostrar por la Escritura ¡que existe la ley del diezmo! ¿Una ley? ¿Es así como Dios hace las cosas, ordenándonos que demos para Él? Dios no es un recaudador de impuestos, ni un usurero que demanda su parte legal de carne. La gente dice que diezma por mandato de Dios. ¿Puede imaginar a Dios agarrando lo que Él le hizo que diese? ¿Debería un cristiano ofrendar por compulsión? Si diezmar fuese sólo una necesidad bíblica, ¿qué valor tendría ante los ojos de Dios? Los fariseos ofrendaban así, ¡pero Jesús no lo consideraba en absoluto! "Dios ama al dador alegre", se nos dice (2 Corintios 9:7). ¡No conozco a nadie que dé con alegría porque es forzado a hacerlo!

Diezmar, ofrendar, es una oportunidad de amor, una expresión de adoración sincera, una compulsión de amor y no un requisito legal. La idea de ofrendar una décima parte, ¿es esa la ofrenda cristiana? ¿Calcular y tener cuidado? No se demanda en el Nuevo Testamento; no después de haber visto cómo dio Dios y cómo dio Cristo. El Señor quiere una ofrenda hecha por fuego: generosidad encendida por una vida encendida, liberalidad sin calculadora. Puede usted dar el diezmo o lo que quiera, pero que sea una ofrenda hecha al Señor por fuego.

UNAS PALABRAS FINALES

Juan el Bautista declaró que Aquel que había de venir bautizaría en el Espíritu Santo y fuego. Ese era el mensaje clave y el modo de identificar a Cristo. Es interesante, sin embargo, que Jesús no bautizó a nadie en fuego mientras estuvo en la tierra. Juan, por tanto, quizá estaba justificado al preguntar si Jesús era a quien él había estado esperando, viendo que Jesús no cumplía la profecía sobre el fuego. Pero Jesús dijo: "Dichoso el que no tropieza por causa mía" (Lucas 7:23, NVI). La profecía no era para el corto plazo de los días de Cristo en la tierra. Tenía una anticipación mucho mayor, un cumplimiento que comenzó con las lenguas de fuego repartidas el día de Pentecostés.

Notemos atentamente que la profecía de Juan señalaba a la característica distintiva del Cristo. Fuego. Cayó fuego el día de Pentecostés. Fue un cumplimiento de la profecía. ¿Pero fue todo? ¿Fue sólo para los 120? ¿Sólo para ellos? ¿Terminó con ellos? ¿Fue un otorgamiento personal de poder que ellos necesitaban pero no nosotros? ¿Fueron ellos los pocos escogidos, y a ninguna otra persona se le daría nunca el mismo regalo maravilloso? ¿Cómo cumplió aquello la profecía de Juan? En cuanto a eso, ¿cómo cumplió muchas más profecías sobre la inminente invasión del Espíritu en este mundo?

Hay sólo un verdadero cumplimiento, y es que Dios derrame su Espíritu sobre *toda* carne, empapándonos a todos con la lluvia temprana y tardía, la lluvia de oro del fuego del cielo.

¡Que ardan los fuegos! ¡Que ardan las iglesias! Que el pueblo sea como las zorras de Sansón que llevan antorchas al territorio del diablo. ¡Que esos lugares de oscuridad sean reducidos a cenizas por la gloria de Dios!

APÉNDICE

CAMPAÑAS DE CHRIST FOR ALL NATIONS, 1975-2011

1975
Gaborone, Botswana
Sudáfrica: Soweto, Cape Town

1976
Port Elizabeth, Sudáfrica
Windhoek, Namibia
Swazilandia: Manzini, Mbabane

1977
Sudáfrica: Bushbuckridge, Giyani,
Sibasa, Phalaborwa, Tzaneen,
Messina, Louis Trichard

1978
Sudáfrica: Seshego, Potgietersrus,
Phalaborwa, Njelele, Green
Valley, Qwa-Qwa, Bloemfontein

1979
Sudáfrica: Pretoria, Malamulele,
East London, Mafikeng, Flagstaff

1980
Sudáfrica: Atteridgeville, Tembisa
Zimbabue: Harare, Bulawayo,
Mutare

1981
Sudáfrica: Welkom, Soweto
Zambia: Lusaka, Kitwe, Ndola,
Kabwe, Livingstone
Birmingham, Inglaterra

1982
Sudáfrica: Newcastle,
Pietermaritzburg, Empangeni
Big Bend, Swazilandia
Sudáfrica: Rustenburg,
Ga-Rankuwa, Tlhabane,
Mabopane
Nairobi, Kenia
Sudáfrica: Ladysmith, Cape Town,
Hammanskraal

1983
Perth, Australia
Auckland, Nueva Zelanda
Puerto Elizabeth, Dennilton,
Kwandabele, Tafelkop, Siyabuswa
Helsinki, Finlandia
Gaborone, Francistown, Botswana
Durban, Sudáfrica
Kampala, Uganda
Kwa Thema, Mamelodi, Sudáfrica

1984
Soweto, Cape Town, Sudáfrica
Calcuta, India
Harare, Zimbabue

1985
Ibadan, Nigeria
Lusaka, Zambia
Lubumbashi, D. R. Congo
Accra, Gana
Singapur

1986
Kumasi, Sekondi Takoradi, Gana
Harare, Zimbabue
Blantyre, Malawi
Lagos, Nigeria

1987
Tamale, Gana
Onitsha, Nigeria
Douala, Camerún
Mzuzu, Malawi
Nueva Orleáns, Louisiana, USA
Frankfurt, Alemania
Ho, Cape Coast, Gana
Dar-es-Salaam, Tanzania

1988
Manila, Filipinas
Yaounde, Camerún
Aba, Nigeria
Nairobi, Kenia
Birmingham, RU: Conferencia
  Euro-Fire
Hamburgo, Alemania
Nakuru, Kenia
Port Harcourt, Nigeria
Kisumu, Kenia
Accra, Gana

1989
Mombasa, Kenia
Kumba, Camerún
Enugu, Nigeria
Kampala, Uganda
Riga, USSR
Bukavu, Zaire
Bujumbura, Burundi
Warri, Jos, Nigeria
Kuala Lumpur, Malasia
Abidjan, Ivory Coast

1990
Meru, Machakos, Kenia
Bamenda, Camerún
Ougadougou, Burkina Faso
Ibadan, Nigeria
Goma, Zaire

Kigali, Ruanda
Butembo, Zaire
Lisboa, Portugal
Jinja, Uganda
Kaduna, Nigeria
Ilorin, Nigeria
Cotonou, Benin

1991
Mathare Valley, Kenia
Lome, Togo
Bouake, Ivory Coast
Bobo Dioulasso, Burkina Faso
Jakarta, Indonesia
Kinshasa, Zaire
Kananga, Zaire
Mbuji-Mayi, Zaire
Kisangani, Zaire
Kano, Nigeria
Freetown, Sierra Leona

1992
Mbeya, Tanzania
Bangui, C. A. Republic
Libreville, Gabón
Port Gentil, Gabón
Eldoret, Kenia
Luanda, Angola
Birmingham, R.U.
Brazzaville, Congo
Kiev, Ucrania
Pointe-Noire, Congo
Conakry, Guinea
Buenos Aires, Argentina
Douala, Camerún

1993
Dar-es-Salaam, Tanzania
Kumasi, Gana
Surabaya, Indonesia
Tanga, Tanzania
Maputo, Mozambique
Beira, Mozambique
Odessa, Ucrania
Bamako, Mali
Kingston, Jamaica
Ouagadougou, Burkina Faso

1994
Kibera, Kenia
Madrás, India
Reino Unido y Eire
Senajuki, Finlandia
Lubumbashi, Zaire
Puerto España, Trinidad
Belo Horizonte, Brasil
Antananarivo, Madagascar
Tarmatave, Madagascar
N'Djamena, Chad
Puerto Alegre, Brasil
Sarh, Chad

1995
Porto Novo, Benin
Awasa, Etiopía
Hyderabad, India
Addis Ababa, Etiopía
Likasi, Zaire
Kolwezi, Zaire
Europa de habla alemana
El Cairo, Egipto
Dakar, Senegal
Jakarta, Indonesia
Bamako, Mali
Bissau, Guinea-Bissau

1996
Kara, Togo
Mwanza, Tanzania
Bangalore, India
Medan, Indonesia
Temirtau, Kazakstan
Karabolta, Kirgizistán
Arusha, Tanzania
Mombasa, Kenia
Surre Kundra, Gambia
Madurai, India
Hong Kong
Parakou, Benin

1997
Yaounde, Camerún
Colombo, Sri Lanka
Thika, Kenia
Escandinavia

Malawi: Blantyre, Lilongwe
Ndola, Zambia
Dodoma, Tanzania
Maroua, Camerún
Pune, India

1998
Bata, Guinea Ecuatorial
New Delhi, India
Tema, Gana
Cape Town, Sudáfrica
Dar-es-Salaam, Tanzania
Antananarivo, Madagascar
Freetown, Sierra Leona
Cochin, India
Monrovia, Liberia

1999
Cotonou, Benin
Sekondi Takoradi, Gana
Filipinas: Cebu City, Manila
General Santos, Filipinas
Böblingen, Alemania
Kigali, Ruanda
Nakuru, Kenia
Moshi, Tanzania
Sicilia, Italia
Benin City, Nigeria
Visakapatnum, India

2000
Calabar, Nigeria
Aba, Nigeria
Shillong, India
Khartoum, Sudán
Etiopía: Jimma, Nazareth
Moscú, Rusia
Nigeria: Lagos, Enugu
Ontario, Canadá
Birmingham, R.U.

2001
Nigeria: Uyo, Onitsha, Owerri
Kinshasa, Rep. del Congo
Nigeria: Ibadan, Oshogbo
Belfast, Irlanda
Munich, Alemania

2002
Nigeria: Abeokuta, Akure, Ilesa,
    Kisumu, Ogbomosho, Ile-Ife
Singapur, Indonesia

2003
Nigeria: Ado Ekiti, Ondo Town,
    Makurdi, Owo, Oyo, Okene,
    Ikare Akoko
Berlín, Alemania
Viti Levu, Figi
Nigeria: Ikirun, Warri

2004
Nigeria: Port Harcourt, Ijebu Ode,
    Shaki, Orlu, Ilorin, Umuahia,
    Benin City, Calabar

2005
Jos, Nigeria
Aarau, Suiza
Nigeria: Jalingo, Ayangba, Gboko
Port Moresby, Papúa Nueva Guinea
Uromi, Nigeria

2006
Nigeria: Ogoja, Abuja
Juba, Sudán

Wukari, Nigeria
Timisoara, Rumanía
Nigeria: Lagos, Ikom

2007
Nigeria: Ado Ekiti, Oshogbo, Aba,
    Kabba, Agbor, Abakaliki

2008
Nigeria: Yola, Awka,
Kochi , India
Nigeria: Kafanchan, Nsukka, Ikot
    Ekpene, Okitipupa

2009
Nigeria: Oleh/Ozoro, Mubi, Bali,
    Otukpo, Afikpo, Ibadan, Sapele

2010
Nigeria: Ugep, Numan, Takum,
    Karu, Akure, Ogbomosho, Asaba

2011
Lojoja, Nigeria
Lome, Togo

NOTAS

CAPÍTULO 1: TRES PILARES DE SABIDURÍA

1. "There Is Power in the Blood" por Lewis E. Jones. De dominio público.

2. George Lindbeck, *The Nature of Doctrine* (Westminster John Knox Press).

CAPÍTULO 2: DIOS HA TOMADO EL CAMPO

1. Arnold Toynbee, *A Study of History*, como se cita en Ronald W. Foulkes, *The Flame Shall Not Be Quenched* (n.p.: Methodist Charismatic Fellowship).

2. Ibíd.

3. John Wesley, *Explanatory Notes Upon the New Testament* (n.p.: Forgotten Books).

4. Como se cita en Cecil M. Robeck, *Charismatic Experiences in History* (Hendrickson Publishers).

5. John Wesley, "Conversation With the Bishop of Bristol", en *The Works of the Reverend John Wesley, A.M.*, vol. 7 (J. Emory and B. Waugh); digitalizado por Google y disponible en http://books.google.com.

6. Foulkes, The Flame Shall Not Be Quenched.

7. John Wesley, *The Journal of the Rev. John Wesley A.M.*, vol 2, del 25 de noviembre de 1746 al 5 de mayo de 1760 (J. Kershaw); digitalizado por Google y disponible en http://books.google.com.

8. Luke Tyerman, *The Life and Times of the Rev. John Wesley, M.A., Founder of the Methodists*, vol. 1 (Hodder and Stoughton); digitalizado por Google y disponible en http://books.google.com.

9. William Shakespeare, *El Mercader de Venecia* 1.1. Las referencias son al acto y la escena.

10. Las liturgias bautismales históricas invariablemente muestran que el crisma de ungir con aceite para recibir el Espíritu no tenía lugar hasta después del bautismo, significando el lavamiento de los pecados y que el candidato fuese regenerado; eso es posconversión. Véase Harold Hunter, *Spirit Baptism: A Pentecostal Alternative* (University Press of America).

11. D. Martyn Lloyd-Jones, *Joy Unspeakable* (Harold Shaw).

12. Esta cita de Smith Wigglesworth puede verse en varias páginas web en la Internet.

CAPÍTULO 3: LA UNCIÓN

1. Donald Guthrie, ed., *New Bible Commentary* (Wm. B. Eerdmans), s.v. "ointment".

2. Ejemplos de reacciones iniciales al fenómeno de las lenguas pueden encontrarse en F. W. Pitt, *The Tongues Baptism*, y G. H. Lang, *The Early Years of the Tongues Movement*.

3. "My Song Is Love Unknown" por Samuel Crossman. De dominio público.

CAPÍTULO 4: CÓMO LLEGARON LOS DONES

1. "Jesus! The Name High Over All" por Charles Wesley. De dominio público.

CAPÍTULO 5: REGLAS DE ORO DE LOS DONES

1. "Souls of Men, Why Will Ye Scatter" por Frederick W. Faber. De dominio público.

2. Siegfried Schatzmann, "A Pauline Theology of Charismata" (PhD dissertation, Elim Bible College, n.d.).

3. Elizabeth Stuart, "Love is…Paul," *Expository Times* 102.

CAPÍTULO 7: UNA PALABRA DE SABIDURÍA

1. William L. Holladay, ed., *A Concise Hebrew and Aramaic Lexicon of the Old Testament* (William B. Eerdmans Publishing Company).

CAPÍTULO 8: UNA PALABRA DE CONOCIMIENTO

1. Philip Schaff, ed., *ANFO8. The Twelve Patriarchs, Excerpts and Epistles, The Clementia, Apocrypha, Decretals, Memoirs of Edessa and Syriac Documents, Remains of the First*, capítulo

37, "Whom to Know Is Life Eternal", Christian Classics Ethereal Library, www.ccel.org (consultado el 20 de diciembre de 2011).

2. William S. Gilbert, *The Gondoliers*, en William S. Gilbert y Arthur Sullivan, *The Works of Sir William Gilbert and Sir Arthur Sullivan* (n.p.: Kessinger Publishing).

CAPÍTULO 9: FE

1. William Wordsworth, *The Excursion*, Book Fourth, líneas 1293–1295.

2. "Father of Jesus Christ, My Lord" por Charles Wesley. De dominio público.

CAPÍTULO 11: SANIDAD, PARTE 2

1. J. B. S. Haldane, *Possible Worlds* (n.p.: Chatto and Windus, 1927), como se cita en Goodreads.com, "Possible Worlds Quotes," http://www.goodreads.com/work/quotes/998920 (consultado el 4 de enero de 2012).

CAPÍTULO 12: MILAGROS

1. George Wigram y Ralph Winter, eds., *Word Study Concordance* (Tyndale House Publishers), s.v. "miracle".

2. "There's Power in the Blood" por Lewis E. Jones. De dominio público.

CAPÍTULO 13: PROFECÍA

1. James Dunn, *Jesus and the Spirit* (Westminster/John Knox Press).

2. R. P. Spittler, "Glossolalia", en Stanley Burgess, Gary McGee and Patrick Alexander, eds., *Dictionary of Pentecostal and Charismatic Movements* (Zondervan Publishing House).

CAPÍTULO 14: DISCERNIMIENTO

1. Ralph P. Martin, *The Spirit and the Congregation* (William B. Eerdmans Publishing Company).

CAPÍTULO 15: LENGUAS E INTERPRETACIÓN

1. *Die Berliner Erklärung* fue publicado en 1909 por cincuenta y seis líderes evangélicos (pietistas-santidad) posteriormente a graves percances y mal manejo de las reuniones pentecostales iniciales

en Alemania. Tuvo un efecto traumático y paralizante en la recepción del movimiento pentecostal entre los evangélicos en Alemania. Solamente unos ochenta años después se ha visto una suavización de esta actitud, particularmente hacia Reinhard Bonnke.

CAPÍTULO 16: LENGUAS REPARTIDAS COMO DE FUEGO

1. Los métodos críticos que abordan los asuntos de quién había escrito qué y cuándo tienen básicamente error. El enfoque de la Escritura tiene que hacerse en fe. La batalla entre los dos puntos de vista sigue librándose en la actualidad. El movimiento pentecostal solía ser despreciado porque, según se afirmaba, no producía ninguna teología y ningún teólogo. El argumento es en cierto modo defectuoso. Pentecostés está bastante claro en la Escritura, y los teólogos debieran haber producido una teología verdadera del Espíritu Santo mucho antes de que ni siquiera existieran los pentecostales. El problema es que los teólogos del movimiento prepentecostal deberían habernos proporcionado la teología, pero ellos no tenían ninguna. No había una teología seria de la ascensión o del Espíritu Santo. En lugar de quejarse de que no había teología pentecostal, quizá deberían haberse preguntado a ellos mismos por qué. Afortunadamente, actualmente hay eruditos bautizados en el Espíritu con perspectiva y credenciales académicas bien establecidas que ocupan lugares destacados en la arquitectura de la Iglesia. Es de esperar que el equilibrio vuelva a abordarse, por ambas partes.

2. Esta es una declaración de la experiencia cristiana general, no una declaración doctrinal sobre el bautismo en el Espíritu.

PRESENTAN:

Para vivir la Palabra

www.casacreacion.com

Te invitamos a que visites nuestra página web, donde podrás apreciar la pasión por la publicación de libros y Biblias:

www.casacreacion.com

Para vivir la Palabra